智慧林业培训丛书

智慧林业培训丛书

INFORMATIZATION PROJECT
CONSTRUCTION

信息项目建设

李世东 ◉ 主编

中国林业出版社

图书在版编目（ＣＩＰ）数据

信息项目建设"李世东等. -- 北京: 中国林业出版社, 2017.6

（2025.6重印）

ISBN 978-7-5038-9078-9

Ⅰ.①信… Ⅱ.①李… Ⅲ.①林业 – 信息化 – 中国 – 教材

Ⅳ.①F326.2-39

中国版本图书馆CIP数据核字（2017）第144522号

策划编辑：刘家玲
责任编辑：刘家玲　温　晋

出版发行：中国林业出版社
　　　　　（100009，北京市西城区刘海胡同7号，电话83143633）
电子邮箱：cfphzbs@163.com
网址：https://www.cfph.net
印刷：中林科印文化发展（北京）有限公司
版次：2017年7月第1版
印次：2025年6月第2次印刷
开本：700mm×1000mm　1/16
印张：19.5
字数：280千字
定价：60.00元

《信息项目建设》
编委会

前言

当前，全球已进入信息时代，信息化的触角几乎延伸到方方面面，正深刻改变着我们的工作、学习和生活。提高领导干部的信息化水平，不仅是干部素质教育问题，更是一个牵动全局、影响深远的战略问题。

为深入贯彻落实《"十三五"林业信息化培训方案》要求，形成系统化、常态化的培训机制，强化人才培养和实践锻炼，切实加强领导干部对信息化的认知水平和应用能力，加快建设一支素质过硬的林业信息化人才队伍，满足林业发展和信息化建设的需要，全国林业信息化领导小组办公室结合林业信息化建设和发展实际，本着立足当前、着眼长远、瞄准前沿、务求实用的原则，组织编写了智慧林业培训丛书。

本套丛书包括《智慧林业概论》、《政府网站建设》、《网络安全运维》、《信息项目建设》、《信息标准合作》、《信息基础知识》共6部，以林业信息化业务工作为载体，针对信息化管理和专业岗位需要，以应知应会、实战技能为重点，涵盖了林业信息化顶层设计、网站建设、安全运维、项目建设、技术标准与培训合作、信息化基础知识等多方面内容。丛书内容通俗易懂、信息量大、专业性强，侧重林业信息化管理中的新技术运用和建设中的系统解决方案，具有很强的指导性和实践性。

丛书具有以下三个特点：一是针对岗位需求。根据岗位技能需要确定必备的专业知识，并按照不同类别、不同角度设计培训教材内容和侧重点。二是结合实际工作。立足于行业和地方实际，内容难易适度，具有很强的实用性和操作性，易懂易记。三是形式结构灵活。既重视林业信息化培训的科学性，又适应干部学习的特点，图文并茂，案例经典。

丛书汇集了近年来全国林业信息化建设积累的丰富实践经验和先进实用技术，既可用于林业信息化管理人员、专业技术人员的培训教材，也可作为各级领导干部和综合管理干部学习信息化知识、提升综合素质的重要参考，还可作为高等院校广大师生的教学参考书。

由于时间有限、经验不足，丛书欠缺和疏漏之处，恳请广大读者批评指正！

编委会
2017 年 3 月

目 录

第一章
项目规划

项目规划是项目建设重要一环。林业信息化项目规划从宏观视角出发，以国家有关信息化发展战略为指导，把握信息技术发展趋势，布局林业信息化项目建设的目标、使命和远景，以林业业务需求为依据，确定项目建设的战略任务和步骤、规划信息化架构、确定林业信息化发展进程、保证林业信息化建设具有前瞻性、统筹安排项目建设，系统合理地指导项目实施。

第一节　国家规划

随着信息技术快速发展，信息化成为新世纪的主要特征，推动经济社会变革的主要力量，国家间竞争的主要阵地，行业发展的强大动力。党中央、国务院高度重视信息化发展，党的十八大作出了"新四化"、"五位一体"、"两个一百年"等重大决策，把"信息化水平大幅提升"上升为国家战略。近年来，党中央、国务院相继印发了《国家信息化发展战略纲要》、《关于积极推进"互联网＋"行动的指导意见》等系列决策部署，为各行业各领域信息化发展指明方向。

一、国家信息化发展战略纲要

2016 年 7 月，中共中央办公厅、国务院办公厅印发了《国家信息化发展战略纲要》（以下简称《战略纲要》）。《战略纲要》是根据新形势对《2006—2020 年国家信息化发展战略》的调整和发展，是规范和指导未来 10 年国家信息化发展的纲领性文件，是国家战略体系的重要组成部分，是信息化领域规划、政策制定的重要依据。《战略纲要》科学分析了我国信息化发展的基本形势，明确了指导思想、战略目标和基本方针，提出了大力增强信息化发展能力、着力提升经济社会信息化水平、不断优化信息化发展环境等主要建设任务和体制保障、组织实施等有关要求。

《战略纲要》明确了我国信息化发展的指导思想：高举中国特色社会主义伟大旗帜，全面贯彻落实党的十八大和十八届三中、四中、五中全会精神，以邓小平理论、"三个代表"重要思想、科学发展观为指导，深入学习贯彻习近平总书记系列重要讲话精神，紧紧围绕"五位一体"总体布局和"四个全面"战略布局，牢固树立创新、协调、绿色、开放、共享的发展理念，贯彻以人民为中心的发展思想，以信息化驱动现代化为主线，以建设网络强国为目标，着力增强国家信息化发展能力，着力提高信息化应用水平，着力优化信息化发展环境，让信息化造福社会、造福人民，为实现中华民族伟大复兴的中国梦奠定坚实基础。

《战略纲要》提出了"统筹推进、创新引领、驱动发展、惠及民生、合作共赢、确保安全"的基本方针和建设网络强国"三步走"的战略目标，主要是：到 2020 年，核心关键技术部分领域达到国际先进水平，信息产业国际竞争力大幅提升，信息化成为驱动现代化建设的先导力量；到 2025 年，建成国际领先的移动通信网络，根本改变核心关键技术受制于人的局面，实现技术先进、产业发达、应用领先、网络安全坚不可摧的战略目标，涌现一批具有强大国际竞争力的大型跨国网信企业；到本世纪中叶，信息化全面支撑富强民主文明和谐的社会主义现代化国家建设，网络强国地位日益巩固，在引领全球信息化发展方面有更大作为。

《战略纲要》指出了大力增强信息化发展能力应做好的五方面工作。一是发展核心技术，做强信息产业。构建先进技术体系，加强前沿和基础研究，打造协同发展的产业生态，培育壮大龙头企业，支持中小微企业创新。二是夯实基础设施，强化普遍服务。统筹规划基础设施布局，增强空间设施能力，优化升级宽带网络，提高普遍服务水平。三是开发信息资源，释放数字红利。加强信息资源规划、建设和管理，提高信息资源利用水平，建立信息资源基本制度体系。四是优化人才队伍，提升信息技能。造就一批领军人才，壮大专业人才队伍，完善人才激励机制，提升国民信息技能。五是深化合作交流，拓展发展空间。深化国际合作交流，参与国际规则制定，拓展国际发展空间，共建国际网络新秩序。

《战略纲要》明确了着力提升经济社会信息化水平应做好的六方面工作。一是培育信息经济，促进转型发展。推进信息化和工业化深度融合，加快推进农业现代化，推进服务业网络化转型，促进区域协调发展，夯实发展新基础，优化政策环境。二是深化电子政务，推进国家治理现代化。服务党的执政能力建设，提高政府信息化水平，服务民主法治建设，提高社会治理能力，健全市场服务和监管体系，完善一体化公共服务体系，创新电子政务运行管理体制。三是繁荣网络文化，增强国家软实力。提升网络文化供给能力，提高网络文化传播能力，加强网络文化阵地建设，规范网络文化传播秩序。四是创新公共服务，保障和改善民生。推进教育信息化，加快科研信息化，推进智慧健康医疗服务，提高就业和社会保障信息化水平，实施网络扶贫行动计划。五是服务生态文明建设，助力美丽中国。创新资源管理和利用方式，构建新型生态环境治理体系。六是加快信息强军，构建现代军事力量体系。加强体系化建设，提高实战化训练水平，深化军事斗争准备。

《战略纲要》提出了不断优化信息化发展环境应做好的三方面工作。一是推进信息化法治建设。完善信息化法律框架，有序推进信息化立法进程，加强执法能力建设。二是加强网络生态治理。强化互联网管理，形成全社会参与的治理机制，维护公民合法权益。三是维护网络空间安全。维护网络主权和国家安全，确保关键信息基础设施安全，强化网络安全基础性工作。

二、"互联网＋"发展战略

十二届全国人大三次会议上，李克强总理在政府工作报告中首次提出"互联网＋"行动计划，2015年7月，国务院正式印发了《关于积极推进"互联网＋"行动的指导意见》（国发〔2015〕40号，以下简称《指导意见》）。《指导意见》提出，"互联网＋"是把互联网的创新成果与经济社会各领域深度融合，推动技术进步、效率提升和组织变革，提升实体经济创新力和生产力，形成更广泛的以互联网为基础设施和创新要素的经济社会发展新形态。在全球新一轮科技革命和产业变革中，互联网与各领域的融合发展具有广阔前景和无限潜力，已成为不可阻挡的时代潮流，正对各国经济社会发展产生着战略性和全局性的影响。

《指导意见》的总体思路是顺应世界"互联网＋"发展趋势，充分发挥我国互联网的规模优势和应用优势，推动互联网由消费领域向生产领域拓展，加速提升产业发展水平，增强各行业创新能力，构筑经济社会发展新优势和新动能。坚持改革创新和市场需求导向，突出企业的主体作用，大力拓展互联网与经济社会各领域融合的广度和深度。着力深化体制机制改革，释放发展潜力和活力；着力做优存量，推动经济提质增效和转型升级；着力做大增量，培育新兴业态，打造新的增长点；着力创新政府服务模式，夯实网络发展基础，营造安全网络环境，提升公共服务水平。

《指导意见》提出，在坚持开放共享、变革转型、引领跨越和安全有序的原则下，完成到 2018 年，互联网与经济社会各领域的融合发展进一步深化，基于互联网的新业态成为新的经济增长动力，互联网支撑大众创业、万众创新的作用进一步增强，互联网成为提供公共服务的重要手段，网络经济与实体经济协同互动的发展格局基本形成的总体目标。到 2025 年，网络化、智能化、服务化、协同化的"互联网＋"产业生态体系基本完善，"互联网＋"新经济形态初步形成，"互联网＋"成为经济社会创新发展的重要驱动力量。

《指导意见》明确实施 11 项重点行动，包括"互联网＋"创业创新、"互联网＋"协同制造、"互联网＋"现代农业、"互联网＋"智慧能源、"互联网＋"普惠金融、"互联网＋"益民服务、"互联网＋"高效物流、"互联网＋"电子商务、"互联网＋"便捷交通、"互联网＋"绿色生态、"互联网＋"人工智能。提出了夯实发展基础、强化创新驱动、营造宽松环境、拓展海外合作、加强智力建设、加强引导支持、做好组织实施等保障支撑措施。

为深入贯彻落实《指导意见》精神，国家林业局作为"互联网＋"行动部际联席会议成员单位，高度重视、重点推进，紧密结合林业实际工作，充分发挥林业资源在保护国家生态安全、提升人民生态福祉、促进绿色发展、应对气候变化中的重要作用。《指导意见》中，涉及林业相关的"互联网＋"现代农业、"互联网＋"益民服务、"互联网＋"绿色生态等行动的具体内容。

（一）"互联网＋"现代农业

利用互联网提升农业生产、经营、管理和服务水平，培育一批网络化、智能化、精细化的现代"种养加"生态农业新模式，形成示范带动效应，加快完善新型农业生产经营体系，培育多样化农业互联网管理服务模式，逐步建立农副产品、农资质量安全追溯体系，促进农业现代化水平明显提升。

1. 构建新型农业生产经营体系。鼓励互联网企业建立农业服务平台，支撑专业大户、家庭农场、农民合作社、农业产业化龙头企业等新型农业生产经营主体，加强产销衔接，实现农业生产由生产导向向消费导向转变。提高农业生产经营的科技化、组织化和精细化水平，推进农业生产流通销售方式变革和农业发展方式转变，提升农业生产效率和增值空间。规范用好农村土地流转公共服务平台，提升土地流转透明度，保障农民权益。

2. 发展精准化生产方式。推广成熟可复制的农业物联网应用模式。在基础较好的领域和地区，普及基于环境感知、实时监测、自动控制的网络化农业环境监测系统。在大宗农产品规模生产区域，构建天地一体的农业物联网测控体系，实施智能节水灌溉、测土配方施肥、农机定位耕种等精准化作业。在畜禽标准化规模养殖基地和水产健康养殖示范基地，推动饲料精准投放、疾病自动诊断、废弃物自动回收等智能设备的应用普及和互联互通。

3. 提升网络化服务水平。深入推进信息进村入户试点，鼓励通过移动互联网为农民提供政策、市场、科技、保险等生产生活信息服务。支持互联网企业与农业生产经营主体合作，综合利用大数据、云计算等技术，建立农业信息监测体系，为灾害预警、耕地质量监测、重大动植物疫情防控、市场波动预测、经营科学决策等提供服务。

4. 完善农副产品质量安全追溯体系。充分利用现有互联网资源，构建农副产品质量安全追溯公共服务平台，推进制度标准建设，建立产地准出与市场准入衔接机制。支持新型农业生产经营主体利用互联网技术，对生产经营过程进行精细化信息化管理，加快推动移动互联网、物联网、二维码、无线射频识别等信息技术在生产加工和流通销售各环节的推广应用，强化上下游追溯体系对接和信息互通共享，不断扩大追溯体系覆盖面，实现农副产品"从农田到餐桌"全过程可追溯，保障"舌尖上的安全"。

2016年5月，农业部、国家发展改革委、中央网信办、科技部、商务部、国家质检总局、国家食品药品监管总局、国家林业局八部门联合印发《"互联网＋"现代农业三年行动实施方案》（以下简称《方案》）。《方案》按照《国务院关于积极推进"互联网＋"行动的指导意见》的部署要求，贯彻落实创新、协调、绿色、开放、共享的发展理念，紧紧围绕推进现代农业建设和农业供给侧结构性改革的目标任务，坚持需求导向、创新驱动、强化应用、引领发展的推进策略，着力推动现代信息技术在农业生产、经营、管理、服务各环节和农村经济社会各领域的深度融合，推进农业在线化和数据化，大力发展智慧农业，强化体制机制创新，全面提高农业信息化水平。

（二）"互联网＋"绿色生态

推动互联网与生态文明建设深度融合，完善污染物监测及信息发布系统，形成覆盖主要生态要素的资源环境承载能力动态监测网络，实现生态环境数据互联互通和开放共享。充分发挥互联网在逆向物流回收体系中的平台作用，促进再生资源交易利用便捷化、互动化、透明化，促进生产生活方式绿色化。

1. 加强资源环境动态监测。针对能源、矿产资源、水、大气、森林、草原、湿地、海洋等各类生态要素，充分利用多维地理信息系统、智慧地图等技术，结合互联网大数据分析，优化监测站点布局，扩大动态监控范围，构建资源环境承载能力立体监控系统。依托现有互联网、云计算平台，逐步实现各级政府资源环境动态监测信息互联共享。加强重点用能单位能耗在线监测和大数据分析。

2. 大力发展智慧环保。利用智能监测设备和移动互联网，完善污染物排放在线监测系统，增加监测污染物种类，扩大监测范围，形成全天候、多层次的智能多源感知体系。建立环境信息数据共享机制，统一数据交换标准，推进区域污染物排放、空气环境质量、水环境质量等信息公开，通过互联网实现面向公众的在线查询和定制推送。加强对企业环保信用数据的采集整理，将企业环保信用记录纳入全国统一的信用信息共享交换平台。完善环境预警和风险监测信息网络，提升重金属、危险废物、危险化学品等重点风险防范水平和应急处理能力。

3. 完善废旧资源回收利用体系。利用物联网、大数据开展信息采集、数据分析、流向监测，优化逆向物流网点布局。支持利用电子标签、二维码等物联网技术跟踪电子废物流向，鼓励互联网企业参与搭建城市废弃物回收平台，创新再生资源回收模式。加快推进汽车保险信息系统、"以旧换再"管理系统和报废车管理系统的标准化、规范化和互联互通，加强废旧汽车及零部件的回收利用信息管理，为互联网企业开展业务创新和便民服务提供数据支撑。

4. 建立废弃物在线交易系统。鼓励互联网企业积极参与各类产业园区废弃物信息平台建设，推动现有骨干再生资源交易市场向线上线下结合转型升级，逐步形成行业性、区域性、全国性的产业废弃物和再生资源在线交易系统，完善线上信用评价和供应链融资体系，开展在线竞价，发布价格交易指数，提高稳定供给能力，增强主要再生资源品种的定价权。

为贯彻落实国务院《关于积极推进"互联网＋"行动的指导意见》（国发〔2015〕40号），确保"互联网＋"绿色生态各项任务落到实处，2016年1月，国家发改委会同科技部、工业和信息化部、财政部、国土资源部、环境保护部、住房和城乡建设部、交通运输部、水利部、农业部、商务部、国家林业局、国家海洋局、保监会办公厅（室）制定了《"互联网＋"绿色生态三年行动实施方案》。

（三）"互联网＋"益民服务

充分发挥互联网的高效、便捷优势，提高资源利用效率，降低服务消费成本。大力发展以互联网为载体、线上线下互动的新兴消费，加快发展基于互联网的医疗、健康、养老、教育、旅游、社会保障等新兴服务，创新政府服务模式，提升政府科学决策能力和管理水平。

1. 创新政府网络化管理和服务。加快互联网与政府公共服务体系的深度融合，推动公共数据资源开放，促进公共服务创新供给和服务资源整合，构建面向公众的一体化在线公共服务体系。积极探索公众参与的网络化社会管理服务新模式，充分利用互联网、移动互联网应用平台等，加快推进政务新媒体发展建设，加强政府与公众的沟通交流，提高政府公共管理、公共服务和公共政策制定的响应速度，提升政府科学决策能力和社会治理水平，促进政府职能转变和简政放权。深入推进网上信访，提高信访工作质量、效率和公信力。鼓励政府和互联网企业合作建立信用信息共享平台，探索开展一批社会治理互联网应用试点，打通政府部门、企事业单位之间的数据壁垒，利用大数据分析手段，提升各级政府的社会治理能力。加强对"互联网＋"行动的宣传，提高公众参与度。

2. 发展便民服务新业态。发展体验经济，支持实体零售商综合利用网上商店、移动支付、智能试衣等新技术，打造体验式购物模式。发展社区经济，在餐饮、娱乐、家政等领域培育线上线下结合的社区服务新模式。发展共享经济，规范发展网络约租车，积极推广在线租房等新业态，着力破除准入门槛高、服务规范难、个人征信缺失等瓶颈制约。发展基于互联网的文化、媒体和旅游等服务，培育形式多样的新型业态。积极推广基于移动互联网入口的城市服务，开展网上社保办理、个人社保权益查询、跨地区医保结算等互联网应用，让老百姓足不出户享受便捷高效的服务。

3. 推广在线医疗卫生新模式。发展基于互联网的医疗卫生服务，支持第三方机构构建医学影像、健康档案、检验报告、电子病历等医疗信息共享服务平台，逐步建立跨医院的医疗数据共享交换标准体系。

积极利用移动互联网提供在线预约诊疗、候诊提醒、划价缴费、诊疗报告查询、药品配送等便捷服务。引导医疗机构面向中小城市和农村地区开展基层检查、上级诊断等远程医疗服务。鼓励互联网企业与医疗机构合作建立医疗网络信息平台，加强区域医疗卫生服务资源整合，充分利用互联网、大数据等手段，提高重大疾病和突发公共卫生事件防控能力。积极探索互联网延伸医嘱、电子处方等网络医疗健康服务应用。鼓励有资质的医学检验机构、医疗服务机构联合互联网企业，发展基因检测、疾病预防等健康服务模式。

4. 促进智慧健康养老产业发展。支持智能健康产品创新和应用，推广全面量化健康生活新方式。鼓励健康服务机构利用云计算、大数据等技术搭建公共信息平台，提供长期跟踪、预测预警的个性化健康管理服务。发展第三方在线健康市场调查、咨询评价、预防管理等应用服务，提升规范化和专业化运营水平。依托现有互联网资源和社会力量，以社区为基础，搭建养老信息服务网络平台，提供护理看护、健康管理、康复照料等居家养老服务。鼓励养老服务机构应用基于移动互联网的便携式体检、紧急呼叫监控等设备，提高养老服务水平。

5. 探索新型教育服务供给方式。鼓励互联网企业与社会教育机构根据市场需求开发数字教育资源，提供网络化教育服务。鼓励学校利用数字教育资源及教育服务平台，逐步探索网络化教育新模式，扩大优质教育资源覆盖面，促进教育公平。鼓励学校通过与互联网企业合作等方式，对接线上线下教育资源，探索基础教育、职业教育等教育公共服务提供新方式。推动开展学历教育在线课程资源共享，推广大规模在线开放课程等网络学习模式，探索建立网络学习学分认定与学分转换等制度，加快推动高等教育服务模式变革。

三、大数据发展战略

2015 年 8 月，国务院印发了《促进大数据发展行动纲要》（以下简称《纲要》)。《纲要》明确指出，信息技术与经济社会的交汇融合引发了数据迅猛增长，数据已成为国家基础性战略资源，大数据正日益对全球生产、流通、分配、消费活动以及经济运行机制、社会生活方式和国家治理能力产生重要影响。目前，我国在大数据发展和应用方面已具备一定基础，拥有市场优势和发展潜力，但也存在政府数据开放共享不足、产业基础薄弱、缺乏顶层设计和统筹规划、法律法规建设滞后、创新应用领域不广等问题，亟待解决。

《纲要》分析了我国大数据发展现状。全球范围内，运用大数据推动经济发展、完善社会治理、提升政府服务和监管能力正成为趋势，有关发达国家相继制定实施大数据战略性文件，大力推动大数据发展和应用。目前，我国互联网、移动互联网用户规模居全球第一，拥有丰富的数据资源和应用市场，大数据部分关键技术研发取得突破，涌现出一批互联网创新企业和创新应用，一些地方政府已启动大数据相关工作。坚持创新驱动发展，加快大数据部署，深化大数据应用，已成为稳增长、促改革、调结构、惠民生和推动政府治理能力现代化的内在需要和必然选择。

《纲要》明确了我国大数据发展的重要意义。一是大数据成为推动经济转型发展的新动力。以数据流引领技术流、物质流、资金流、人才流，将深刻影响社会分工协作的组织模式，促进生产组织方式的集约和创新。大数据推动社会生产要素的网络化共享、集约化整合、协作化开发和高效化利用，改变了传统的生产方式和经济运行机制，可显著提升经济运行水平和效率。大数据持续激发商业模式创新，不断催生新业态，已成为互联网等新兴领域促进业务创新增值、提升企业核心价值的重要驱动力。大数据产业正在成为新的经济增长点，将对未来信息产业格局产生重要影响。二是大数据成为重塑国家竞争优势的新机遇。在全球信息化快速发展的大背景下，大数据已成为国家重要的基础性战略资源，正引领新一轮科技创新。充分利用我国的数据规模优势，实现数据规模、质量和应用水平同步提升，发掘和释放数据资源的潜在价值，有利于更好发挥数据资源的战略作用，增强网络空间数据主权保护能力，维护国家安全，有效提升国家竞争力。三是大数据成为提升政府治理能力的新途径。大数据应用能够揭示传统技术方式难以展现的关联关系，推动政府数据开放共享，促进社会事业数据融合和资源整合，将极大提升政府整体数据分析能力，为有效处理复杂社会问题提供新的手段。建立"用数据说话、用数据决策、用数据管理、用数据创新"的管理机制，实现基于数据的科学决策，将推动政府管理理念和社会治理模式进步，加快建设与社会主义市场经济体制和中国特色社会主义事业发展相适应的法治政府、创新政府、廉洁政府和服务型政府，逐步实现政府治理能力现代化。

《纲要》明确了我国大数据发展的指导思想。深入贯彻党的十八大和十八届二中、三中、四中全会精神，按照党中央、国务院决策部署，发挥市场在资源配置中的决定性作用，加强顶层设计和统筹协调，大力推动政府信息系统和公共数据互联开放共享，加快政府信息平台整合，消除信息孤岛，推进数据资源向社会开放，增强政府公信力，引导社会发展，服务公众企业；以企业为主体，营造宽松公平环境，加大大数据关键技术研发、产业发展和人才培养力度，着力推进数据汇集和发掘，深化大数据在各行业创新应用，促进大数据产业健康发展；完善法规制度和标准体系，科学规范利用大数据，切实保障数据安全。通过促进大数据发展，加快建设数据强国，释放技术红利、制度红利和创新红利，提升政府治理能力，推动经济转型升级。

《纲要》提出了未来5~10年的发展目标。一是打造精准治理、多方协作的社会治理新模式。将大数据作为提升政府治理能力的重要手段，通过高效采集、有效整合、深化应用政府数据和社会数据，提升政府决策和风险防范水平，提高社会治理的精准性和有效性，增强乡村社会治理能力；助力简政放权，支持从事前审批向事中事后监管转变，推动商事制度改革；促进政府监管和社会监督有机结合，有效调动社会力量参与社会治理的积极性。2017年底前形成跨部门数据资源共享共用格局。二是建立运行平稳、安全高效的经济运行新机制。充分运用大数据，不断提升信用、财政、金融、税收、农业、统计、进出口、资源环境、产品质量、企业登记监管等领域数据资源的获取和利用能力，丰富经济统计数据来源，实现对经济运行更为准确的监测、分析、预测、预警，提高决策的针对性、科学性和时效性，提升宏观调控以及产业发展、信用体系、市场监管等方面管理效能，保障供需平衡，促进经济平稳运行。三是构建以人为本、惠及全民的民生服务新体系。围绕服务型政府建设，在公用事业、市政管理、城乡环境、农村生活、健康医疗、减灾救灾、社会救助、养老服务、劳动就业、社会保障、文化教育、交通旅游、质量安全、消费维权、社区服务等领域全面推广大数据应用，利用大数据洞察民生需求，优化资源配置，丰富服务内容，拓展服务渠道，扩大服务范围，提高服务质量，提升城市辐射能力，推动公共服务向基层延伸，缩小城乡、区域差距，促进形成公平普惠、便捷高效的民生服务体系，不断满足人民群众日益增长的个性化、多样化需求。四是开启大众创业、万众创新的创新驱动新格局。形成公共数据资源合理适度开放共享的法规制度和政策体系，2018年底前建成国家政府数据统一开放平台，率先在信用、交通、医疗、卫生、就业、社保、地理、文化、教育、科技、资源、农业、环境、安监、金融、质量、统计、气象、海洋、企业登记监管等重要领域实现公共数据资源合理适度向社会开放，带动社会公众开展大数据增值性、公益性开发和创新应用，充分释放数据红利，激发大众创业、万众创新活力。五是培育高端智能、新兴繁荣的产业发展新生态。推动大数据与云计算、物联网、移动互联网等新一代信息技术融合发展，探索大数据与传统产业协同发展的新业态、新模式，促进传统产业转型升级和新兴产业发展，培育新的经济增长点。形成一批满足大数据重大应用需求的产品、系统和解决方案，建立安全可信的大数据技术体系，大数据产品和服务达到国际先进水平，国内市场占有率显著提高。培育一批面向全球的骨干企业和特色鲜明的创新型中小企业。构建形成政产学研用多方联动、协调发展的大数据产业生态体系。《纲要》提出了主要建设任务(专栏1-1)。

专栏 1-1 《促进大数据发展行动纲要》主要项目建设任务

（一）加快政府数据开放共享，推动资源整合，提升治理能力

1. 大力推动政府部门数据共享。加强顶层设计和统筹规划，明确各部门数据共享的范围边界和使用方式，厘清各部门数据管理及共享的义务和权利，依托政府数据统一共享交换平台，大力推进国家人口基础信息库、法人单位信息资源库、自然资源和空间地理基础信息库等国家基础数据资源，以及金税、金关、金财、金审、金盾、金宏、金保、金土、金农、金水、金质等信息系统跨部门、跨区域共享。加快各地区、各部门、各有关企事业单位及社会组织信用信息系统的互联互通和信息共享，丰富面向公众的信用信息服务，提高政府服务和监管水平。结合信息惠民工程实施和智慧城市建设，推动中央部门与地方政府条块结合、联合试点，实现公共服务的多方数据共享、制度对接和协同配合。

2. 稳步推动公共数据资源开放。在依法加强安全保障和隐私保护的前提下，稳步推动公共数据资源开放。推动建立政府部门和事业单位等公共机构数据资源清单，按照"增量先行"的方式，加强对政府部门数据的国家统筹管理，加快建设国家政府数据统一开放平台。制定公共机构数据开放计划，落实数据开放和维护责任，推进公共机构数据资源统一汇聚和集中向社会开放，提升政府数据开放共享标准化程度，优先推动信用、交通、医疗、卫生、就业、社保、地理、文化、教育、科技、资源、农业、环境、安监、金融、质量、统计、气象、海洋、企业登记监管等民生保障服务相关领域的政府数据集向社会开放。建立政府和社会互动的大数据采集形成机制，制定政府数据共享开放目录。通过政务数据公开共享，引导企业、行业协会、科研机构、社会组织等主动采集并开放数据。

3. 统筹规划大数据基础设施建设。结合国家政务信息化工程建设规划，统筹政务数据资源和社会数据资源，布局国家大数据平台、数据中心等基础设施。加快完善国家人口基础信息库、法人单位信息资源库、自然资源和空间地理基础信息库等基础信息资源和健康、就业、社保、能源、信用、统计、质量、国土、农业、城乡建设、企业登记监管等重要领域信息资源，加强与社会大数据的汇聚整合和关联分析。推动国民经济动员大数据应用。加强军民信息资源共享。充分利用现有企业、政府等数据资源和平台设施，注重对现有数据中心及服务器资源的改造和利用，建设绿色环保、低成本、高效率、基于云计算的大数据基础设施和区域性、行业性数据汇聚平台，避免盲目建设和重复投资。加强对互联网重要数据资源的备份及保护。

4. 支持宏观调控科学化。建立国家宏观调控数据体系，及时发布有关统计指标和数据，强化互联网数据资源利用和信息服务，加强与政务数据资源的关联分析和融合利用，为政府开展金融、税收、审计、统计、农业、规划、消费、投资、进出口、城乡建设、劳动就业、收入分配、电力及产业运行、质量安全、节能减排等领域运行动态监测、产业安全预测预警以及转变发展方式分析决策提供信息支持，提高宏观调控的科学性、预见性和有效性。

5. 推动政府治理精准化。在企业监管、质量安全、节能降耗、环境保护、食品安全、安全生产、信用体系建设、旅游服务等领域，推动有关政府部门和企事业单位将市场监管、检验检测、违法失信、企业生产经营、销售物流、投诉举报、消费维权等数据进行汇聚整合和关联分析，统一公示企业信用信息，预警企业不正当行为，提升政府决策和风险防范能力，支持加强事中事后监管和服务，提高监管和服务的针对性、有效性。推动改进政府管理和公共治理方式，借助大数据实现政府负面清单、权力清单和责任清单的透明化管理，完善大数据监督和技术反腐体系，促进政府简政放权、依法行政。

6. 推进商事服务便捷化。加快建立公民、法人和其他组织统一社会信用代码制度，依托全国统一的信用信息共享交换平台，建设企业信用信息公示系统和"信用中国"网站，共享整合各地区、各领域信用信息，为社会公众提供查询注册登记、行政许可、行政处罚等各类信用信息的一站式服务。在全面实行工商营业执照、组织机构代码证和税务登记证"三证合一"、"一照一码"登记制度改革中，积极运用大数据手段，简化办理程序。建立项目并联审批平台，形成网上审批大数据资源库，实现跨部门、跨层级项目审批、核准、备案的统一受理、同步审查、信息共享、透明公开。鼓励政府部门高效采集、有效整合并充分运用政府数据和社会数据，掌握企业需求，推动行政管理流程优化再造，在注册登记、市场准入等商事服务中提供更加便捷有效、更有针对性的服务。利用大数据等手段，密切跟踪中小微企业特别是新设小微企业运行情况，为完善相关政策提供支持。

7. 促进安全保障高效化。加强有关执法部门间的数据流通，在法律许可和确保安全的前提下，加强对社会治理相关领域数据的归集、发掘及关联分析，强化对妥善应对和处理重大突发公共事件的数据支持，提高公共安全保障能力，推动构建智能防控、综合治理的公共安全体系，维护国家安全和社会安定。

8. 加快民生服务普惠化。结合新型城镇化发展、信息惠民工程实施和智慧城市建设，以优化提升民生服务、激发社会活力、促进大数据应用市场化服务为重点，引导鼓励企业和社会机构开展创新应用研究，深入发掘公共服务数据，在城乡建设、人居环境、健康医疗、社会救助、养老服务、劳动就业、社会保障、质量安全、文化教育、交通旅游、消费维权、城乡服务等领域开展大数据应用示范，推动传统公共服务数据与互联网、移动互联网、可穿戴设备等数据的汇聚整合，开发各类便民应用，优化公共资源配置，提升公共服务水平。

（二）推动产业创新发展，培育新兴业态，助力经济转型

1. 发展工业大数据。推动大数据在工业研发设计、生产制造、经营管理、市场营销、售后服务等产品全生命周期、产业链全流程各环节的应用，分析感知用户需求，提升产品附加价值，打造智能工厂。建立面向不同行业、不同环节的工业大数据资源聚合和分析应用平台。抓住互联网跨界融合机遇，促进大数据、物联网、云计算和三维(3D)打印技术、个性化定制等在制造业全产业链集成运用，推动制造模式变革和工业转型升级。

2. 发展新兴产业大数据。大力培育互联网金融、数据服务、数据探矿、数据化学、数据材料、数据制药等新业态，提升相关产业大数据资源的采集获取和分析利用能力，充分发掘数据资源支撑创新的潜力，带动技术研发体系创新、管理方式变革、商业模式创新和产业价值链体系重构，推动跨领域、跨行业的数据融合和协同创新，促进战略性新兴产业发展、服务业创新发展和信息消费扩大，探索形成协同发展的新业态、新模式，培育新的经济增长点。

3. 发展农业农村大数据。构建面向农业农村的综合信息服务体系，为农民生产生活提供综合、高效、便捷的信息服务，缩小城乡数字鸿沟，促进城乡发展一体化。加强农业农村经济大数据建设，完善村、县相关数据采集、传输、共享基础设施，建立农业农村数据采集、运算、应用、服务体系，强化农村生态环境治理，增强乡村社会治理能力。统筹国内国际农业数据资源，强化农业资源要素数据的集聚利用，提升预测预警能力。整合构建国家涉农大数据中心，推进各地区、各行业、各领域涉农数据资源的共享开放，加强数据资源发掘运用。加快农业大数据关键技术研发，加大示范力度，提升生产智能化、经营网络化、管理高效化、服务便捷化能力和水平。

4. 发展万众创新大数据。适应国家创新驱动发展战略，实施大数据创新行动计划，鼓励企业和公众发掘利用开放数据资源，激发创新创业活力，促进创新链和产业链深度融合，推动大数据发展与科研创新有机结合，形成大数据驱动型的科研创新模式，打通科技创新和经济社会发展之间的通道，推动万众创新、开放创新和联动创新。

5. 推进基础研究和核心技术攻关。围绕数据科学理论体系、大数据计算系统与分析理论、大数据驱动的颠覆性应用模型探索等重大基础研究进行前瞻布局，开展数据科学研究，引导和鼓励在大数据理论、方法及关键应用技术等方面展开探索。采取政产学研用相结合的协同创新模式和基于开源社区的开放创新模式，加强海量数据存储、数据清洗、数据分析发掘、数据可视化、信息安全与隐私保护等领域关键技术攻关，形成安全可靠的大数据技术体系。支持自然语言理解、机器学习、深度学习等人工智能技术创新，提升数据分析处理能力、知识发现能力和辅助决策能力。

6. 形成大数据产品体系。围绕数据采集、整理、分析、发掘、展现、应用等环节，支持大型通用海量数据存储与管理软件、大数据分析发掘软件、数据可视化软件等软件产品和海量数据存储设备、大数据一体机等硬件产品发展，带动芯片、操作系统等信息技术核心基础产品发展，打造较为健全的大数据产品体系。大力发展与重点行业领域业务流程及数据应用需求深度融合的大数据解决方案。

7. 完善大数据产业链。支持企业开展基于大数据的第三方数据分析发掘服务、技术外包服务和知识流程外包服务。鼓励企业根据数据资源基础和业务特色，积极发展互联网金融和移动金融等新业态。推动大数据与移动互联网、物联网、云计算的深度融合，深化大数据在各行业的创新应用，积极探索创新协作共赢的应用模式和商业模式。加强大数据应用创新能力建设，建立政产学研用联动、大中小企业协调发展的大数据产业体系。建立和完善大数据产业公共服务支撑体系，组建大数据开源社区和产业联盟，促进协同创新，加快计量、标准化、检验检测和认证认可等大数据产业质量技术基础建设，加速大数据应用普及。

（三）强化安全保障，提高管理水平，促进健康发展

1. 健全大数据安全保障体系。加强大数据环境下的网络安全问题研究和基于大数据的网络安全技术研究，落实信息安全等级保护、风险评估等网络安全制度，建立健全大数据安全保障体系。建立大数据安全评估体系。切实加强关键信息基础设施安全防护，做好大数据平台及服务商的可靠性及安全性评测、应用安全评测、监测预警和风险评估。明确数据采集、传输、存储、使用、开放等各环节保障网络安全的范围边界、责任主体和具体要求，切实加强对涉及国家利益、公共安全、商业秘密、个人隐私、军工科研生产等信息的保护。妥善处理发展创新与保障安全的关系，审慎监管，保护创新，探索完善安全保密管理规范措施，切实保障数据安全。

2. 强化安全支撑。采用安全可信产品和服务，提升基础设施关键设备安全可靠水平。建设国家网络安全信息汇聚共享和关联分析平台，促进网络安全相关数据融合和资源合理分配，提升重大网络安全事件应急处理能力；深化网络安全防护体系和态势感知能力建设，增强网络空间安全防护和安全事件识别能力。开展安全监测和预警通报工作，加强大数据环境下防攻击、防泄露、防窃取的监测、预警、控制和应急处置能力建设。

——摘自《促进大数据发展行动纲要》（中国政府网，2015 年 9 月 5 日）

四、云计算发展战略

2015 年 1 月，国务院印发《国务院关于促进云计算创新发展培育信息产业新业态的意见》（国发〔2015〕5 号），作为促进我国云计算创新发展，积极培育信息产业新业态的顶层设计（专栏 1-2）。

专栏 1-2　国务院关于促进云计算创新发展培育信息产业新业态的意见

云计算是推动信息技术能力实现按需供给、促进信息技术和数据资源充分利用的全新业态，是信息化发展的重大变革和必然趋势。发展云计算，有利于分享信息知识和创新资源，降低全社会创业成本，培育形成新产业和新消费热点，对稳增长、调结构、惠民生和建设创新型国家具有重要意义。当前，全球云计算处于发展初期，我国面临难得的机遇，但也存在服务能力较薄弱、核心技术差距较大、信息资源开放共享不够、信息安全挑战突出等问题，重建设轻应用、数据中心无序发展苗头初步显现。为促进我国云计算创新发展，积极培育信息产业新业态，现提出以下意见。

一、指导思想、基本原则和发展目标

（一）指导思想

适应推进新型工业化、信息化、城镇化、农业现代化和国家治理能力现代化的需要，以全面深化改革为动力，以提升能力、深化应用为主线，完善发展环境，培育骨干企业，创新服务模式，扩展应用领域，强化技术支撑，保障信息安全，优化设施布局，促进云计算创新发展，培育信息产业新业态，使信息资源得到高效利用，为促进创业兴业、释放创新活力提供有力支持，为经济社会持续健康发展注入新的动力。

（二）基本原则

市场主导。发挥市场在资源配置中的决定性作用，完善市场准入制度，减少行政干预，鼓励企业根据市场需求丰富服务种类，提升服务能力，对接应用市场。建立公平开放透明的市场规则，完善监管政策，维护良好市场秩序。

统筹协调。以需求为牵引，加强分类指导，推进重点领域的应用、服务和产品协同发展。引导地方根据实际需求合理确定云计算发展定位，避免政府资金盲目投资建设数据中心和相关园区。加强信息技术资源整合，避免行业信息化系统成为信息孤岛。优化云计算基础设施布局，促进区域协调发展。

创新驱动。以企业为主体，加强产学研用合作，强化云计算关键技术和服务模式创新，提升自主创新能力。积极探索加强国际合作，推动云计算开放式创新和国际化发展。加强管理创新，鼓励新业态发展。

保障安全。在现有信息安全保障体系基础上，结合云计算特点完善相关信息安全制度，强化安全管理和数据隐私保护，增强安全技术支撑和服务能力，建立健全安全防护体系，切实保障云计算信息安全。充分运用云计算的大数据处理能力，带动相关安全技术和服务发展。

（三）发展目标

到2017年，云计算在重点领域的应用得到深化，产业链条基本健全，初步形成安全保障有力，服务创新、技术创新和管理创新协同推进的云计算发展格局，带动相关产业快速发展。

服务能力大幅提升。形成若干具有较强创新能力的公共云计算骨干服务企业。面向中小微企业和个人的云计算服务种类丰富，实现规模化运营。云计算系统集成能力显著提升。

创新能力明显增强。增强原始创新和基础创新能力，突破云计算平台软件、艾字节（EB，约为 2^{60} 字节）级云存储系统、大数据挖掘分析等一批关键技术与产品，云计算技术接近国际先进水平，云计算标准体系基本建立。服务创新对技术创新的带动作用显著增强，产学研用协同发展水平大幅提高。

应用示范成效显著。在社会效益明显、产业带动性强、示范作用突出的若干重点领域推动公共数据开放、信息技术资源整合和政府采购服务改革，充分利用公共云计算服务资源开展百项云计算和大数据应用示范工程，在降低创业门槛、服务民生、培育新业态、探索电子政务建设新模式等方面取得积极成效，政府自建数据中心数量减少 5% 以上。

基础设施不断优化。云计算数据中心区域布局初步优化，新建大型云计算数据中心能源利用效率（PUE）值优于 1.5。宽带发展政策环境逐步完善，初步建成满足云计算发展需求的宽带网络基础设施。

安全保障基本健全。初步建立适应云计算发展需求的信息安全监管制度和标准规范体系，云计算安全关键技术产品的产业化水平和网络安全防护能力明显提升，云计算发展环境更加安全可靠。

到 2020 年，云计算应用基本普及，云计算服务能力达到国际先进水平，掌握云计算关键技术，形成若干具有较强国际竞争力的云计算骨干企业。云计算信息安全监管体系和法规体系健全。大数据挖掘分析能力显著提升。云计算成为我国信息化重要形态和建设网络强国的重要支撑，推动经济社会各领域信息化水平大幅提高。

二、主要任务

（一）增强云计算服务能力

大力发展公共云计算服务，实施云计算工程，支持信息技术企业加快向云计算产品和服务提供商转型。大力发展计算、存储资源租用和应用软件开发部署平台服务，以及企业经营管理、研发设计等在线应用服务，降低企业信息化门槛和创新成本，支持中小微企业发展和创业活动。积极发展基于云计算的个人信息存储、在线工具、学习娱乐等服务，培育信息消费。发展安全可信的云计算外包服务，推动政府业务外包。支持云计算与物联网、移动互联网、互联网金融、电子商务等技术和服务的融合发展与创新应用，积极培育新业态、新模式。鼓励大企业开放平台资源，打造协作共赢的云计算服务生态环境。引导专有云有序发展，鼓励企业创新信息化建设思路，在充分利用公共云计算服务资源的基础上，立足自身需求，利用安全可靠的专有云解决方案，整合信息资源，优化业务流程，提升经营管理水平。大力发展面向云计算的信息系统规划咨询、方案设计、系统集成和测试评估等服务。

(二)提升云计算自主创新能力

加强云计算相关基础研究、应用研究、技术研发、市场培育和产业政策的紧密衔接与统筹协调。发挥企业创新主体作用,以服务创新带动技术创新,增强原始创新能力,着力突破云计算平台大规模资源管理与调度、运行监控与安全保障、艾字节级数据存储与处理、大数据挖掘分析等关键技术,提高相关软硬件产品研发及产业化水平。加强核心电子器件、高端通用芯片及基础软件产品等科技专项成果与云计算产业需求对接,积极推动安全可靠的云计算产品和解决方案在各领域的应用。充分整合利用国内外创新资源,加强云计算相关技术研发实验室、工程中心和企业技术中心建设。建立产业创新联盟,发挥骨干企业的引领作用,培育一批特色鲜明的创新型中小企业,健全产业生态系统。完善云计算公共支撑体系,加强知识产权保护利用、标准制定和相关评估测评等工作,促进协同创新。

(三)探索电子政务云计算发展新模式

鼓励应用云计算技术整合改造现有电子政务信息系统,实现各领域政务信息系统整体部署和共建共用,大幅减少政府自建数据中心的数量。新建电子政务系统须经严格论证并按程序进行审批。政府部门要加大采购云计算服务的力度,积极开展试点示范,探索基于云计算的政务信息化建设运行新机制,推动政务信息资源共享和业务协同,促进简政放权,加强事中事后监管,为云计算创造更大市场空间,带动云计算产业快速发展。

(四)加强大数据开发与利用

充分发挥云计算对数据资源的集聚作用,实现数据资源的融合共享,推动大数据挖掘、分析、应用和服务。开展公共数据开放利用改革试点,出台政府机构数据开放管理规定,在保障信息安全和个人隐私的前提下,积极探索地理、人口、知识产权及其他有关管理机构数据资源向社会开放,推动政府部门间数据共享,提升社会管理和公共服务能力。重点在公共安全、疾病防治、灾害预防、就业和社会保障、交通物流、教育科研、电子商务等领域,开展基于云计算的大数据应用示范,支持政府机构和企业创新大数据服务模式。充分发挥云计算、大数据在智慧城市建设中的服务支撑作用,加强推广应用,挖掘市场潜力,服务城市经济社会发展。

(五)统筹布局云计算基础设施

加强全国数据中心建设的统筹规划,引导大型云计算数据中心优先在能源充足、气候适宜、自然灾害较少的地区部署，以实时应用为主的中小型数据中心在靠近用户所在地、电力保障稳定的地区灵活部署。地方政府和有关企业要合理确定云计算发展定位，杜绝盲目建设数据中心和相关园区。加快推进实施"宽带中国"战略，结合云计算发展布局优化网络结构，加快网络基础设施建设升级，优化互联网网间互联架构，提升互联互通质量，降低带宽租费水平。支持采用可再生能源和节能减排技术建设绿色云计算中心。

（六）提升安全保障能力

研究完善云计算和大数据环境下个人和企业信息保护、网络信息安全相关法规与制度，制定信息收集、存储、转移、删除、跨境流动等管理规则，加快信息安全立法进程。加强云计算服务网络安全防护管理，加大云计算服务安全评估力度，建立完善党政机关云计算服务安全管理制度。落实国家信息安全等级保护制度，开展定级备案和测评等工作。完善云计算安全态势感知、安全事件预警预防及应急处置机制，加强对党政机关和金融、交通、能源等重要信息系统的安全评估和监测。支持云计算安全软硬件技术产品的研发生产、试点示范和推广应用，加快云计算安全专业化服务队伍建设。

三、保障措施

（一）完善市场环境

修订电信业务分类目录，完善云计算服务市场准入制度，支持符合条件的云计算服务企业申请相关业务经营资质。研究支持大规模云计算服务的网络政策。支持第三方机构开展云计算服务质量、可信度和网络安全等评估测评工作。引导云计算服务企业加强内部管理，提升服务质量和诚信水平，逐步建立云计算信任体系。加强互联网骨干网互联互通监管和技术支撑手段建设，调整网间互联结算政策，保障网间互联高效畅通。对符合布局原则和能耗标准的云计算数据中心，支持其参加直供电试点，满足大工业用电条件的可执行大工业电价，并在网络、市政配套等方面给予保障，优先安排用地。引导国有企业运用云计算技术提升经营管理水平，推广应用安全可靠的云计算产品和解决方案。

（二）建立健全相关法规制度

落实《全国人民代表大会常务委员会关于加强网络信息保护的决定》和《中华人民共和国政府信息公开条例》，完善互联网信息服务管理办法，加快制定信息网络安全、个人信息保护等法律法规，出台政府和重要行业采购使用云计算服务相关规定，明确相关管理部门和云计算服务企业的安全管理责任，规范云计算服务商与用户的责权利关系。

（三）加大财税政策扶持力度

按照深化中央财政科技计划（专项、基金等）管理改革的要求，充分发挥国家科技计划、科技重大专项的作用，采取无偿资助、后补助等多种方式加大政府资金支持力度，引导社会投资，支持云计算关键技术研发及产业化。支持实施云计算工程，继续推进云计算服务创新试点示范工作，及时总结推广试点经验。创新政府信息系统建设和运营经费管理方式，完善政府采购云计算服务的配套政策，发展基于云计算的政府信息技术服务外包业务。将云计算企业纳入软件企业、国家规划布局内重点软件企业、高新技术企业和技术先进型服务企业的认定范畴，符合条件的按规定享受相关税收优惠政策。

（四）完善投融资政策

引导设立一批云计算创业投资基金。加快建立包括财政出资和社会资金投入在内的多层次担保体系，加大对云计算企业的融资担保支持力度。推动金融机构对技术先进、带动支撑作用强的重大云计算项目给予信贷支持。积极支持符合条件的云计算企业在资本市场直接融资。

（五）建立健全标准规范体系

按照"急用先行、成熟先上、重点突破"原则，加快推进云计算标准体系建设，制定云计算服务质量、安全、计量、互操作、应用迁移，云计算数据中心建设与评估，以及虚拟化、数据存储和管理、弹性计算、平台接口等方面标准，研究制定基于云计算平台的业务和数据安全、涉密信息系统保密技术防护和管理、违法信息技术管控等标准。

（六）加强人才队伍建设

鼓励普通高校、职业院校、科研院所与企业联合培养云计算相关人才，加强学校教育与产业发展的有效衔接，为云计算发展提供高水平智力支持。完善激励机制，造就一批云计算领军人才和技术带头人。充分利用现有人才引进计划，引进国际云计算领域高端人才。对作出突出贡献的云计算人才，可按国家有关规定给予表彰奖励，在职称评定、落户政策等方面予以优先安排。支持企业和教育机构开展云计算应用人才培训。

（七）积极开展国际合作

支持云计算企业通过海外并购、联合经营、在境外部署云计算数据中心和设立研发机构等方式，积极开拓国际市场，促进基于云计算的服务贸易发展。加强国内外企业的研发合作，引导外商按有关规定投资我国云计算相关产业。鼓励国内企业和行业组织参与制定云计算国际标准。

　　各地区、各部门要高度重视云计算发展工作，按照本意见提出的要求和任务，认真抓好贯彻落实，出台配套政策措施，突出抓手，重点突破，着力加强政府云计算应用的统筹推进等工作。国务院有关部门要加强协调配合，建立完善工作机制，做好与国家网络安全和信息化发展战略及相关政策的衔接，加强组织实施，形成推进合力。发展改革委、工业和信息化部、科技部、财政部、网信办要会同有关部门，加强对云计算发展的跟踪分析，推动各项任务分工的细化落实。

　　——摘自《国务院关于促进云计算创新发展培育信息产业新业态的意见》（中国政府网，2015年1月30日）

五、物联网发展战略

　　2013年2月5日，由国家发展改革委、工信部联合相关部门起草的《关于推进物联网有序健康发展的指导意见》（以下简称《指导意见》）获国务院批准，并以国发〔2013〕7号文件印发。

　　《指导意见》提出了九个方面主要任务，包括加快技术研发，突破产业瓶颈；推动应用示范，促进经济发展；改善社会管理，提升公共服务；壮大核心产业，提高支撑能力等。加强低成本、低功耗、高精度、高可靠、智能化传感器的研发与产业化，着力突破物联网核心芯片、软件、仪器仪表等基础共性技术，加快传感器网络、智能终端、大数据处理、智能分析、服务集成等关键技术研发创新，推进物联网与新一代移动通信、云计算、下一代互联网、卫星通信等技术的融合发展（专栏1-3）。

专栏1-3　国务院关于推进物联网有序健康发展的指导意见

　　物联网是新一代信息技术的高度集成和综合运用，具有渗透性强、带动作用大、综合效益好的特点，推进物联网的应用和发展，有利于促进生产生活和社会管理方式向智能化、精细化、网络化方向转变，对于提高国民经济和社会生活信息化水平，提升社会管理和公共服务水平，带动相关学科发展和技术创新能力增强，推动产业结构调整和发展方式转变具有重要意义，我国已将物联网作为战略性新兴产业的一项重要组成内容。目前，在全球范围内物联网正处于起步发展阶段，物联网技术发展和产业应用具有广阔的前景和难得的机遇。经过多年发展，我国在物联网技术研发、标准研制、产业培育和行业应用等方面已初步具备一定基础，但也存在关键核心技术有待突破、产业基础薄弱、网络信息安全存在潜在隐患、一些地方出现盲目建设现象等问题，急需加强引导加快解决。为推进我国物联网有序健康发展，现提出以下指导意见：

一、指导思想、基本原则和发展目标

（一）指导思想

以邓小平理论、"三个代表"重要思想、科学发展观为指导，加强统筹规划，围绕经济社会发展的实际需求，以市场为导向，以企业为主体，以突破关键技术为核心，以推动需求应用为抓手，以培育产业为重点，以保障安全为前提，营造发展环境，创新服务模式，强化标准规范，合理规划布局，加强资源共享，深化军民融合，打造具有国际竞争力的物联网产业体系，有序推进物联网持续健康发展，为促进经济社会可持续发展做出积极贡献。

（二）基本原则

统筹协调。准确把握物联网发展的全局性和战略性问题，加强科学规划，统筹推进物联网应用、技术、产业、标准的协调发展。加强部门、行业、地方间的协作协同。统筹好经济发展与国防建设。

创新发展。强化创新基础，提高创新层次，加快推进关键技术研发及产业化，实现产业集聚发展，培育壮大骨干企业。拓宽发展思路，创新商业模式，发展新兴服务业。强化创新能力建设，完善公共服务平台，建立以企业为主体、产学研用相结合的技术创新体系。

需求牵引。从促进经济社会发展和维护国家安全的重大需求出发，统筹部署、循序渐进，以重大示范应用为先导，带动物联网关键技术突破和产业规模化发展。在竞争性领域，坚持应用推广的市场化。在社会管理和公共服务领域，积极引入市场机制，增强物联网发展的内生性动力。

有序推进。根据实际需求、产业基础和信息化条件，突出区域特色，有重点、有步骤地推进物联网持续健康发展。加强资源整合协同，提高资源利用效率，避免重复建设。

安全可控。强化安全意识，注重信息系统安全管理和数据保护。加强物联网重大应用和系统的安全测评、风险评估和安全防护工作，保障物联网重大基础设施、重要业务系统和重点领域应用的安全可控。

（三）发展目标

总体目标。实现物联网在经济社会各领域的广泛应用，掌握物联网关键核心技术，基本形成安全可控、具有国际竞争力的物联网产业体系，成为推动经济社会智能化和可持续发展的重要力量。

近期目标。到2015年，实现物联网在经济社会重要领域的规模示范应用，突破一批核心技术，初步形成物联网产业体系，安全保障能力明显提高。

——协同创新。物联网技术研发水平和创新能力显著提高，感知领域突破核心技术瓶颈，明显缩小与发达国家的差距，网络通信领域与国际先进水平保持同步，信息处理领域的关键技术初步达到国际先进水平。实现技术创新、管理创新和商业模式创新的协同发展。创新资源和要素得到有效汇聚和深度合作。

——示范应用。在工业、农业、节能环保、商贸流通、交通能源、公共安全、社会事业、城市管理、安全生产、国防建设等领域实现物联网试点示范应用，部分领域的规模化应用水平显著提升，培育一批物联网应用服务优势企业。

——产业体系。发展壮大一批骨干企业，培育一批"专、精、特、新"的创新型中小企业，形成一批各具特色的产业集群，打造较完善的物联网产业链，物联网产业体系初步形成。

——标准体系。制定一批物联网发展所急需的基础共性标准、关键技术标准和重点应用标准，初步形成满足物联网规模应用和产业化需求的标准体系。

——安全保障。完善安全等级保护制度，建立健全物联网安全测评、风险评估、安全防范、应急处置等机制，增强物联网基础设施、重大系统、重要信息等的安全保障能力，形成系统安全可用、数据安全可信的物联网应用系统。

二、主要任务

（一）加快技术研发，突破产业瓶颈。以掌握原理实现突破性技术创新为目标，把握技术发展方向，围绕应用和产业急需，明确发展重点，加强低成本、低功耗、高精度、高可靠、智能化传感器的研发与产业化，着力突破物联网核心芯片、软件、仪器仪表等基础共性技术，加快传感器网络、智能终端、大数据处理、智能分析、服务集成等关键技术研发创新，推进物联网与新一代移动通信、云计算、下一代互联网、卫星通信等技术的融合发展。充分利用和整合现有创新资源，形成一批物联网技术研发实验室、工程中心、企业技术中心，促进应用单位与相关技术、产品和服务提供商的合作，加强协同攻关，突破产业发展瓶颈。

（二）推动应用示范，促进经济发展。对工业、农业、商贸流通、节能环保、安全生产等重要领域和交通、能源、水利等重要基础设施，围绕生产制造、商贸流通、物流配送和经营管理流程，推动物联网技术的集成应用，抓好一批效果突出、带动性强、关联度高的典型应用示范工程。积极利用物联网技术改造传统产业，推进精细化管理和科学决策，提升生产和运行效率，推进节能减排，保障安全生产，创新发展模式，促进产业升级。

（三）改善社会管理，提升公共服务。在公共安全、社会保障、医疗卫生、城市管理、民生服务等领域，围绕管理模式和服务模式创新，实施物联网典型应用示范工程，构建更加便捷高效和安全可靠的智能化社会管理和公共服务体系。发挥物联网技术优势，促进社会管理和公共服务信息化，扩展和延伸服务范围，提升管理和服务水平，提高人民生活质量。

（四）突出区域特色，科学有序发展。引导和督促地方根据自身条件合理确定物联网发展定位，结合科研能力、应用基础、产业园区等特点和优势，科学谋划，因地制宜，有序推进物联网发展，信息化和信息产业基础较好的地区要强化物联网技术研发、产业化及示范应用，信息化和信息产业基础较弱的地区侧重推广成熟的物联网应用。加快推进无锡国家传感网创新示范区建设。应用物联网等新一代信息技术建设智慧城市，要加强统筹、注重效果、突出特色。

（五）加强总体设计，完善标准体系。强化统筹协作，依托跨部门、跨行业的标准化协作机制，协调推进物联网标准体系建设。按照急用先立、共性先立原则，加快编码标识、接口、数据、信息安全等基础共性标准、关键技术标准和重点应用标准的研究制定。推动军民融合标准化工作，开展军民通用标准研制。鼓励和支持国内机构积极参与国际标准化工作，提升自主技术标准的国际话语权。

（六）壮大核心产业，提高支撑能力。加快物联网关键核心产业发展，提升感知识别制造产业发展水平，构建完善的物联网通信网络制造及服务产业链，发展物联网应用及软件等相关产业。大力培育具有国际竞争力的物联网骨干企业，积极发展创新型中小企业，建设特色产业基地和产业园区，不断完善产业公共服务体系，形成具有较强竞争力的物联网产业集群。强化产业培育与应用示范的结合，鼓励和支持设备制造、软件开发、服务集成等企业及科研单位参与应用示范工程建设。

（七）创新商业模式，培育新兴业态。积极探索物联网产业链上下游协作共赢的新型商业模式。大力支持企业发展有利于扩大市场需求的物联网专业服务和增值服务，推进应用服务的市场化，带动服务外包产业发展，培育新兴服务产业。鼓励和支持电信运营、信息服务、系统集成等企业参与物联网应用示范工程的运营和推广。

（八）加强防护管理，保障信息安全。提高物联网信息安全管理与数据保护水平，加强信息安全技术的研发，推进信息安全保障体系建设，建立健全监督、检查和安全评估机制，有效保障物联网信息采集、传输、处理、应用等各环节的安全可控。涉及国家公共安全和基础设施的重要物联网应用，其系统解决方案、核心设备以及运营服务必须立足于安全可控。

（九）强化资源整合，促进协同共享。充分利用现有公共通信和网络基础设施开展物联网应用。促进信息系统间的互联互通、资源共享和业务协同，避免形成新的信息孤岛。重视信息资源的智能分析和综合利用，避免重数据采集、轻数据处理和综合应用。加强对物联网建设项目的投资效益分析和风险评估，避免重复建设和不合理投资。

三、保障措施

（一）加强统筹协调形成发展合力。建立健全部门、行业、区域、军地之间的物联网发展统筹协调机制，充分发挥物联网发展部际联席会议制度的作用，研究重大问题，协调制定政策措施和行动计划，加强应用推广、技术研发、标准制定、产业链构建、基础设施建设、信息安全保障、无线频谱资源分配利用等的统筹，形成资源共享、协同推进的工作格局和各环节相互支撑、相互促进的协同发展效应。加强物联网相关规划、科技重大专项、产业化专项等的衔接协调，合理布局物联网重大应用示范和产业化项目，强化产业链配套和区域分工合作。

（二）营造良好发展环境。建立健全有利于物联网应用推广、创新激励、有序竞争的政策体系，抓紧推动制定完善信息安全与隐私保护等方面的法律法规。建立鼓励多元资本公平进入的市场准入机制。加快物联网相关标准、检测、认证等公共服务平台建设，完善支撑服务体系。加强知识产权保护，积极开展物联网相关技术的知识产权分析评议，加快推进物联网相关专利布局。

（三）加强财税政策扶持。加大中央财政支持力度，充分发挥国家科技计划、科技重大专项的作用，统筹利用好战略性新兴产业发展专项资金、物联网发展专项资金等支持政策，集中力量推进物联网关键核心技术研发和产业化，大力支持标准体系、创新能力平台、重大应用示范工程等建设。支持符合现行软件和集成电路税收优惠政策条件的物联网企业按规定享受相关税收优惠政策，经认定为高新技术企业的物联网企业按规定享受相关所得税优惠政策。

（四）完善投融资政策。鼓励金融资本、风险投资及民间资本投向物联网应用和产业发展。加快建立包括财政出资和社会资金投入在内的多层次担保体系，加大对物联网企业的融资担保支持力度。对技术先进、优势明显、带动和支撑作用强的重大物联网项目优先给予信贷支持。积极支持符合条件的物联网企业在海内外资本市场直接融资。鼓励设立物联网股权投资基金，通过国家新兴产业创投计划设立一批物联网创业投资基金。

（五）提升国际合作水平。积极推进物联网技术交流与合作，充分利用国际创新资源。鼓励国外企业在我国设立物联网研发机构，引导外资投向物联网产业。立足于提升我国物联网应用水平和产业核心竞争力，引导国内企业与国际优势企业加强物联网关键技术和产品的研发合作。支持国内企业参与物联网全球市场竞争，推动我国自主技术和标准走出去，鼓励企业和科研单位参与国际标准制定。

（六）加强人才队伍建设。建立多层次多类型的物联网人才培养和服务体系。支持相关高校和科研院所加强多学科交叉整合，加快培养物联网相关专业人才。依托国家重大专项、科技计划、示范工程和重点企业，培养物联网高层次人才和领军人才。加快引进物联网高层次人才，完善配套服务，鼓励海外专业人才回国或来华创业。

各地区、各部门要按照本意见的要求，进一步深化对发展物联网重要意义的认识，结合实际，扎实做好相关工作。各部门要按照职责分工，尽快制定具体实施方案、行动计划和配套政策措施，加强沟通协调，抓好任务措施落实，确保取得实效。

——摘自《国务院关于推进物联网有序健康发展的指导意见》（中国政府网，2013 年 2 月 17 日）

六、电子商务发展战略

2015 年 5 月，国务院印发了《关于大力发展电子商务加快培育经济新动力的意见》（国发〔2015〕24 号，以下简称《意见》），《意见》指出，近年来我国电子商务发展迅猛，不仅创造了新的消费需求，引发了新的投资热潮，开辟了就业增收新渠道，为大众创业、万众创新提供了新空间，而且电子商务正加速与制造业融合，推动服务业转型升级，催生新兴业态，成为提供公共产品、公共服务的新力量，成为经济发展新的原动力。与此同时，电子商务发展面临管理方式不适应、诚信体系不健全、市场秩序不规范等问题，亟需采取措施予以解决。当前，我国已进入全面建成小康社会的决定性阶段，为减少束缚电子商务发展的机制体制障碍，进一步发挥电子商务在培育经济新动力，打造"双引擎"、实现"双目标"等方面的重要作用。

《意见》明确了我国电子商务发展的指导思想："全面贯彻党的十八大和十八届二中、三中、四中全会精神，按照党中央、国务院决策部署，坚持依靠改革推动科学发展，主动适应和引领经济发展新常态，着力解决电子商务发展中的深层次矛盾和重大问题，大力推进政策创新、管理创新和服务创新，加快建立开放、规范、诚信、安全的电子商务发展环境，进一步激发电子商务创新动力、创造潜力、创业活力，加速推动经济结构战略性调整，实现经济提质增效升级。"

《意见》提出我国电子商务发展的主要目标。到 2020 年，统一开放、竞争有序、诚信守法、安全可靠的电子商务大市场基本建成。电子商务与其他产业深度融合，成为促进创业、稳定就业、改善民生服务的重要平台，对工业化、信息化、城镇化、农业现代化同步发展起到关键性作用。《意见》提出了我国电子商务发展的主要建设内容（专栏 1-4）。

专栏 1-4　《关于大力发展电子商务加快培育经济新动力的意见》主要建设内容

（一）营造宽松发展环境

1. 降低准入门槛。全面清理电子商务领域现有前置审批事项，无法律法规依据的一律取消，严禁违法设定行政许可、增加行政许可条件和程序。（国务院审改办，有关部门按职责分工分别负责）进一步简化注册资本登记，深入推进电子商务领域由"先证后照"改为"先照后证"改革。（工商总局、中央编办）落实《注册资本登记制度改革方案》，放宽电子商务市场主体住所（经营场所）登记条件，完善相关管理措施。（省级人民政府）推进对快递企业设立非法人快递末端网点实施备案制管理。（邮政局）简化境内电子商务企业海外上市审批流程，鼓励电子商务领域的跨境人民币直接投资。（发展改革委、商务部、外汇局、证监

会、人民银行)放开外商投资电子商务业务的外方持股比例限制。(工业和信息化部、发展改革委、商务部)探索建立能源、铁路、公共事业等行业电子商务服务的市场化机制。(有关部门按职责分工分别负责)

2. 合理降税减负。从事电子商务活动的企业，经认定为高新技术企业的，依法享受高新技术企业相关优惠政策，小微企业依法享受税收优惠政策。(科技部、财政部、税务总局)加快推进"营改增"，逐步将旅游电子商务、生活服务类电子商务等相关行业纳入"营改增"范围。(财政部、税务总局)

3. 加大金融服务支持。建立健全适应电子商务发展的多元化、多渠道投融资机制。(有关部门按职责分工分别负责)研究鼓励符合条件的互联网企业在境内上市等相关政策。(证监会)支持商业银行、担保存货管理机构及电子商务企业开展无形资产、动产质押等多种形式的融资服务。鼓励商业银行、商业保理机构、电子商务企业开展供应链金融、商业保理服务，进一步拓展电子商务企业融资渠道。(人民银行、商务部)引导和推动创业投资基金，加大对电子商务初创企业的支持。(发展改革委)

4. 维护公平竞争。规范电子商务市场竞争行为，促进建立开放、公平、健康的电子商务市场竞争秩序。研究制定电子商务产品质量监督管理办法，探索建立风险监测、网上抽查、源头追溯、属地查处的电子商务产品质量监督机制，完善部门间、区域间监管信息共享和职能衔接机制。依法打击网络虚假宣传、生产销售假冒伪劣产品、违反国家出口管制法规政策跨境销售两用品和技术、不正当竞争等违法行为，组织开展电子商务产品质量提升行动，促进合法、诚信经营。(工商总局、质检总局、公安部、商务部按职责分工分别负责)重点查处达成垄断协议和滥用市场支配地位的问题，通过经营者集中反垄断审查，防止排除、限制市场竞争的行为。(发展改革委、工商总局、商务部)加强电子商务领域知识产权保护，研究进一步加大网络商业方法领域发明专利保护力度。(工业和信息化部、商务部、海关总署、工商总局、新闻出版广电总局、知识产权局等部门按职责分工分别负责)进一步加大政府利用电子商务平台进行采购的力度。(财政部)各级政府部门不得通过行政命令指定为电子商务提供公共服务的供应商，不得滥用行政权力排除、限制电子商务的竞争。(有关部门按职责分工分别负责)

(二)促进就业创业

1. 鼓励电子商务领域就业创业。把发展电子商务促进就业纳入各地就业发展规划和电子商务发展整体规划。建立电子商务就业和社会保障指标统计制度。

经工商登记注册的网络商户从业人员，同等享受各项就业创业扶持政策。未进行工商登记注册的网络商户从业人员，可认定为灵活就业人员，享受灵活就业人员扶持政策，其中在网络平台实名注册、稳定经营且信誉良好的网络商户创业者，可按规定享受小额担保贷款及贴息政策。支持中小微企业应用电子商务、拓展业务领域，鼓励有条件的地区建设电子商务创业园区，指导各类创业孵化基地为电子商务创业人员提供场地支持和创业孵化服务。加强电子商务企业用工服务，完善电子商务人才供求信息对接机制。（人力资源社会保障部、工业和信息化部、商务部、统计局，地方各级人民政府）

2. 加强人才培养培训。支持学校、企业及社会组织合作办学，探索实训式电子商务人才培养与培训机制。推进国家电子商务专业技术人才知识更新工程，指导各类培训机构增加电子商务技能培训项目，支持电子商务企业开展岗前培训、技能提升培训和高技能人才培训，加快培养电子商务领域的高素质专门人才和技术技能人才。参加职业培训和职业技能鉴定的人员，以及组织职工培训的电子商务企业，可按规定享受职业培训补贴和职业技能鉴定补贴政策。鼓励有条件的职业院校、社会培训机构和电子商务企业开展网络创业培训。（人力资源社会保障部、商务部、教育部、财政部）

3. 保障从业人员劳动权益。规范电子商务企业特别是网络商户劳动用工，经工商登记注册取得营业执照的，应与招用的劳动者依法签订劳动合同；未进行工商登记注册的，也可参照劳动合同法相关规定与劳动者签订民事协议，明确双方的权利、责任和义务。按规定将网络从业人员纳入各项社会保险，对未进行工商登记注册的网络商户，其从业人员可按灵活就业人员参保缴费办法参加社会保险。符合条件的就业困难人员和高校毕业生，可享受灵活就业人员社会保险补贴政策。长期雇用 5 人及以上的网络商户，可在工商注册地进行社会保险登记，参加企业职工的各项社会保险。满足统筹地区社会保险优惠政策条件的网络商户，可享受社会保险优惠政策。（人力资源社会保障部）

（三）推动转型升级

1. 创新服务民生方式。积极拓展信息消费新渠道，创新移动电子商务应用，支持面向城乡居民社区提供日常消费、家政服务、远程缴费、健康医疗等商业和综合服务的电子商务平台发展。加快推动传统媒体与新兴媒体深度融合，提升文化企业网络服务能力，支持文化产品电子商务平台发展，规范网络文化市场。支持教育、会展、咨询、广告、餐饮、娱乐等服务企业深化电子商务应用。（有关部门按职责分工分别负责）鼓励支持旅游景点、酒店等开展线上营销，规范发展在线旅游预订市场，推动旅游在线服务模式创新。（旅游局、工商总局）加快建立全国 12315 互联网平台，完善网上交易在线投诉及售后维权机制，研究制定 7 天无理由退货实施细则，促进网络购物消费健康快速发展。（工商总局）

2. 推动传统商贸流通企业发展电子商务。鼓励有条件的大型零售企业开办网上商城，积极利用移动互联网、地理位置服务、大数据等信息技术提升流通效率和服务质量。支持中小零售企业与电子商务平台优势互补，加强服务资源整合，促进线上交易与线下交易融合互动。（商务部）推动各类专业市场建设网上市场，通过线上线下融合，加速向网络化市场转型，研究完善能源、化工、钢铁、林业等行业电子商务平台规范发展的相关措施。（有关部门按职责分工分别负责）制定完善互联网食品药品经营监督管理办法，规范食品、保健食品、药品、化妆品、医疗器械网络经营行为，加强互联网食品药品市场监测监管体系建设，推动医药电子商务发展。（食品药品监管总局、卫生计生委、商务部）

3. 积极发展农村电子商务。加强互联网与农业农村融合发展，引入产业链、价值链、供应链等现代管理理念和方式，研究制定促进农村电子商务发展的意见，出台支持政策措施。（商务部、农业部）加强鲜活农产品标准体系、动植物检疫体系、安全追溯体系、质量保障与安全监管体系建设，大力发展农产品冷链基础设施。（质检总局、发展改革委、商务部、农业部、食品药品监管总局）开展电子商务进农村综合示范，推动信息进村入户，利用"万村千乡"市场网络改善农村地区电子商务服务环境。（商务部、农业部）建设地理标志产品技术标准体系和产品质量保证体系，支持利用电子商务平台宣传和销售地理标志产品，鼓励电子商务平台服务"一村一品"，促进品牌农产品走出去。鼓励农业生产资料企业发展电子商务。（农业部、质检总局、工商总局）支持林业电子商务发展，逐步建立林产品交易诚信体系、林产品和林权交易服务体系。（林业局）

4. 创新工业生产组织方式。支持生产制造企业深化物联网、云计算、大数据、三维（3D）设计及打印等信息技术在生产制造各环节的应用，建立与客户电子商务系统对接的网络制造管理系统，提高加工订单的响应速度及柔性制造能力；面向网络消费者个性化需求，建立网络化经营管理模式，发展"以销定产"及"个性化定制"生产方式。（工业和信息化部、科技部、商务部）鼓励电子商务企业大力开展品牌经营，优化配置研发、设计、生产、物流等优势资源，满足网络消费者需求。（商务部、工商总局、质检总局）鼓励创意服务，探索建立生产性创新服务平台，面向初创企业及创意群体提供设计、测试、生产、融资、

运营等创新创业服务。（工业和信息化部、科技部）

5. 推广金融服务新工具。建设完善移动金融安全可信公共服务平台，制定相关应用服务的政策措施，推动金融机构、电信运营商、银行卡清算机构、支付机构、电子商务企业等加强合作，实现移动金融在电子商务领域的规模化应用；推广应用具有硬件数字证书、采用国家密码行政主管部门规定算法的移动智能终端，保障移动电子商务交易的安全性和真实性；制定在线支付标准规范和制度，提升电子商务在线支付的安全性，满足电子商务交易及公共服务领域金融服务需求；鼓励商业银行与电子商务企业开展多元化金融服务合作，提升电子商务服务质量和效率。（人民银行、密码局、国家标准委）

6. 规范网络化金融服务新产品。鼓励证券、保险、公募基金等企业和机构依法进行网络化创新，完善互联网保险产品审核和信息披露制度，探索建立适应互联网证券、保险、公募基金产品销售等互联网金融活动的新型监管方式。（人民银行、证监会、保监会）规范保险业电子商务平台建设，研究制定电子商务涉及的信用保证保险的相关扶持政策，鼓励发展小微企业信贷信用保险、个人消费履约保证保险等新业务，扩大信用保险保单融资范围。完善在线旅游服务企业投保办法。（保监会、银监会、旅游局按职责分工分别负责）

（四）完善物流基础设施

1. 支持物流配送终端及智慧物流平台建设。推动跨地区跨行业的智慧物流信息平台建设，鼓励在法律规定范围内发展共同配送等物流配送组织新模式。（交通运输部、商务部、邮政局、发展改革委）支持物流（快递）配送站、智能快件箱等物流设施建设，鼓励社区物业、村级信息服务站（点）、便利店等提供快件派送服务。支持快递服务网络向农村地区延伸。（地方各级人民政府，商务部、邮政局、农业部按职责分工分别负责）推进电子商务与物流快递协同发展。（财政部、商务部、邮政局）鼓励学校、快递企业、第三方主体因地制宜加强合作，通过设置智能快件箱或快件收发室、委托校园邮政局所代为投递、建立共同配送站点等方式，促进快递进校园。（地方各级人民政府，邮政局、商务部、教育部）根据执法需求，研究推动被监管人员生活物资电子商务和智能配送。（司法部）有条件的城市应将配套建设物流（快递）配送站、智能终端设施纳入城市社区发展规划，鼓励电子商务企业和物流（快递）企业对网络购物商品包装物进行回收和循环利用。（有关部门按职责分工分别负责）

2. 规范物流配送车辆管理。各地区要按照有关规定，推动城市配送车辆的标准化、专业化发展；制定并实施城市配送用汽车、电动三轮车等车辆管理办法，强化城市配送运力需求管理，保障配送车辆的便利通行；鼓励采用清洁能源车辆开展物流（快递）配送业务，支持充电、加气等设施建设；合理规划物流（快递）配送车辆通行路线和货物装卸搬运地点。对物流（快递）配送车辆采取通行证管理的城市，应明确管理部门、公开准入条件、引入社会监督。（地方各级人民政府）

3. 合理布局物流仓储设施。完善仓储建设标准体系，鼓励现代化仓储设施建设，加强偏远地区仓储设施建设。（住房城乡建设部、公安部、发展改革委、商务部、林业局）各地区要在城乡规划中合理规划布局物流仓储用地，在土地利用总体规划和年度供地计划中合理安排仓储建设用地，引导社会资本进行仓储设施投资建设或再利用，严禁擅自改变物流仓储用地性质。（地方各级人民政府）鼓励物流（快递）企业发展"仓配一体化"服务。（商务部、邮政局）

（五）提升对外开放水平

1. 加强电子商务国际合作。积极发起或参与多双边或区域关于电子商务规则的谈判和交流合作，研究建立我国与国际认可组织的互认机制，依托我国认证认可制度和体系，完善电子商务企业和商品的合格评定机制，提升国际组织和机构对我国电子商务企业和商品认证结果的认可程度，力争国际电子商务规制制定的主动权和跨境电子商务发展的话语权。（商务部、质检总局）

2. 提升跨境电子商务通关效率。积极推进跨境电子商务通关、检验检疫、结汇、缴进口税等关键环节"单一窗口"综合服务体系建设，简化与完善跨境电子商务货物返修与退运通关流程，提高通关效率。（海关总署、财政部、税务总局、质检总局、外汇局）探索建立跨境电子商务货物负面清单、风险监测制度，完善跨境电子商务货物通关与检验检疫监管模式，建立跨境电子商务及相关物流企业诚信分类管理制度，防止疫病疫情传入、外来有害生物入侵和物种资源流失。（海关总署、质检总局按职责分工分别负责）大力支持中国（杭州）跨境电子商务综合试验区先行先试，尽快形成可复制、可推广的经验，加快在全国范围推广。（商务部、发展改革委）

3. 推动电子商务走出去。抓紧研究制定促进跨境电子商务发展的指导意见。（商务部、发展改革委、海关总署、工业和信息化部、财政部、人民银行、税务总局、工商总局、质检总局、外汇局）鼓励国家政策性银行在业务范围内加大对电子商务企业境外投资并购的贷款支持，研究制定针对电子商务企业境外上市的规范管理政策。（人民银行、证监会、商务部、发展改革委、工业和信息化部）简化电子商务企业境外直接投资外汇登记手续，拓宽其境外直接投资外汇登记及变更登记业务办理渠道。(外汇局)支持电子商务企业建立海外营销渠道，创立自有品牌。各驻外机构应加大对电子商务企业走出去的服务力度。进一步开放面向港澳台地区的电子商务市场，推动设立海峡两岸电子商务经济合作实验区。鼓励发展面向"一带一路"沿线国家的电子商务合作，扩大跨境电子商务综合试点，建立政府、企业、专家等各个层面的对话机制，发起和主导电子商务多边合作。(有关部门按职责分工分别负责)

(六)构筑安全保障防线

1. 保障电子商务网络安全。电子商务企业要按照国家信息安全等级保护管理规范和技术标准相关要求，采用安全可控的信息设备和网络安全产品，建设完善网络安全防护体系、数据资源安全管理体系和网络安全应急处置体系，鼓励电子商务企业获得信息安全管理体系认证，提高自身信息安全管理水平。鼓励电子商务企业加强与网络安全专业服务机构、相关管理部门的合作，共享网络安全威胁预警信息，消除网络安全隐患，共同防范网络攻击破坏、窃取公民个人信息等违法犯罪活动。(公安部、国家认监委、工业和信息化部、密码局)

2. 确保电子商务交易安全。研究制定电子商务交易安全管理制度，明确电子商务交易各方的安全责任和义务。(工商总局、工业和信息化部、公安部)建立电子认证信任体系，促进电子认证机构数字证书交叉互认和数字证书应用的互联互通，推广数字证书在电子商务交易领域的应用。建立电子合同等电子交易凭证的规范管理机制，确保网络交易各方的合法权益。加强电子商务交易各方信息保护，保障电子商务消费者个人信息安全。(工业和信息化部、工商总局、密码局等有关部门按职责分工分别负责)

3. 预防和打击电子商务领域违法犯罪。电子商务企业要切实履行违禁品信息巡查清理、交易记录及日志留存、违法犯罪线索报告等责任和义务，加强对销售管制商品网络商户的资格审查和对异常交易、非法交易的监控，防范电子商务在线支付给违法犯罪活动提供洗钱等便利，并为打击网络违法犯罪提供技术支持。加强电子商务企业与相关管理部门的协作配合，建立跨机构合作机制，加大对制售假冒伪劣商品、网络盗窃、网络诈骗、网上非法交易等违法犯罪活动的打击力度。(公安部、工商总局、人民银行、银监会、工业和信息化部、商务部等有关部门按职责分工分别负责)

(七)健全支撑体系

1. 健全法规标准体系。加快推进电子商务法立法进程，研究制定或适时修订相关法规，明确电子票据、电子合同、电子检验检疫报告和证书、各类电子交易凭证等的法律效力，作为处理相关业务的合法凭证。（有关部门按职责分工分别负责）制定适合电子商务特点的投诉管理制度，制定基于统一产品编码的电子商务交易产品质量信息发布规范，建立电子商务纠纷解决和产品质量担保责任机制。（工商总局、质检总局等部门按职责分工分别负责）逐步推行电子发票和电子会计档案，完善相关技术标准和规章制度。（税务总局、财政部、档案局、国家标准委）建立完善电子商务统计制度，扩大电子商务统计的覆盖面，增强统计的及时性、真实性。（统计局、商务部）统一线上线下的商品编码标识，完善电子商务标准规范体系，研究电子商务基础性关键标准，积极主导和参与制定电子商务国际标准。（国家标准委、商务部）

2. 加强信用体系建设。建立健全电子商务信用信息管理制度，推动电子商务企业信用信息公开。推进人口、法人、商标和产品质量等信息资源向电子商务企业和信用服务机构开放，逐步降低查询及利用成本。（工商总局、商务部、公安部、质检总局等部门按职责分工分别负责）促进电子商务信用信息与社会其他领域相关信息的交换共享，推动电子商务信用评价，建立健全电子商务领域失信行为联合惩戒机制。（发展改革委、人民银行、工商总局、质检总局、商务部）推动电子商务领域应用网络身份证，完善网店实名制，鼓励发展社会化的电子商务网站可信认证服务。（公安部、工商总局、质检总局）发展电子商务可信交易保障公共服务，完善电子商务信用服务保障制度，推动信用调查、信用评估、信用担保等第三方信用服务和产品在电子商务中的推广应用。（工商总局、质检总局）

3. 强化科技与教育支撑。开展电子商务基础理论、发展规律研究。加强电子商务领域云计算、大数据、物联网、智能交易等核心关键技术研究开发。实施网络定制服务、网络平台服务、网络交易服务、网络贸易服务、网络交易保障服务技术研发与应用示范工程。强化产学研结合的企业技术中心、工程技术中心、重点实验室建设。鼓励企业组建产学研协同创新联盟。探索建立电子商务学科体系，引导高等院校加强电子商务学科建设和人才培养，为电子商务发展提供更多的高层次复合型专门人才。（科技部、教育部、发展改革委、商务部）建立预防网络诈骗、保障交易安全、保护个人信息等相关知识的宣传与服务机制。（公安部、工商总局、质检总局）

4. 协调推动区域电子商务发展。各地区要把电子商务列入经济与社会发展规划，按照国家有关区域发展规划和对外经贸合作战略，立足城市产业发展特点和优势，引导各类电子商务业态和功能聚集，推动电子商务产业统筹协调、错位发展。推动国家电子商务示范城市、示范基地建设。（有关地方人民政府）依托国家电子商务示范城市，加快开展电子商务法规政策创新和试点示范工作，为国家制定电子商务相关法规和政策提供实践依据。加强对中西部和东北地区电子商务示范城市的支持与指导。（发展改革委、财政部、商务部、人民银行、海关总署、税务总局、工商总局、质检总局等部门按照职责分工分别负责）

——摘自《关于大力发展电子商务加快培育经济新动力的意见》（中国政府网，2015年5月7日）

第二节　行业规划

一、智慧林业指导意见

2013年7月，国家林业局印发了《中国智慧林业发展指导意见》（以下简称《意见》），标志着我国林业信息化发展由"数字林业"迈向"智慧林业"新阶段。《意见》系统诠释了智慧林业的内涵意义、基本思路、目标任务和推进策略。智慧林业将在数字林业的基础上，全面应用云计算、物联网、移动互联、大数据等新一代信息技术，使林业实现智慧感知、智慧管理、智慧服务。通过智慧林业建设，形成信息基础条件国际领先、生态管理与民生服务质量明显提高、林业产业结构与创新能力优化发展的模式，重塑林业管理机制，实现林业现代化发展目标。智慧林业提供了新的发展模式，推进信息技术与林业深度融合，助力林业生产和组织管理，对林业生产的各种要素实行数字化设计、智能化控制、科学化管理；对森林、湿地、沙地、生物多样性的现状、动态变化进行有效监管；对生态工程的实施效果进行全面、准确的分析评价；对林业产业结构进行优化升级、引导绿色消费、促进绿色增长；对林农群众提供全面及时的政策法规、科学技术、市场动态等信息服务。智慧林业推动了林业发展理念和发展模式的创新，为林业现代化奠定了基础。

《意见》共包括四个部分，第一部分是智慧林业内涵与重要意义，包括智慧林业内涵特征、产生背景、关系分析、关键技术、新观念分析等；第二部分是智慧林业总体发展思路，包括智慧林业战略定位、基本思路、基本原则、建设目标、总体架构等；第三部分是智慧林业建设的主要任务与重点工程，包括加快建设智慧林业立体感知体系、大力提升智慧林业管理协同水平、有效构建智慧林业生态价值体系、全面完善智慧林业民生服务体系、大力构建智慧林业标准及综合管理体系等；第四部分是智慧林业推进策略，包括智慧林业推进路线图、保障措施等。

《意见》提出涵盖智慧林业立体感知、智慧林业协同管理、智慧林业民生服务、智慧林业生态价值、智慧林业综合管理等五大体系的新型林业发展模式。总体架构主要包括"四横两纵"，四横即设施层、数据层、支撑层、应用层，两纵即信息安全体系和标准规划体系，其相互联系、相互支撑，形成一个闭环的运营体系。

（一）建设目标

经过全面规划布局、建设发展及深化提升，到2020年，智慧林业框架基本建成，泛在化的信息基础设施高端完善、智能化的管理服务系统协同高效、最优化的生态价值全面显现、一体化的综合保障体系完备有效，生态经济社会价值大幅提升，有力支撑林业改革发展。实现林业立体化感知体系全覆盖；林业智能化管理体系协同高效；林业生态化价值体系不断深化；林业一体化服务体系更加完善；林业规范化保障体系支撑有力。

（二）主要工程项目

紧紧围绕打造智慧林业、建设美丽中国的发展思路，充分利用新一代信息技术对资源深度开发及管理服务模式转型的创新力，结合当前林业信息化发展的基础与急需解决的问题，根据我国智慧林业的重要使命、本质特征和发展目标，以推进林业改革发展、建设林业现代化为重要切入点，通过"资源集约、系统集聚、管理集中、服务集成"的创新发展模式，积极推进智慧林业立体感知体系、智慧林业管理协同水平、智慧林业生态价值体系、智慧林业民生服务体系、智慧林业标准及综合管理体系等 5 项任务建设，重点落实 26 项工程建设，全面实现智慧林业的战略目标。

二、"互联网＋"林业行动计划

2016 年 3 月，国家林业局印发了《"互联网＋"林业行动计划——全国林业信息化"十三五"发展规划》（以下简称《规划》）。《规划》指出，"十三五"时期，林业信息化将顺应全球信息化大势，以国家信息化战略为指引，以全面支撑引领林业现代化建设为目标，紧贴林业改革发展、资源保护、生态修复、产业发展等各项事业，大力推动"互联网＋"林业建设。

（一）建设目标

到 2020 年，全国林业信息化率达到 80%，比现在的 62.25% 提高 17.75 个百分点。其中国家级林业信息化率达到 90%，比现在的 75.3% 提高 14.7 个百分点；省级林业信息化率达到 80%，比现在的 60.5% 提高 19.5 个百分点；市级林业信息化率达到 70%，比现在的 52.4% 提高 17.6 个百分点；县级林业信息化率达到 60%，比现在的 35% 提高 25 个百分点。实现政务管理智能协同、业务支撑精准高效、公共服务便捷惠民、基础保障坚实有力。

（二）主要工程项目

"十三五"时期林业信息化发展要全面融入林业工作全局，"互联网＋"林业建设将紧贴林业改革发展需求，通过 8 个领域、48 项重点工程建设，有力提升林业治理现代化水平，全面支撑引领"十三五"林业各项建设。

1. "互联网＋"林业政务服务。加快"互联网＋"与政府公共服务深度融合，提升林业部门的服务能力和管理水平。包括全国林业网上行政审批平台建设工程、中国林业网站群建设工程、林业智能办公建设工程、林业数据开放平台建设工程、林业智慧决策平台建设工程、全国林权交易综合服务平台建设工程、国有林场林区资源资产动态监管系统建设工程、重点林区综合管理服务平台建设工程等 8 项重点建设工程。

2."互联网+"林业科技创新。发挥"互联网+"的创新集成优势，提供林业科技成果展示、先进实用技术推介、在线专家咨询、林业标准信息共享、生态监测和成果发布分析、科技平台数据共享等综合科技服务。包括林业科技创新服务建设工程、林业科技成果推广建设工程、林业标准化建设工程、生态定位监测信息系统建设工程、林业科技条件平台建设工程等5项重点建设工程。

3."互联网+"林业资源监管。构建集森林、湿地、沙地和野生动植物资源监管于一体的"互联网+"林业资源监管平台，对全国林业资源进行精确定位、精细保护和动态监管。包括生态红线监测建设工程、智慧林业资源监管平台建设工程、林木种质资源保护应用建设工程、生态环境监测信息系统建设工程、古树名木保护系统建设工程、林业智慧警务建设工程等6项重点建设工程。

4."互联网+"生态修复工程。将现代信息技术全面融合运用于生态修复工程，加快推进造林绿化精细化管理和重点工程核查监督，全面提升生态修复质量。包括重大生态工程智能监管决策系统建设工程、智慧营造林管理系统升级建设工程、全国林木种苗公共服务平台建设工程、重点区域生态建设服务平台建设工程、国家储备林信息管理系统建设工程等5项重点建设工程。

5."互联网+"灾害应急管理。深化信息技术在生态灾害监测、预警预报和应急防控中的集成应用，提高森林火灾、沙尘暴、病虫害等生态灾害的应急管理能力，降低突发灾害造成的损失。包括森林火灾应急监管系统建设工程、林业有害生物防治监测系统建设工程、野生动物疫源疫病监测防控系统建设工程、沙尘暴监测防控系统建设工程、北斗林业示范应用建设工程等5项重点建设工程。

6."互联网+"林业产业提升。将新一代信息技术与林业生态补偿、林业产业培育、林产品生产加工、流通销售环节等深度结合，推动林业产业创新发展，实现林业提质增效。包括全国林业电子商务平台建设工程、生态产业创新林农服务平台建设工程、生态产品综合服务平台建设工程、智慧生态旅游建设工程、森林碳汇监测物联网应用及交易系统建设工程、全国林产品智能溯源系统建设工程、智慧林业产业培育建设工程等 7 项重点建设工程。

7."互联网 +"生态文化发展。应用现代信息技术，构建生态文化展示交流平台，加强生态文化传播能力建设，提高全社会生态文明意识，凝聚民心、集中民智、汇集民力，加快形成推进生态文明建设的良好社会风尚。包括林业网络文化场馆建设工程、林业全媒体建设工程、林业在线教育系统建设工程等 3 项重点建设工程。

8."互联网 +"基础能力建设。利用新一代信息技术，从智慧设施建设、决策支撑能力建设、安全管理与运行维护建设、标准规范与制度建设四个方面提高林业信息化能力，形成立体感知、互联互通、协同高效、安全可靠的林业发展新模式，提高林业信息化水平与能力。包括林业云平台建设工程、林业物联网建设工程、林业移动互联网建设工程、林业大数据建设工程、林业"天网"系统提升建设工程、林业智能视频监控系统建设工程、林业信息灾备中心建设工程、林业信息化标准规范体系建设工程、林业信息化安全运维体系建设工程等 9 项重点建设工程。

《行动计划》中提出了加强组织领导，打造统一平台，营造积极氛围，加强智力建设，铸造坚实基础等保障措施。

三、林业大数据发展规划

2016 年 7 月 13 日，国家林业局正式发布《关于加快中国林业大数据发展的指导意见》。这是深入贯彻《国务院关于印发〈促进大数据发展行动纲要〉的通知》等系列决策部署的重要举措，旨在充分发挥林业大数据在生态建设中的重要功能和巨大潜力，推进数据资源开放共享，积极培育林业发展新业态。《指导意见》的发布，开启了林业大数据建设的新时代。加强林业大数据建设，大力开展林业大数据协同创新，提高林业大数据研究和应用服务能力，对加强生态治理，促进林业产业转型升级，提升林业治理精准化，建设林业现代化必将提供更加强有力的支撑。

《指导意见》指出，林业大数据建设必须坚持统分结合、以用促建、协同共享、融合创新、安全有序的基本原则，大力推进林业数据资源协同共享，促进融合发展、有序发展，提升政府行为透明度和公信力，实现林业大数据规模、质量和应用水平的同步提升。

《指导意见》提出，林业大数据是生态变迁的"收集器"，是生态发展的"显示器"，是生态治理的"指南针"，是经济发展的"变速箱"，要在2020年之前实现林业数据资源整合共享，提高林业精准决策能力，实现生态智慧共治，形成林业信息技术自主创新体系的发展目标。

《指导意见》明确，林业大数据主要任务是建设林业大数据采集体系、应用体系、开放共享体系和技术体系四大体系；要充分利用大数据技术，建设生态大数据共享开放服务体系项目、京津冀一体化林业数据资源协同共享平台、"一带一路"林业数据资源协同共享平台、长江经济带林业数据资源协同共享平台、生态服务大数据智能决策平台五大示范工程。

《指导意见》进一步提出，要在开展林业大数据建设的基础上，开展生态大数据应用与研究工作，组建国家生态大数据中心，建设国家生态大数据研究院、国家生态大数据应用工程实验室，建成生态大数据研究智库平台，不断推出国家生态大数据应用建设成果（专栏1-5）。

专栏1-5 国家林业局关于加快中国林业大数据发展的指导意见

大数据是国家基础性战略资源，正在改变着人类社会的各个领域，成为推动政府治理精准化，提升政府治理能力的新一代信息技术和服务业态。目前，林业大数据发展和应用已具备一定基础，但仍存在诸多问题。进一步加强林业大数据建设，推进数据资源开放共享，打破数据资源壁垒，积极培育林业发展新业态已成当务之急。为深入贯彻落实《国务院关于印发〈促进大数据发展行动纲要〉的通知》（国发〔2015〕50号，以下简称《纲要》）精神，全面推进林业大数据发展和应用，为林业现代化建设提供有力保障，现提出以下意见。

一、总体要求

（一）指导思想。深入贯彻落实党中央、国务院关于信息化的系列决策部署，按照林业现代化建设总体要求，以解放和发展林业生产力为核心，以加快转变林业发展方式为主线，以深化改革和扩大开放为动力，着力推动林业信息资源的开放利用，提高社会服务能力，构建信息化发展长效机制，构筑人才支撑体系，推动林业生产要素的网络化共享、集约化整合、协作化开发和高效化利用，为林业现代化建设做出新贡献。

（二）基本原则。

坚持统分结合。在坚持"统一规划、统一标准、统一制式、统一平台、统一管理"基本原则的基础上，进一步明确国家林业局与各级林业主管部门的职责分工，充分发挥各层级、各方面的积极性和创造力，共同推进林业大数据建设。

坚持以用促建。正确处理建设与应用的关系，加强林业大数据建设，深化林业大数据应用深度和广度，促进信息共享和业务协同，不断提升大数据服务水平，提升政府行为透明度和公信力。

坚持协同共享。推动大数据与云计算、物联网、移动互联网等新一代信息技术融合发展，探索形成大数据与林业主体业务协同发展的新业态、新模式，大力推进林业数据资源协同共享。提供面向公众开放和共享的数据服务，提高政府服务和监管水平。

坚持融合创新。营造和完善大数据技术和林业发展所需的政策环境、融资环境、创业环境以及公共数据服务体系，推动大数据技术与林业业务深度融合，突破大数据关键技术瓶颈，不断探索林业大数据创新发展理念和模式，实现林业大数据规模、质量和应用水平的同步提升。

坚持安全有序。完善林业大数据标准规范和法律法规，增强安全意识，强化安全管理和防护，保障网络安全。建立科学有效的监管方式，促进有序发展，保护公平竞争，防止形成行业垄断和市场壁垒。

（三）发展目标。林业大数据是生态变迁的"收集器"，是生态发展的"显示器"，是生态治理的"指南针"，是经济发展的"变速箱"，可以为国家发展提供相匹配的动力转化和准确的咬合选择。应用大数据理念，对林业数据资源进行采集、处理、整合、分析，形成林业大数据发展体系和大数据感知、管理、分析与应用服务的新一代信息技术架构，解决数据融合发展、互动以及协调机制的难题，力争在 2020 年之前实现以下目标：

实现林业数据资源整合共享。大数据背景下，林业资源数据的空间分布范围更广，时间尺度更为多变，时效性更强，数据量更大，处理速度更快，对海量林业数据资源进行采集、处理、整合、分析，将林业资源"聚沙成塔"，形成林业大数据，为生态文明建设提供有力的数据支持，促进林业数据的开放共享。

提高林业精准决策能力。充分利用大数据技术，实现林业业务创新应用模式设计，提高林业主管部门对生态治理的监测预警能力，简化治理过程中的行政流程，促进生态治理效果的动态跟踪和快速反馈；实现林业行业重点企业和市场的动态监控，通过对林产品市场产、销、存预警、预报等工作，为制定林业产业发展和林业经济运行提供依据，沉淀以大数据为支撑的综合评估、应急防治、全面监管等决策支持能力。

实现生态智慧共治。充分运用大系统共治的建设思路，按照生态监测、生态修复治理、生态民生服务和生态应急处置等主题将数据汇聚，依据相关规则、原理、模型、算法进行知识化处理，开展林业大数据慧治设计，形成林业大数据慧治信息产品，为生态修复工程提供准确数据支撑，发展生态精准治理新格局。

形成林业信息技术自主创新体系。通过推动林业大数据发展研究，加强林业信息技术创新基地与创新体系能力建设，落实林业发展规划，组织实施林业信息化科技工程，依托国家和地方科技力量，形成一批国家和区域林业信息技术科学中心或科技创新基地，加快技术创新的条件设施建设，形成全国林业信息技术创新体系。

二、主要任务

（一）建设林业大数据采集体系。加强林业大数据的采集规划，从分析信息资源的来源入手，在分析各种信息的类型、来源、内容分类的基础上，按照信息资源的应用需求，进行信息资源的总体规划；以归集林业数据为目标，将多类型、多维度、多时相、多尺度的林业数据，按时态、格式、业务、内容等进行划分，明确采集内容；以人的行为活动数据和森林、湿地、荒漠、物种活动数据，林业企业活动数据等为采集对象，明确数据采集形态、采集渠道，以采集林业基础数据、林业生态数据、林业业务数据等为基础，通过自动检测与人工检测、连续监测与周期检测、常规检测与特定检测等多种形式，对林业生态系统、林业社会系统、林业经济系统的现状、发展及演化信息进行全面、全量、全态、全时空收集；综合运用各类林业调查（普查）数据、互联网生态治理及保护重点问题信息及舆情信息、相关国家生态保护建设的生态红线数据、生态安全监测评价指标数据等，形成可追溯的林业信息源，利用物联网等信息技术，通过数据集成策略，使分散在不同部门的数据得到有效管理，促进跨业务部门的数据共享，最终形成完整的、分类清晰的、不重复的数据元素集。

（二）建设林业大数据应用体系。

1. 建设生态安全监测评价体系。通过对陆地生态系统进行分区，对其进行动态监控，掌握其生态安全状态与主要威胁因素，依据相应的大数据分析技术预测其发展趋势并提出对策建议。通过对生态系统涉及的各类主体对象发展变迁轨迹和生态环境总体表象的大数据分析，建立生态安全监测评价体系，对生态系统当前状态进行评估，对未来趋势进行预测，对可能发生的安全事件进行预警，明确生态系统内在数据的相关性、规律性与外在数据的表现性、影响性之间的关系。

2. 建设生态红线动态保护体系。生态红线是生态环境安全的底线，是实行严格保护的空间边界与管理限值，以维护国家和区域生态安全及经济社会可持续发展。在保证空间数量不减少、保护性质不改变、生态功能不退化、管理要求不降低的前提下，利用大数据技术分析森林、湿地、沙区植被、物种等生态要素数据之间的相关性，科学测算其生态经济功效的最低限额，实现生态要素的动态平衡。对采集信息经过辨析、抽取、清洗等形成有效数据，利用大数据技术及分析手段对生态红线落定、生态红线动平衡、生态红线管控提供有效的技术手段。

3. 建设"三个系统一个多样性"动态决策体系。分析生态系统中各生物与非生物所产生的各种指标及指标间关联作用关系的比重，考虑人类活动在生态体系产生的影响因素，综合形成"三个系统一个多样性"动态决策体系，为保护和治理某个生态系统提供数据支持与决策依据。利用大数据技术分析林业生态系统森林、湿地、荒漠和生物多样性各种变迁涉及的数据之间的相关性，评估其资源、环境、功能等方面的变化，并提出相应的调整方案与措施，对林业发展规划、生态变迁评估和动态决策具有重要意义。

4. 建设林业应急服务体系。林业应急服务体系主要包括森林防火、林业有害生物管理、野生动物疫源疫病监测管理、沙尘暴防治管理和重大生态破坏事件应急管理。针对森林灾害分布点多面广、影响范围跨度较大、来势凶猛等特点，基于大数据技术建立林业应急服务体系，利用大数据采集、存储、处理和分析技术手段加强林业灾害的监测、预报预警、应急指挥、损失评估工作，增强灾害和应急快速反应能力和综合防控能力。

（三）建设林业大数据开放共享体系。明确数据开放共享的范围和使用方式，向社会公开数据的开放清单和开放计划，利用大数据思维和技术建立统一的林业数据开放共享服务平台体系。建设政务数据发布系统，整合国家林业局各部门的信息和业务专题数据，提高林业信息资源应用成效，实现林业业务间信息数据开放共享，提升林业主管部门信息服务能力和数据共享能力；建设公众数据发布系统，以多样化数据格式面向公众开放，为各层次用户提供林业目录检索、林业数据查询与统计、图表分析、数据展现、报表查询、信息下载等数据服务功能，逐步实现林业大数据与社会信息服务机构开放平台的对接，形成林业数据开放环境，加强与环境保护、农业、国土资源、水利、气象等生态建设相关部门的业务协同和数据共享，推动社会各界利用林业开放数据开展科学管理、技术升级、业务创新等活动；建设舆情应对体系，用大数据思维，发挥每个数据节点的无限关联的强大优势，形成舆情链的乘法效应，追踪和监测生态建设政策制度发布舆情动态，引入人工智能应用，自动生成舆情报告，实现对生态安全定向监测和实时危机预警。

（四）建设林业大数据技术体系。建立以并行计算、流式计算、卫星遥感、可视化、数据挖掘、分布式等技术为核心，结构化数据分析、物联感知数据分析、文本分析、Web分析、多媒体分析、社交网络分析与移动分析为手段的林业大数据方法体系；建立支持大规模异构数据采集、存储和分析的林业大数据技术架构和应用架构体系；建立共享交换体系，依托国家电子政务外网建立以国家林业局为主中心，以各省级林业主管部门为分中心的中国林业大数据中心，纵向实现国家、省、市和县四级林业主管部门之间的信息资源共享交换和业务协同，横向实现同级林业主管部门之间以及林业主管部门和其他政府部门之间的信息资源共享交换和业务协同；建立标准规范体系，规范设备、数据、监测采集技术、采集流程，规范网络及运行环境；建立信息安全体系，有效防范、控制和化解信息技术风险，增强信息系统安全预警、应急处置和灾难恢复能力。

三、示范工程

（一）建设生态大数据共享开放服务体系项目。按照《国家发展改革委办公厅关于组织实施促进大数据发展重大工程的通知》（发改办高技〔2016〕42号）要求，通过森林、湿地、荒漠等自然生态系统数据的开放，加强生态治理，促进产业转型升级，与社会数据融合提升公共服务能力，培育经济发展新动力。通过生态大数据共享开放服务体系项目，建设生态安全监测服务大数据、生态红线动态保护大数据、生态信息服务示范大数据、生态产业发展大数据及生态大数据采集共享支撑平台。

（二）建设京津冀一体化林业数据资源协同共享平台。整合梳理京津冀三省（直辖市）林业数据资源，利用大数据技术，建立包含京津冀林业资源数据库、数据资源建设与更新标准和京津冀一体化的信息共享发布系统。建立京津冀一体化林业信息资源目录，形成统一的数据服务体系，按照统一的数据资源建设、更新标准规范，进行数据规范化和统计分析。建立京津冀一体化林业信息共享系统，实现京津冀林业数据资源的开放共享。

（三）建设"一带一路"林业数据资源协同共享平台。整合"一带一路"沿线重点地区森林、湿地、荒漠和生物多样性的基础数据，利用大数据技术，建立"一带一路"林业数据资源协同共享平台，为"一带一路"的生态安全提供大数据技术支持。综合林业数据与多源遥感数据，建设数据交换服务体系，实现"一带一路"地区的林业数据资源协同共享，与中国林业大数据主中心数据共享。建设森林资源专题、荒漠化专题等数据库，实现森林、湿地、荒漠等林业资源大数据的预测和分析应用。

（四）建设长江经济带林业数据资源协同共享平台。按照分期推进、试点先行的建设模式，建立长江经济带林业数据资源协同共享平台，逐步覆盖长江经济带沿线的11个省份。建立长江经济带公共基础数据库、遥感影像数据库、林业基础数据库等基础数据库。建立国家林业局与长江经济带省级林业主管部门的数据通路和交换机制，实现林业数据资源协同共享。

（五）建设生态服务大数据智能决策平台。紧抓"互联网＋"的发展机遇，推动大数据、云计算、物联网、移动互联网等新一代信息技术融合发展，增强大数据对林业行业的智慧管理和创新应用，为政务建设、生态旅游、林产品交易、林业合作交流等提供分析服务和决策支持，建设林业大数据应用示范试点，为林业大数据的深入拓展及广泛应用提供有力支撑。

四、保障措施

（一）加强组织领导。国家林业局将加大对林业大数据规划及应用的指导力度，及时总结推广先进经验，研究解决突出问题，推动全国大数据战略的整体推进和协调发展。各级林业主管部门要充分认识大数据战略面临的机遇与挑战，结合自身实际，制定落实本指导意见的具体措施和办法，加强监督检查，落实责任分工，确保工作落实。

（二）创新发展机制。在充分利用已有项目资金基础上，积极拓宽资金来源渠道，强化资金保障。探索市场化可持续发展机制，支持采用政府购买服务、政府与企业合作（PPP）等方式，积极规范引导社会资本进入林业大数据领域。鼓励市场主体和社会公众开展林业大数据增值性、公益性开发和创新应用，为林业大数据发展提供良好环境。

（三）完善基础设施。加强现有信息采集网络的硬件设施配备，实现设施设备的升级换代。按照共享共用、协作协同、分工分流的原则，推进建立完善的数据采集渠道和监测网络。强化云计算基础运行环境，提升通过传统方式和基于互联网等现代方式采集、处理林业大数据的支撑能力。

（四）组织发展评测。围绕林业大数据建设目标，组织开展切合实际、导向明确的林业大数据发展评测工作，建立目标清晰、过程规范、客观公平的林业大数据发展评测规范，进一步引导林业大数据健康、有序、高效的发展。

（五）开展合作交流。开展生态大数据应用与研究工作的战略合作，组建国家生态大数据中心，承担生态大数据项目开发、业务拓展和品牌建设等工作。建设国家生态大数据研究院，开展战略规划、行业培训、业务咨询，培养具有大数据思维和创新能力的复合型人才，建成学术研究、人才培育、咨询服务一体化的生态大数据研究智库平台。建设国家生态大数据应用工程实验室，研究生态大数据核心关键技术和标准规范，进行技术研究和推广应用，推出国家生态大数据应用建设成果。

（六）强化安全保障。通过安全管理中心、统一认证授权系统、安全服务系统等建设，利用访问控制、传输链路加密、终端安全、应用与数据库系统安全、防电磁泄漏系统等多种手段，从链路到存储，从应用到共享，制定相应安全保障方案。分析实际安全需求，结合业务特性，参照相关政策，提升林业大数据的安全保障能力和防护水平。

（七）提高队伍水平。制定吸引、稳定信息化人才的措施，培养高级人才、创新型人才和复合型人才。结合实际业务制定合理完善的培训机制，组织沟通交流，达到知识转移、全员应用及保障系统安全运行目的，提高林业大数据应用水平。

——摘自《国家林业局关于加快中国林业大数据发展的指导意见》（国家林业局，2016 年 7 月 13 日）

四、林业物联网发展规划

2016 年 6 月，国家林业局印发了《国家林业局关于推进中国林业物联网发展的指导意见》。这是深入贯彻落实《国务院关于推进物联网有序健康发展的指导意见》等和全国林业厅局长会议、第四届全国林业信息化工作会议精神的重要举措，也是顺应物联网发展大势、发挥首批国家物联网应用示范部委带头作用的关键之举（专栏 1-6）。

专栏1-6　　国家林业局关于推进中国林业物联网发展的指导意见

　　物联网是通过射频识别、红外感应器、全球定位系统、激光扫描器等信息传感设备，按约定协议把物品与互联网相连接，以实现对物品的智能化识别、定位、跟踪、监控和管理的网络，具有渗透性强、带动作用大、综合效益好的特点。对提升社会管理和公共服务水平，带动相关学科发展和增强技术创新能力，推动产业结构调整和发展方式转变具有重要意义。我国已将物联网作为战略性新兴产业的重要内容，并做出了明确部署。2011年，国家林业局被列为首批国家物联网应用示范部委之一，有力地促进了林业物联网的建设与应用。为推动林业物联网健康有序发展，根据《国务院关于推进物联网有序健康发展的指导意见》(国发〔2013〕7号)、《国务院关于积极推进"互联网＋"行动的指导意见》(国发〔2015〕40号)等有关文件精神，现提出以下指导意见。

　　一、总体要求

　　(一)指导思想。贯彻落实党中央、国务院关于信息化的系列决策部署，围绕林业改革发展主要任务，以促进转变林业发展方式、提升林业质量效益为宗旨，以林业核心业务物联网应用为重点，以提升林业现代化水平为目标，坚持统筹规划、协同共享、政府主导、保障安全，加快推进林业物联网建设与应用，为实现林业现代化做出积极贡献。

　　(二)基本原则。

　　统筹规划，需求驱动。紧密结合林业核心业务，以需求为导向，加强科学规划，统筹推进林业物联网应用推广、技术研发、标准建设的协调发展。面向服务对象，以用户和受益人为中心，加强林业物联网顶层设计，注重建设和应用实效，力避相互攀比、贪大求新、盲目跟进。坚持示范先行，不断积累成功经验，总结成熟模式，然后以点带面，逐步实现林业物联网的多领域、跨层级、规模化应用。

　　融合创新，协同共享。根据林业、林区、林农发展实际，加快提升物联网技术集成创新和引进消化吸收再创新能力。加强低成本、低功耗、高精度、高可靠、智能化传感设备研发及集成应用，逐步突破林业物联网发展技术瓶颈。深化林业物联网应用创新、技术创新、管理创新，支持跨区域、跨部门、跨层级的业务协同和信息资源共享，力避自成体系、重复投资、重复建设。

政府主导，群策群力。坚持林业主管部门在林业物联网发展中的主导地位，充分发挥其政策引导、业务指导、工作协调、项目监督、成果应用等方面的重要作用。对生态公益型建设项目，要以财政投入为主；对产业发展型建设项目，要充分发挥市场机制，鼓励社会力量广泛参与。要创新投融资机制、成果共享机制、商业运营模式和服务驱动模式，群策群力推动林业物联网有序健康发展。

提高效益，确保安全。以提高生态、经济、社会效益为出发点和落脚点，科学规划林业物联网建设任务，有重点、有步骤地推进物联网持续发展。加强林业物联网信息安全基础设施建设，注重信息系统安全管理和数据保护，注重开展安全测评、风险评估和安全防护工作，确保林业物联网基础设施、重要业务系统和重点领域应用安全可控。

（三）发展目标。实现物联网技术与林业业务高度融合，有力支撑林业资源监管、营造林管理、林业灾害监测、林业生态监测、林业产业、林产品质量安全监管等各类业务。林业信息化基础设施条件显著改善，信息采集和传输能力明显增强，实现跨区域、集成化、规模化的物联网应用，推动林业智能化持续快速发展。构建起较为完善的林业物联网科技创新、标准规范、安全管理体系，林业智能化水平显著提高，林业建设的实时性、高效性、稳定性和可靠性显著增强，林业现代化水平全面提升。

二、主要任务

（一）林业资源监管物联网应用。林业资源主要包括森林资源、湿地资源、荒漠资源和野生动植物资源。在林业资源监管中引入以物联网为代表的新一代信息技术，有利于改进监管手段，创新监管模式，提高监管效能，提升林业资源的数量和质量。

林业资源调查与监测。充分应用3S、红外感应、无人机、卫星通信、激光雷达、RFID、条码、多功能智能终端等技术，结合地面抽样调查，建立基于云计算架构的林业资源数据仓库，提高地面监测样地、样线、样木等的复位率，增进监测数据的实时性、准确性、可靠性和快速更新能力，弥补传统地面监测手段的不足。

林业资源管理。应用二维码、RFID、移动互联等技术，提高林权证、采伐证、运输证等林业资源相关权证的防伪性和快速识别能力，建设全国统一的权证信息管理及共享交换平台，加强对各类权证信息的智能化管理；建立人机交互的智能信息管理平台，加强对珍贵树种、古树名木、珍稀花卉等的个体识别、谱系管理及安全监控；对接云计算平台，加强林木采伐、贮存、检疫、运输、销售的全流程管理，加强执法监管、依法保护林业资源。

珍稀濒危野生动物管理。应用卫星通信、3S、电子围栏、视频监控、移动互联等技术，根据动物的生态习性和形态结构，研制具有身份识别、卫星定位、体征传感、信息传输等功能的专用设备，对接智能信息管理平台，构建全天候立体化传感监控网络，加强动物行为及体征分析，提高实时监控与应急响应能力，促进珍稀濒危野生动物野外管理和种群复壮。

（二）营造林管理物联网应用。营造林管理主要涉及种质、种苗资源的保护、保存、培育以及造林、森林抚育等的管理。在营造林管理业务中应用物联网技术，有利于加强营造林管理，提高营造林质量。

林木种质资源保护。应用 RFID、红外感应、传感器、视频监控、无线通信、移动互联等技术，构建原地和异地保护母树林传感网，加强对林木采种基地种质资源，特别是珍贵、稀有、濒危母树的保护。构建林木种质资源设施保存库立体传感监控网络，加强设施保存环境的实时监测与调控，有效保存林木种质资源。

林木种苗培育及调配。应用传感器、视频监控和自动控制等技术，加强对规模化林木种苗培育基地温度、湿度、光照强度、土壤肥力等的实施监测，结合自动喷灌、自动卷帘等操作，提高种苗培育的信息化、机械化、自动化水平，实现智能化管理。结合各类电子票据，加强林木种苗特别是珍贵苗木的调配管理。

营造林管理与服务。通过应用大气环境、土壤环境、水环境等相关传感器，强化对造林地环境与林分生长状态的智能监测与分析，结合 GIS 系统和云计算技术，实现对适地适树、测土配方、抚育管理等的决策支持，以及对林场、林农、林企等提供相关服务。应用 3S 技术、航空摄影、多功能智能终端等技术，加强对营造林、退耕还林等工程项目的核查和绩效评估，提高核查与评估的效率和质量。

（三）林业灾害监测物联网应用。林业灾害主要包括森林火灾、林业有害生物灾害、沙尘暴、陆生野生动物疫源疫病四大类，其他的还有低温雨雪冰冻灾害、风灾、雹灾、地震、滑坡、泥石流等。加强物联网等新一代信息技术在林业灾害监测、预警预报和应急防控中的应用，能够有效预防和降低灾害损失。

森林火灾监测预警与应急防控。应用由对地观测、通信广播、导航定位等卫星系统和地面系统构成的空间基础设施，以及航空护林飞机、无人机、飞艇等航空设备，构建森林火灾监测预警与应急防控的天网系统；应用地面林火视频监控、红外感应、电子围栏、气象监测、地表可燃物温湿度监测等感知设施以及各种有线、无线通信设施，构建地网系统；应用车载智能终端、手持智能终端以及多功能野外单兵装备等，构建人网系统；应用条码、RFID等技术，构建林网系统；对接基于3S、云计算、大数据、移动互联等技术应用的智能信息平台，提高森林火灾的监测、预警预报以及指挥调度、灾后评估等应急响应能力。

林业有害生物监测预警与防控。综合应用3S、视频监控、传感器等技术，加强森林和大气环境监测，结合地面巡查数据，对接专家远程诊断系统、森林病虫害预测预报系统、外来物种信息管理系统，加强数据挖掘、共享和业务协同，提高森林病虫害及外来物种危害的监测、预警预报与综合防控能力。对通过检疫的物品进行标识，建立林业有害生物检疫责任追溯制度。

沙尘暴监测和预报预警。在新疆、甘肃、内蒙古等重点风沙源区和固沙治沙地区部署地面气象传感和土壤温湿度传感监测网络，结合气象卫星和遥感卫星监测，加强沙尘暴灾情监测和预报预警能力，有效降低灾情损失。

陆生野生动物疫源疫病监测预警。运用集卫星定位、信息发送、生命体征传感等功能于一体的动物专用设备，建立基于卫星追踪、传感器感知、GIS应用和地面巡查相结合的陆生野生动物疫源疫病监测系统，加强对迁徙候鸟兽活动路线及生命体征的监测分析，有效提高陆生野生动物疫源疫病监测预警能力。

(四)林业生态监测物联网应用。林业生态监测主要对森林、湿地、荒漠生态系统的有关指标进行连续观测，评估生态系统的健康状况、生态服务功能和价值。通过引入物联网相关技术，将有助于提高监测数据采集的实时性、多样性和可靠性，为智慧决策提供依据。

陆地生态系统监测与评估。综合应用各种数字化智能传感及新一代移动通信技术等，建设或改造森林、湿地、荒漠生态系统定位研究站，构建完备的陆地生态系统定位监测网络。对生态系统健康状况、生态服务功能和价值、重大生态工程和生态系统管理成效等进行科学评估，对区域生态安全及潜在生态风险进行科学评价和预测，为我国生态建设决策提供支撑。

森林碳汇监测与评估。利用各种智能传感终端和通信手段，构建多维碳排放与碳汇监测传感网络，在水平和垂直空间对温湿度、风向风速、光照强度、二氧化碳浓度等因子进行实时监测。结合林木蓄积量、生长量等碳储量监测数据，建立多站点联合、多系统组合、多尺度拟合、多目标融合的碳汇监测与评估技术体系，为碳交易、检验节能减排效果、评估碳汇能力等提供准确的数据支撑。

（五）林业产业物联网应用。林业是一项重要的公益事业，也是一项重要的基础产业。物联网技术在森林旅游、林下经济、花木培育等方面都具有广阔的用途。

森林旅游安全监管与服务。应用由对地观测、通信广播、导航定位等卫星系统和地面系统构成的空间基础设施，以及航空护林飞机、无人机、飞艇等航空设备，构建森林旅游安全监管与服务的天网系统；应用地面旅游视频监控、旅游视频观景、林火视频监控、气象监测、红外感应、电子围栏、地表可燃物温湿度监测等感知设施，以及各种有线、无线通信设施，构建地网系统；发挥移动互联技术的巨大优势，应用车载智能终端、手持智能终端、游客便携式智能终端等，构建人网系统；应用条码、RFID、地面无线定位等技术，构建林网系统；基于三维仿真、虚拟现实、云计算等技术，构建智慧旅游信息平台，大力发展人与物随时、随地、随需的交互型业务，提高旅游综合服务、旅游资源监管、旅游综合执法以及旅游应急响应能力。

林下经济和花木培育。应用传感器、视频监控、移动互联和自动控制等技术，对接智能信息管理平台，加强对规模化花木培育基地温度、湿度、光照强度、土壤肥力等的实施监测，结合自动喷灌、自动卷帘等操作，提高花木培育的信息化、机械化和自动化水平，更好地满足市场需求。基于温度、湿度、光照、土壤肥力等传感器和视频监控、红外感应、电子围栏等设施，搭建林下传感网络，为发展林下特色种（养）殖业提供科学技术支撑，并提高防火、防盗等安全监管能力。

林业资源开发利用相关权证的管理。应用二维码、RFID、移动互联、云计算等技术，构建全国统一的信息管理及共享交换平台，加强对林木种苗生产经营、野生动物驯养繁殖、野生动物经营利用等林业资源经营开发利用环节相关权证的信息化、网络化、智能化管理，提高权证的防伪性和快速识别能力，方便政府部门和公民、法人、其他组织查询、共享各类信息，依法维护生产者、经营者和消费者的合法权益。

（六）林产品质量安全监管物联网应用。应用物联网等新一代信息技术，建立林产品信息集中发布平台和预测预警系统，加强林产品质量检测、监测和监督管理。

林产品认证和溯源。采用激光扫描、定位跟踪、移动互联等技术，对经过绿色无公害认证、原产地认证、来源合法认证等的林产品进行标识，实现林产品物流与信息流的有机统一。完善林产品认证、森林认证和林产品溯源体系，建立健全责任追溯制度，为发展林业电子商务、提高林业监管与服务效能、履行有关国际公约等提供有力支撑。

林产品质量安全检测认证。采用条码、RFID、定位跟踪等技术，给质量检测合格的林产品赋予专用标识，建立专用标识认证制度。结合信息管理和查询平台，加强流通和销售环节管理以及消费指导，建立健全质量安全责任追溯制度，依法保护生产者、经营者、消费者的合法权益。

三、保障措施

（一）加强宏观引导。认真学习贯彻《国务院关于推进物联网有序健康发展的指导意见》等政策文件，加强对本地区林业物联网应用的引导和指导。明确不同区域、不同领域的总体功能定位和重点发展方向，避免盲目发展和重复建设。加强对国内外物联网发展形势研究，结合林业实际，做好政策预研工作，针对发展中出现的热点、难点问题，及时制定出台指导意见，在全国林业信息化工作领导小组的指导下，引导林业物联网科学发展。

（二）加大资金投入。积极争取各级政府物联网发展专项资金、科技重大专项资金、产业化专项资金等的支持，努力做好行业资金配套工作。创新投融资机制和项目运营模式，鼓励企业等参与林业物联网技术研发、工程建设、运行维护和商业运营。落实国家支持高新技术产业和战略性新兴产业发展的各项政策，激发和调动各类市场主体支持林业物联网发展。

（三）鼓励科技创新。建立健全激励和约束机制，鼓励和引导国内相关企业、高等院校、科研机构以及其他社会组织，围绕林业物联网产业技术创新链，按照市场经济规则，开展林业物联网产业技术创新，不断提升林业物联网产业技术创新能力和新产品开发能力，有效促进林业物联网建设与应用。

（四）建立标准体系。结合林业物联网关键技术、设备研发和工程建设，按照急用先立、共性先立的原则，制定一批林业物联网发展所急需的基础共性标准、关键技术标准和重点应用标准。初步形成以国家标准和行业标准为主体、地方标准和企业标准为补充的林业物联网标准规范体系，满足林业物联网规模应用和产业化需求。

（五）强化信息安全。根据林业物联网工程建设和应用中的安全性、可靠性要求，加强安全管理体系建设。高度重视林业物联网的信息安全工作，使信息安全建设与工程建设同步设计、同步实施、同步验收。强化工程建设与安全保密措施的有机结合，做到安全保密措施先行。严格依据国家关于涉密信息系统分级保护和非涉密信息系统信息安全等级保护的有关规定，制定实施技术上自主可控的信息安全和保密解决方案，促进林业物联网安全、健康、有序发展。

（六）深化交流合作。进一步加强与国内外相关企业、高校、科研单位等的交流与合作，及时引进先进物联网技术和理念。不断创新合作机制，拓宽合作渠道，多层次、多方位、多形式地推进国际国内交流与合作。加强林业物联网创新型、应用型和复合型人才培养，为林业物联网建设提供强有力的人才保障。

——摘自《国家林业局关于推进中国林业物联网发展的指导意见》（国家林业局，2016年6月3日）

五、林业电子商务发展规划

为深入贯彻《国务院关于大力发展电子商务加快培育经济新动力的意见》（国发〔2015〕24号）精神，进一步指导全国林业电子商务发展，2016年8月，国家林业局印发了《关于推进全国林业电子商务发展的指导意见》，充分发挥林业电子商务在培育经济新动力、实现林业产业转型升级中的重要作用，为林业现代化作出新贡献（专栏1-7）。

专栏1-7　国家林业局关于推进全国林业电子商务发展的指导意见

电子商务是以互联网为依托，以现代信息技术为核心的新业态。近年来，我国电子商务应用水平不断提高，市场规模快速扩大，经营创新层出不穷，已经成为国家新兴战略性产业发展重要推动力量。为贯彻落实《国务院关于大力发展电子商务加快培育经济新动力的意见》（国发〔2015〕24号）精神，积极实施《"互联网＋"林业行动计划》，加快林业电子商务发展，发挥林业电子商务在培育新动力、打造"双引擎"、实现"双目标"方面的重要作用，深化林业供给侧改革，开辟林农增收新渠道，推进大众创业、万众创新，实现林业产业转型升级，为林业现代化建设做出新贡献，现提出以下意见。

一、充分认识加快林业电子商务发展的必要性

（一）完善林产品市场机制的重要举措。发展林业电子商务能够有效促进产销衔接，为林产品产销注入信息化元素，以信息流带动物流、技术流、人才流、资金流，实时反映供求状况，降低流通成本，稳定市场预期，有效引导市场主体广泛参与、拓展新渠道、新客源和新市场，促进资源要素合理有序流动，消除妨碍公平竞争的制约因素，发挥市场配置资源的决定性作用。

（二）推动林业产业转型升级的重要抓手。推进林业电子商务发展，将现代经营管理理念融入林业，提升林业产业经营主体应用能力，培育林业电子商务市场，加快推进林业生产标准化、品牌化建设，优化林业生产布局和品种结构，提高林业产业素质和国际竞争力，实现林业产业发展方式转型升级，成为助推林业产业发展的重要推动力量。

（三）促进林业现代化发展的重要途径。加快林业电子商务发展，是践行"互联网＋"林业的具体行动，促进现代信息技术与林业发展深度融合，对主动适应经济发展新常态、打造经济社会发展新引擎具有重要现实意义。通过林业电子商务建设，促进林业产业体系完整化、关联高度化、组织科学化、数据开放化，推进林业发展政策创新、管理创新和服务创新，为林业现代化发展提供有力支撑。

二、总体要求

（一）指导思想。深入贯彻党中央、国务院关于发展电子商务的系列决策部署，充分发挥市场配置资源的决定性作用，以加快转变林业发展方式为目标，以提升林业产业竞争力为主线，以打造林业电子商务平台经济为动力，以政策扶持和环境营造为支撑，以创新林业商业模式与服务业态为路径，支持新型电子商务企业跨越式发展，鼓励传统企业加快转型升级，为建设林业现代化做出新贡献。

（二）基本原则。

政府引导，市场运作。发挥各级林业主管部门在产业政策、监管服务等方面的引导支持作用，创建有利于电子商务发展的外部环境，充分发挥企业在电子商务发展中的主体作用，运用市场机制优化资源配置。

产业联动，示范带动。促进林业电子商务产业链向上下游延伸，推动电子商务与优势产业、特色产业协同发展，创建林业电子商务示范体系，发挥引领带动作用，提高林业电子商务发展水平。

强化应用，促进融合。拓展林业电子商务应用领域，培育多元化电子商务应用主体，支持传统企业与电子商务企业联合发展，创新商业模式，推动线上、线下融合发展。

规范有序，健康发展。立足需求导向，明确方向和重点，采取先易后难、循序渐进的策略，找准切入点和突破口，有力有序推进，避免盲目跟风，保障林业电子商务快速健康持续发展。

（三）发展目标。到 2020 年，林业电子商务水平显著提升，与林业第一、二、三产业发展深度融合，全国林业电子商务平台普及深化，全国林业产业数据资源整合共享，林业电子商务服务体系、诚信体系、支撑体系基本完善，林业电子商务产业聚集区初具规模，培育一批具有重要影响力的林业电子商务企业和品牌，电子商务在林产品和林业生产资料流通中的比重大幅提升，对完善林产品市场流通体系、拉动消费需求、促进林农就业、繁荣林区经济、助力林业精准扶贫起到明显带动作用。

三、主要任务

（一）搭建全国林业电子商务平台。依托现代信息技术，结合林业行业特点，采取"1＋N"建设模式，打造集信息发布、在线交易、在线支付、销售跟踪、质量追溯等于一体的全国林业电子商务主平台，建设以竹藤、花卉、苗木、木本油料等特色林产品为专题的消费服务类子平台，以融资、通关、物流、保险、退税等功能于一体的一站式服务的跨境服务类子平台，以森林旅游、生态采摘、林权交易等具有林业特色的民生服务类子平台。鼓励大型电子商务运营商积极拓展林业电子商务业务，建立林业特色展区，共同推动通过林业电子商务发展。支持林业产业企业运用电子商务创新发展、转型升级，发展特色林业电子商务平台。通过各类平台建设，提升林业电子商务服务功能和水平，不断丰富实体产品、内容产品和服务产品，扩大经营规模，提高平台实力，增强对线下企业的吸引力和辐射力。

（二）培育林业电子商务经营主体。加大林业电子商务企业培育力度，积极支持基础好、潜力大、成长快的林业企业电子商务发展，依托优势产业，加快商业模式创新，增强核心竞争力。支持传统重点林业企业向电子商务转型升级，培育一批有较强竞争力、区域领先的林业电子商务骨干企业。支持林业中小企业和第三方电子商务交易平台合作，采用先进技术，创新商业模式，拓展发展空间。招引能够推动林业产业升级、扩大市场销售配套服务的企业共同发展。鼓励大型骨干企业以供应链协同为重点发展林业电子商务，推动电子商务与企业内部业务和管理信息系统集成，推进企业间网上协同研发、设计和制造，增强产业链商务协同能力。

（三）加强林业产业大数据应用。将林业产业数据采集整合作为林业电子商务发展的抓手，做好数据采集、数据管理、数据设计等工作。推动国家重点林产品市场监测与大数据分析平台建设，高度聚集林产品市场信息，及时准确提供价格、生产、库存等信息，提供中长期市场预测分析，强化政府引导林农调整结构。加强林产品市场的电子监控、报价、数据存储等，建立林产品市场、涉林企业的编码规范、林产品品种的编码规范等。绘制林业产业资源地图，建立林业产业数据库，开展相应的数据资源设计及研究，厘清林业产业资源分布情况。推动林业信息资源开放共享，实现林业企业和林产品信息综合服务，产品质量追溯、品牌公信查询等功能。

（四）完善林业电子商务基础环境。加强林区通信基础设施建设，推进宽带网络升级改造和光纤入户，提升骨干网传输和交换能力，加快实施三网融合，促进信息网络向融合泛在、安全可靠方向发展。加快第四代移动通信技术（4G）网络建设和商用步伐，统筹林区互联网数据中心（IDC）、公共信息服务中心等云计算基础设施布局。充分发挥大数据、云计算、物联网等新一代信息技术的支撑作用，促进在物流配送、网络营销、电子支付等方面的应用。

四、体系建设

（一）发展林业电子商务服务体系。培育和引进一批知名电子商务服务企业，为电子商务企业提供软件开发、业务培训、专业咨询、数据分析、会展推介、平台代运营等专业服务。鼓励电子商务业务流程和信息技术外包服务，加强电子商务交易、技术、中介等服务平台建设。不断完善电子商务服务业的产业链，注重技术和服务模式创新，加强高附加值的电子商务延伸服务和衍生产品的开发与应用。

（二）发展电子商务物流配送体系。大力发展第三方物流，引进品牌快递物流企业，推进林区区域性仓储配送中心。通过建设货物集中配送综合服务平台，应用物联网、智能快件箱等技术，提高物流信息化水平。积极发展共同配送，鼓励有条件的电子商务企业自建或与物流企业、快递企业合作，构建城际城乡一体的综合物流体系。

（三）建立林产品交易诚信体系。发挥政府引导、行业自律和网商践行的信用合力，构建林业电子商务信用评价体系。建立林业电子商务信用信息管理制度，强化身份认证、信息透明、网络监督，鼓励符合条件的第三方信用服务机构开展商务信用评估。促进林业电子商务信用信息共享，建立信用信息共享机制，逐步建立适应林业电子商务发展需求的信用信息服务体系。

（四）建立林产品认证和质量追溯体系。加强森林生态标志产品品牌建设，推进林产品认证体系建设。建立林产品质量安全追溯管理信息系统，打造质量安全追溯体系，推进种苗、花卉、林果、笋竹等林产品追溯系统建设，探索与林业电子商务企业建立数据共享机制，实现质量可追溯、责任可追查。

（五）建立林业电子商务标准体系。研究制定适应林业电子商务发展的产品质量、分等分级、产品包装、仓储物流、市场准入、信息交换等行业标准，规范林产品的分类定级、地区性森林资源转让、林权和林产品网络交易管理，联合有关部门加强诚信经营、权益保护、信息安全等方面的制度建设，确保林业电子商务健康发展。

五、示范创新

（一）推动林业电子商务应用创新。推动关键技术与电子商务融合发展，积极应用云计算、大数据、移动互联网等新一代信息技术，加强数据分析和价值挖掘，推进电子商务经营模式创新。推广手机等智能移动终端应用，支持电子商务企业与电信运营商、增值业务提供商和金融服务机构合作，拓宽移动电子商务业务领域。加快发展物联网、基于位置的服务（LBS）、实时通信等技术，实现服务流程智能化、精准化和实时化，推动林业电子商务服务模式创新。推进电子商务领域信息技术科研成果和商业模式创新结合，加快科技成果转化，实现科技成果征集、展示、共享为一体的功能化信息服务。支持面向林业电子商务领域的创客空间网络平台建设，加强创业创新信息资源整合，促进林业电子商务中小微企业发展。

（二）实施林业电子商务示范建设。重点培育一批商业模式新、创新能力强、发展潜力大的林业电子商务企业、平台和项目。及时总结林业电子商务发展中的典型经验，树立典型，全面推广。大力开展移动电子商务、智能仓储物流、大数据应用和跨境电子商务试点，培育龙头企业，发展企业联盟，形成一批具有全国或区域影响力的综合性林业电子商务示范基地。建立电子商务产业聚集区，会同政府、高校、企业、协会成立专家咨询委员会，推进集创业、科技服务、融资等于一体的综合性电子商务园区建设。依托特色旅游和绿色林业优势，着力建设集聚优势资源、辐射毗邻区域的特色电子商务园区，探索建设网商孵化园。

（三）发展电子支付创新应用。与有关金融机构开展战略合作，积极拓展电子银行服务业务，强化在线支付功能，发展电子票据、移动支付等电子支付业务。加强第三方支付平台建设，引导第三方支付机构创新支付服务和产品，建立完善多元化的电子支付体系。支持开展互联网金融创新服务，鼓励移动支付在支付标记化技术、身份认证、手机可信执行环境等方面的创新应用。

（四）支持跨境林业电子商务发展。着力培育跨境林业电子商务经营主体，扶持企业自建、共建多种类型的跨境电子商务支持系统。会同海关、质检、外汇、税务等部门，发展服务于跨境电子商务的公共服务体系，探索政策突破和业务模式创新。加强国内外林业电子商务交流融合，支持林业企业"走出去"，建立海外营销渠道，创立国际品牌。

（五）推动林业电子商务扶贫。发挥林业电子商务在精准扶贫工作的带动作用，以提升林业可持续精准脱贫能力为核心，以创新贫困户利益联结机制为重点，以推进科技服务、金融服务、专家服务信息平台为支撑，着力培育特色产业，大力发展木本油料、特色经济林、森林旅游、林下经济等新产业、新业态。积极探索优化林业电商扶贫机制，出台林业电子商务精准扶贫政策，将林业电子商务作为精准扶贫的突破口。

六、保障措施

（一）加强组织保障。各级林业部门要把加快推进林业电子商务作为推动产业转型升级、实现林业增收增效、提升林业现代化水平的重要举措予以推进。加快建立林业电子商务建设推进小组，整合聚集政府、社会和企业相关优势资源，抓好整体规划，建立管理机制，及时研究问题，创新服务保障模式，带动传统产业转型升级，全面推进电子商务快速健康发展。

（二）加大扶持力度。制定和出台促进电子商务发展的扶持政策，重点支持电子商务公共平台建设和传统企业电子商务化转型升级等重点工程。积极争取电子商务发展专项资金、科技重大专项资金等的支持。支持采用政府购买服务、政府与企业合作（PPP）等方式，积极规范引导社会资本进入林业电子商务领域。鼓励电子商务企业建立多元化、多层次、多渠道的投融资机制和运行模式。

（三）强化人才培养。拓宽人才选拔渠道，加大电子商务专业技术与经营管理人才的引进和培养力度。面向国内外积极吸纳电子商务高端人才和技术骨干，特别是有丰富电子商务大型团队运营经验的人才队伍，引领林业电子商务加快发展。加大人才培训力度，与高校研究机构进行合作，通过委托培养、岗位培训等多种形式的电子商务技术与应用培训，缓解人才引进压力，培养造就一支复合型人才队伍，为林业电子商务产业发展做好人才储备。

（四）建立评测机制。围绕林业电子商务建设目标，建立切合实际、导向明确的林业电子商务发展评测机制，制定目标清晰、过程规范、客观公平的林业电子商务发展评测制度和规范。建立电子商务发展的工作考核与奖惩机制，将电子商务发展工作纳入林业信息化评测体系，有效引导林业电子商务健康、有序、高效发展。

（五）优化发展环境。研究制定电子商务行业政策、管理制度和标准规范，建立健全多部门联动防范机制，优化电子商务发展环境。加强对电子商务从业人员的培养与管理，维护林业电子商务活动的正常秩序，提高电子商务企业的整体从业素质。充分发挥电子商务中介组织、政府桥梁、行业协会的作用，开展政策引导和技术信息咨询服务，强化行业自律和信用评价，促进电子商务健康有序发展。

（六）做好示范推广。按照"互联网＋"林业行动统一规划，统筹推进林业电子商务建设，推动林业电子商务纳入国家电子商务示范城市和智慧城市建设内容。培育和树立一批具有引领示范作用的林业电子商务基地和企业。及时总结林业电子商务发展经验和运行模式，充分发挥各类主流媒体的作用，开辟专题、专栏，加强先进典型的应用推广，不断扩大示范效应，提升知名度和对外影响力，引导社会各界关注和支持林业电子商务发展。

——摘自《国家林业局关于推进全国林业电子商务发展的指导意见》（中国林业网，2016 年 9 月 5 日）

第三节　工程规划

一、生态环境保护信息化工程规划

（一）建设意义

党的十八大将生态文明建设纳入中国特色社会主义事业"五位一体"的总体布局，十八届三中全会对生态文明制度建设做出了全面部署，标志着中国特色社会主义现代化建设进入了新阶段。林业作为生态保护与建设的主体，在生态文明建设中发挥着重大作用。习近平总书记深刻指出，"林业建设是事关经济社会可持续发展的根本性问题"，要求林业部门为建设生态文明和美丽中国、实现中华民族伟大复兴的中国梦不断创造更好的生态条件。习近平总书记关于生态文明建设和林业改革发展的重大战略思想，确立了林业在维护国家安全和促进经济社会可持续发展中的战略地位，赋予了林业部门前所未有的重大使命。

按照《"十二五"国家政务信息化工程建设规划》要求，生态环境保护信息化工程作为重点工程之一，是加强我国生态环境建设，实现经济社会可持续发展的需要；是促进和保障我国国民经济可持续发展的需要；是保障农民利益、兴林富民的需要；是提升林业的社会服务能力、提高林业经营管理水平的需要；更是推进新型城镇化建设、提升民生福祉的需要。

生态环境保护信息化工程（国家林业局）项目建设重点面向森林、湿地、荒漠和生物多样性和生态（林业）功能保护五大业务需求，依托国家电子政务外网和互联网，实现与环保、工信、国土、水利、住房和城乡建设等部门的互联互通和信息共享，建成林业、湿地、荒漠、生物多样性、生态（林业）功能保护类五类业务应用系统和 1 个应用支撑平台，以各级林业业务管理数据为基础，建设包括林业公共数据信息资源、林业基础信息资源和林业业务信息资源的林业信息资源库，通过集约化整合与云计算等新技术应用形成具有支撑林业业务信息化长期发展能力的林业统一信息基础设施，构建基于平台和内容的政务、业务与服务体系，实现信息化与林业业务领域应用、服务的深度融合，使信息共享、业务协同和数据开放水平大幅度提升，林业决策和管理信息化能力明显提高，惠民公共服务网上运行普及率显著提升。

通过生态环境保护信息化工程项目建设，以维护国家生态安全、充分发挥林业生态建设主体功能为宗旨，以林业基础信息资源为核心，以建设林业资源监测分析和对策措施信息能力为重点，通过 3 年左右建设，建成覆盖林业主体业务的、贯穿上下的政务信息化体系和规范、科学的网络化林业资源管理流程，全面提高林业支撑国家宏观决策、协同其他业务部门、服务社会和林农的基本能力。中央级主要业务信息化覆盖率从 30% 提升至 70%；建立林业信息资源体系，核心业务信息覆盖率达 95% 以上、主要数据项准确率达 90% 以上。

通过信息化手段支撑森林生态系统、湿地生态系统、荒漠化生态系统、生物多样性和生态（林业）功能保护的监管业务为核心，将有效促进国家林业局业务管理效能和信息化支撑效率的提升。

（二）主要建设内容

1. 标准规范体系。林业信息化标准体系建设任务是建立全国林业信息化标准体系框架，并根据建设需要重点修订完善已有标准，优先制定林业信息化建设急需的、共性的、基础性和关键性的标准。目前全国林业信息化标准体系框架已经建立，本期工程标准规范建设任务就是在该框架下，建立工程需要的总体类标准以及基础设施类标准、信息资源类标准、应用类标准和管理类标准，共四大类42项标准，各项标准均为新建内容。

2. 应用系统建设。本项目将围绕森林、湿地、荒漠、生物多样性、生态（林业）功能保护等方面共五大类业务开展应用系统建设。本项目新建森林、湿地、荒漠、生物多样性、生态（林业）功能保护等五大类应用系统，21个应用系统，57个子系统，全部为新建系统。

森林业务相关业务系统建设包括森林生态系统监测、森林生态系统管理、森林火灾预警与应急处置和林权综合管理等4个应用系统：开展森林生态监测系统建设，形成标准规范的森林信息收集、整理、统计能力，实现林地信息化管理；建设森林生态管理系统，采集森林采伐和林地占用数据，对于森林采伐规划、审批和林地征占控制给予信息服务支撑，同时推进林木种苗综合信息应用和掌握森林经营管理信息；建立森林火灾预警与应急处置系统，实现火情信息及时处理，利用森林火险监测站、森林火险因子采集站采集的数据，及时准确地预报森林火险等级，提升林业灾害应急保障能力；建设林权综合管理，通过林权证管理、林权流转和林权相关信用管理的建设，提高确权率和林权证发放率，确权准确率和纠纷调处率。

湿地业务系统建设包括湿地生态系统监测系统、湿地生态系统分析系统、湿地治理与恢复系统和湿地工程管理系统等4个应用系统。湿地业务系统将实现全国湿地资源调查监测、湿地履约、湿地保护和回复工程管理等工作，并对湿地动态变化趋势展开分析，实现湿地规划外业调查、湿地规划内业设计等功能。

荒漠业务相关业务系统建设包括荒漠化监测系统、荒漠化沙化综合分析系统、荒漠化防治系统、防沙治沙综合管理系统和沙尘暴灾害应急系统等 5 个应用系统建设。荒漠业务系统实现对全国荒漠化和沙化的重点和敏感地区进行实时监测，查清荒漠化和沙化信息，为荒漠化治理工程的规划、实施和监督和监测做技术支撑。分析判断地区荒漠化、沙化土地进程，为防沙治沙工作提供决策辅助。

生物多样性相关业务应用系统建设包括林业生物多样性监测数据采集与分发共享系统、林业自然保护区监管系统、生物多样性及野生动植物监测统计系统、野生动物疫源疫病综合分析管理系统和林业有害生物监测系统等 5 个应用系统。生物多样性相关业务应用系统完成林业生物多样性监测与评价基础信息的获取、管理与共享，掌握林业自然保护区的基本情况并进行评估，监测获取生物多样性及野生动植物信息。

生态(林业)功能保护类应用系统建设包括生态(林业)功能保护现状统计系统、生态(林业)红线综合评估系统、林业碳汇监测系统等 3 个应用系统。生态(林业)功能保护类应用系统收集、统计全国森林生态定位监测站信息，制定涉及生态系统的规划和标准，并开展生态红线评估预警，包括森林、湿地、物种等多个方面红线评估预警，提升政务部门实施造林、再造林和森林的管理能力。

3. 应用支撑建设。应用支撑为应用系统建设、运行、协同提供统一支撑，涉及应用所需的资源共享、信息交换、业务访问、业务集成、流程控制、安全控制和系统管理等各种基础性和公共性的支撑功能。建设内容包括虚拟资源管理、基础支撑、应用支撑、多租户管理、信息服务资源运营管理等服务支撑和应用服务、业务流程管理、林业数表模型基础组件、中间件和常用工具软件等。本项目将采用计算虚拟化技术提供统一的业务应用支撑。

4. 信息资源建设。全国林业数据库由国家级林业数据库和省级林业数据库等两级数据库共同构成。数据库建设内容包括公共基础数据库、林业基础数据库、林业业务数据库等三大类数据，其中林业基础数据库属于最基础、最核心的林业信息资源，包括森林资源、湿地资源、荒漠化沙化资源和野生动植物资源等四类资源数据。本项目以建设国家级林业数据库为基础，建设重点是林业基础数据库和林业业务数据库。

5. 基础设施建设。基础设施建设包括网络基础设施、机房及配套、计算机系统、安全基础设施等内容。基础设施建设与林业数据中心建设相结合。林业数据中心包括国家和省级林业数据分中心。通过数据中心建设，实现国家与地方数据资源的共享和交换，实现各级业务应用的上下联动。

网络基础设施将依托国家电子政务外网，建设和整合全国林业电子政务传输网络，全国林业电子政务传输网络是全国林业信息化主要网络环境，进行统一的网络地址规划，对现有的网络设备升级改造，对网络带宽进行扩容。

本项目将在现有电子信息系统机房的基础上，扩展和改造机房，满足新建应用系统的基础设施环境保障。

6. 安全保障体系。安全保障体系的内容包括物理安全、网络安全、系统安全、应用安全、数据安全、安全制度等六个部分。本项目将在安全定级的基础上，完善林业电子政务网络信息安全基础设施。

7. 机房改造。随着生态环境保护信息化工程中国家林业局信息系统业务的建设要求，加之机房数据中心的能耗、空间、管理、维护成本等问题日益突出，需对国家级林业信息化部门的布线系统、机房等进行改造和扩充。建设内容包括对已有面积进行环境改造，扩展机房面积 50 平方米（当前使用面积约 200 平方米）。此外，还包括装修、电气、接地、UPS、专用空调及新风、消防、环境监控、机房内综合布线、KVM 等系统，使之成为为计算机和通信系统的可靠运行和工作人员的身心健康提供安全保证。

8. 运维保障。本期国家林业局运维服务体系建设目标是在国家林业局前期建设的基础上进行补充完善和升级，通过对本项目中 IT 基础设施的集中监控管理，并帮助用户建立统一的 IT 基础设施台账，实现运维人员访问与自身职责对应的功能和视图等主要途径对于国家林业局信息系统进行云为保障。平台确保为信息化建设提供长期的支撑，保证国家林业局 IT 运维管理的不断发展需要。运维保障平台在技术架构上分为 4 个层次、5 个子系统，分别为集中监控子系统、资产配置子系统、操作审计子系统、流程管理子系统、门户展现平台。

二、"互联网＋"重大工程项目规划

2015 年底，按照国家发展改革委有关要求，国家林业局组织开展了"互联网＋"重大工程项目的申报。项目建设内容主要围绕生态产业创新林农服务平台、智慧生态旅游工程建设、生态保护与野生动植物监测物联网应用开展建设。

（一）生态产业创新林农服务平台

1. 建设目标。整合现有成果，推广林权一卡通、林产品交易平台、林地测土配方系统等成果的应用，将新一代信息技术与林业生态补偿、林权流转交易、林业产业培育、生产加工过程、流通销售环境深度结合。

2. 建设内容。推进林权改革、国有林场和国有林区改革，加快转变林业生产方式，建设林权流转、林产品流通、碳汇交易的全周期服务平台，实现网络化、智能化管理和精准化生产、精细化运作，延伸上下游产业链，着力突破林业产业发展的瓶颈制约，实现林产品增值，建设林业产业转型升级服务新模式。

（二）智慧生态旅游工程建设项目

1. 建设目标。选取森林、湿地、荒漠等生态旅游景区试点，充分发挥"互联网＋"在生态旅游中的功能，建设生态旅游感知系统和预警预测系统；推广应用成熟的森林旅游物联网应用示范成果，建立景区查询系统和预警预测系统。

2. 建设内容。对森林公园、湿地公园、沙漠公园、自然保护区等生态旅游资源开发，运用新一代信息网络技术和装备，实现生态旅游管理与服务、生态旅游体验、生态旅游营销等方面的智能化，推动生态资源交互式体验等便民服务试点，促进生态文化的普及宣传，树立优秀生态旅游品牌，全面提升生态旅游行业形象和综合效益。

（三）生态保护与野生动植物监测物联网应用工程

1. 建设目标。通过信息化手段保护国家生态资源，促进生态平衡，整合信息孤岛，实现互联互通、资源共享，促进林业管理协同发展，建立生态智能分析、辅助决策体系，为生态信息化系统建设提供安全运行保障。

2. 建设内容。基于国家林业局中国林业大数据中心与省级分中心，在有关试点省各建设一套生态保护物联网应用云平台，建设生态保护与资源监管系统、野生动植物监测与保护系统、生态灾害预警系统、生态灾害应急指挥系统、遥感数据处理系统、生态因子监测系统、无人机专项应用系统、生态修复科研专项应用大数据分析系统、多维交互与拓展应用系统、三维数据展示系统。根据不同的地域的生态资源多样性，选取试点省大力开展生态保护物联网建设，加强保护区信息化建设，加强野生动植物保护监测与管护，实现生态资源动态监管、生态灾害预防与控制，提高生态保护信息化建设，为生态保护与修复大数据应用提供准确、多样、海量的数据来源。

三、促进大数据发展重大工程项目规划

2016 年初，按照国家发展改革委要求，国家林业局组织上报了促进大数据发展重大工程项目。项目建设内容围绕生态大数据基础平台体系、生态产业创新应用平台、生态信息服务支撑平台开展建设。

（一）生态大数据基础平台体系

建设生态大数据监测采集体系，编制生态大数据资源目录规划，建立数据共享开放标准规范，形成数据共享机制和平台运营管理机制；建设国家生态大数据中心，以建设京津冀一体化、长江经济带、"一带一路"生态数据资源协同共享平台为核心，助力生态一体化建设。建设"三个系统一个多样性"动态决策体系，从国家、省、市、县分别落定森林、湿地、沙区植被、物种保护 4 条生态红线，依据大数据分析技术，进行动态决策分析体系构建，全方位、多角度分析生态要素，充分发挥生态经济功效，提高决策水平。建设生态大数据治理创新体系，建设生态安全分析评价大数据、林业转型发展大数据应用平台，加快林权改革、国有林场和国有林区改革，实现林业转型升级发展新模式，建设审批监管大数据应用平台，建设行政审批平台、重大课题研究平台、资金项目会商平台、项目数据共享平台，实现简政放权、

放管结合、优化公共服务。

(二)生态产业创新应用平台

建设生态产业创新林农服务平台，利用大数据开展森林产品品牌建立、产品认证、精准营销等工作，推动生态领域相关产业大数据之间聚合，培育生态大数据应用新业态。建设生态产品质量追溯数据中心，对产品实施有效跟踪和追溯，实现生态产品生产可追溯、交易流通可监测、风险可防控，提升生态产业价值、推动生态产品转型升级，开辟生态产业发展新业态。建设生态大数据产业应用示范，充分发挥林业龙头企业的引领作用，开展木本粮油、特色经济林、花卉苗木、竹产品、木材、家具、生物质能源、碳汇等生态产业大数据应用示范，实现供给侧改革，形成"生态产品地图"，建设培育京津冀、长江经济带、"一带一路"生态大数据产业聚集区。建设国家生态大数据研究院，通过联合高校、院所、企业，通过开展战略规划、行业培训、业务咨询，以国家大数据战略为牵引，致力于研究生态大数据关键技术产品研发和产业化。

(三)生态信息服务支撑平台

建设生态知识大数据服务应用示范，建立分专业领域、分步式部署的国家重大知识资源库库群，以独特的生态物种资源、科普素材为数据源，开展生态物质产品的商业化数据应用服务。建设生态旅游动态监测服务示范，以国家公园、森林公园、湿地公园、沙漠公园等为重点，建成森林公园采集体系、推广景区生态预警系统、信息林物联网体系，为精准扶贫、精准脱贫创造条件，推动政务、公共服务信息资源开发利用市场化。建设生态大数据应用工程实验室，以生态大数据建设为核心，开展相关标准研究和模型算法库研发，推进生态大数据建模和深度挖掘等生态大数据相关研究及应用工作。建设国家生态知识服务实验室，构建生态知识服务云中心，关注加快数据化转型升级、传统业态与新兴业态融合发展，推动相关标准建设。

第二章
政策制度

第一节　国家相关制度

随着我国全面进入信息社会，党中央、国务院立足我国信息化发展大局，制定印发了系列政策制度，指导信息化项目建设工作扎实开展，包括国家电子政务建设、政府采购管理、项目管理等方面。

一、国家电子政务管理制度

（一）国家电子政务工程建设项目管理暂行办法

2007 年 8 月 30 日，国家发展改革委印发《国家电子政务工程建设项目管理暂行办法》（国家发展和改革委员会令〔2007〕第 55 号）。这是为全面加强国家电子政务工程建设项目管理，保证工程建设质量，提高投资效益，根据《国务院关于投资体制改革的决定》及相关规定而制定的，适用于使用中央财政性资金的国家电子政务工程建设项目（专栏 2-1）。

专栏2-1　国家电子政务工程建设项目管理暂行办法

第一章　总则

第一条　为全面加强国家电子政务工程建设项目管理，保证工程建设质量，提高投资效益，根据《国务院关于投资体制改革的决定》及相关规定，制定本办法。

第二条　本办法适用于使用中央财政性资金的国家电子政务工程建设项目（以下简称"电子政务项目"）。

第三条　本办法所称电子政务项目主要是指：国家统一电子政务网络、国家重点业务信息系统、国家基础信息库、国家电子政务网络与信息安全保障体系相关基础设施、国家电子政务标准化体系和电子政务相关支撑体系等建设项目。

电子政务项目建设应以政务信息资源开发利用为主线，以国家统一电子政务网络为依托，以提高应用水平、发挥系统效能为重点，深化电子政务应用，推动应用系统的互联互通、信息共享和业务协同，建设符合中国国情的电子政务体系，提高行政效率，降低行政成本，发挥电子政务对加强经济调节、市场监管和改善社会管理、公共服务的作用。

第四条　本办法所称项目建设单位是指中央政务部门和参与国家电子政务项目建设的地方政务部门。项目建设单位负责提出电子政务项目的申请，组织或参与电子政务项目的设计、建设和运行维护。

第五条　本办法所称项目审批部门是指国家发展改革委。项目审批部门负责国家电子政务建设规划的编制和电子政务项目的审批，会同有关部门对电子政务项目实施监督管理。

第二章　申报和审批管理

第六条　项目建设单位应依据中央和国务院的有关文件规定和国家电子政务建设规划，研究提出电子政务项目的立项申请。

第七条　电子政务项目原则上包括以下审批环节：项目建议书、可行性研究报告、初步设计方案和投资概算。对总投资在3000万元以下及特殊情况的，可简化为审批项目可行性研究报告（代项目建议书）、初步设计方案和投资概算。

第八条　项目建设单位应按照《国家电子政务工程建设项目项目建议书编制要求》（附件一，略）的规定，组织编制项目建议书，报送项目审批部门。项目审批部门在征求相关部门意见，并委托有资格的咨询机构评估后审核批复，或报国务院审批后下达批复。项目建设单位在编制项目建议书阶段应专门组织项目需求分析，形成需求分析报告送项目审批部门组织专家提出咨询意见，作为编制项目建议书的参考。

第九条 项目建设单位应依据项目建议书批复，按照《国家电子政务工程建设项目可行性研究报告编制要求》(附件二，略)的规定，招标选定或委托具有相关专业甲级资质的工程咨询机构编制项目可行性研究报告，报送项目审批部门。项目审批部门委托有资格的咨询机构评估后审核批复，或报国务院审批后下达批复。

第十条 项目建设单位应依据项目审批部门对可行性研究报告的批复，按照《国家电子政务工程建设项目初步设计方案和投资概算报告编制要求》(附件三，略)的规定，招标选定或委托具有相关专业甲级资质的设计单位编制初步设计方案和投资概算报告，报送项目审批部门。项目审批部门委托专门评审机构评审后审核批复。

第十一条 中央和地方政务部门共建的电子政务项目，由中央政务部门牵头组织地方政务部门共同编制项目建议书，涉及地方的建设内容及投资规模，应征求地方发展改革部门的意见。项目审批部门整体批复项目建议书后，其项目可行性研究报告、初步设计方案和投资概算，由中央和地方政务部门分别编制，并报同级发展改革部门审批。地方发展改革部门应按照项目建议书批复要求审批地方政务部门提交的可行性研究报告，并事先征求中央政务部门的意见。地方发展改革部门在可行性研究报告、初步设计方案和投资概算审批方面有专门规定的，可参照地方规定执行。

第十二条 中央和地方共建的需要申请中央财政性资金补助的地方电子政务项目，应按照《中央预算内投资补助和贴息项目管理暂行办法》(国家发展和改革委员会令第 31 号)的规定，由地方政务部门组织编制资金申请报告，经地方发展改革部门审查并报项目审批部门审批。补助资金可根据项目建设进度一次或分次下达。

第十三条 项目审批部门对电子政务项目的项目建议书、可行性研究报告、初步设计方案和投资概算的批复文件是项目建设的主要依据。批复中核定的建设内容、规模、标准、总投资概算和其他控制指标原则上应严格遵守。

项目可行性研究报告的编制内容与项目建议书批复内容有重大变更的，应重新报批项目建议书。项目初步设计方案和投资概算报告的编制内容与项目可行性研究报告批复内容有重大变更或变更投资超出已批复总投资额度百分之十的，应重新报批可行性研究报告。项目初步设计方案和投资概算报告的编制内容与项目可行性研究报告批复内容有少量调整且其调整内容未超出已批复总投资额度百分之十的，需在提交项目初步设计方案和投资概算报告时以独立章节对调整部分进行定量补充说明。

第三章　建设管理

第十四条　项目建设单位应建立健全责任制，并严格执行招标投标、政府采购、工程监理、合同管理等制度。

第十五条　项目建设单位应确定项目实施机构和项目责任人，并建立健全项目管理制度。项目责任人应向项目审批部门报告项目建设过程中的设计变更、建设进度、概算控制等情况。项目建设单位主管领导应对项目建设进度、质量、资金管理及运行管理等负总责。

第十六条　电子政务项目采购货物、工程和服务应按照《中华人民共和国招标投标法》和《中华人民共和国政府采购法》的有关规定执行，并遵从优先采购本国货物、工程和服务的原则。

第十七条　项目建设单位应依法并依据可行性研究报告审批时核准的招标内容和招标方式组织招标采购，确定具有相应资质和能力的中标单位。项目建设单位与中标单位订立合同，并严格履行合同。

第十八条　电子政务项目实行工程监理制。项目建设单位应按照信息系统工程监理的有关规定，委托具有信息系统工程相应监理资质的工程监理单位，对项目建设进行工程监理。

第十九条　项目建设单位应于每年7月底和次年1月底前，向项目审批部门、财政部门报告项目上半年和全年建设进度和概预算执行情况。

第二十条　项目建设单位必须严格按照项目审批部门批复的初步设计方案和投资概算实施项目建设。如有特殊情况，主要建设内容或投资概算确需调整的，必须事先向项目审批部门提交调整报告，履行报批手续。对未经批准擅自进行重大设计变更而导致超概算的，项目审批部门不再受理事后调概申请。

第二十一条　项目建设过程中出现工程严重逾期、投资重大损失等问题，项目建设单位应及时向项目审批部门报告，项目审批部门依照有关规定可要求项目建设单位进行整改和暂停项目建设。

第四章　资金管理

第二十二条　项目建设单位在可行性研究报告批复后，可申请项目前期工作经费。项目前期工作经费主要用于开展应用需求分析、项目建议书、可行性研究、初步设计方案和投资概算的编制、专家咨询评审等工作。项目审批部门根据项目实际情况批准下达前期工作经费，前期工作经费计入项目总投资。

第二十三条　项目建设单位应在初步设计方案和投资概算获得批复及具备开工建设条件后，根据项目实施进度向项目审批部门提出年度资金使用计划申请，项目审批部门将其作为下达年度中央投资计划的依据。

初步设计方案和投资概算未获批复前，原则上不予下达项目建设资金。对确需提前安排资金的电子政务项目（如用于购地、购房、拆迁等），项目建设单位可在项目可行性研究报告批复后，向项目审批部门提出资金使用申请，说明要提前安排资金的原因及理由，经项目审批部门批准后，下达项目建设资金。

第二十四条　项目建设单位应严格按照财政管理的有关规定使用财政资金，专账管理、专款专用。

第五章　监督管理

第二十五条　项目建设单位应接受项目审批部门及有关部门的监督管理。

第二十六条　项目审批部门负责对电子政务项目进行稽察，主要监督检查在项目建设过程中，项目建设单位执行有关法律、法规和政策的情况，以及项目招标投标、工程质量、进度、资金使用和概算控制等情况。对稽察过程中发现有违反国家有关规定及批复要求的，项目审批部门可要求项目建设单位限期整改或遵照有关规定进行处理。对拒不整改或整改后仍不符合要求的，项目审批部门可对其进行通报批评、暂缓拨付建设资金、暂停项目建设、直至终止项目。

第二十七条　有关部门依法对电子政务项目建设中的采购情况、资金使用情况，以及是否符合国家有关规定等实施监督管理。

第二十八条　项目建设单位及相关部门应当协助稽察、审计等监督管理工作，如实提供建设项目有关的资料和情况，不得拒绝、隐匿、瞒报。

第六章　验收评价管理

第二十九条　电子政务项目建设实行验收和后评价制度。

第三十条　电子政务项目应遵循《国家电子政务工程建设项目验收工作大纲》(附件四，略)的相关规定开展验收工作。项目验收包括初步验收和竣工验收两个阶段。初步验收由项目建设单位按照《验收工作大纲》要求自行组织；竣工验收由项目审批部门或其组织成立的电子政务项目竣工验收委员会组织；对建设规模较小或建设内容较简单的电子政务项目，项目审批部门可委托项目建设单位组织验收。

第三十一条　项目建设单位应在完成项目建设任务后的半年内，组织完成建设项目的信息安全风险评估和初步验收工作。初步验收合格后，项目建设单位应向项目审批部门提交竣工验收申请报告，并将项目建设总结、初步验收报告、财务报告、审计报告和信息安全风险评估报告等文件作为附件一并上报。项目审批部门应适时组织竣工验收。项目建设单位未按期提出竣工验收申请的，应向项目审批部门提出延期验收申请。

第三十二条　项目审批部门根据电子政务项目验收后的运行情况，可适时组织专家或委托相关机构对建设项目的系统运行效率、使用效果等情况进行后评价。后评价认为建设项目未实现批复的建设目标或未达到预期效果的，项目建设单位要限期整改；对拒不整改或整改后仍不符合要求的，项目审批部门可对其进行通报批评。

第七章　运行管理

第三十三条　电子政务项目建成后的运行管理实行项目建设单位负责制。项目建设单位应确立项目运行机构，制定和完善相应的管理制度，加强日常运行和维护管理，落实运行维护费用。鼓励专业服务机构参与电子政务项目的运行和维护。

第三十四条　项目建设单位或其委托的专业机构应按照风险评估的相关规定，对建成项目进行信息安全风险评估，检验其网络和信息系统对安全环境变化的适应性及安全措施的有效性，保障信息安全目标的实现。

第八章　法律责任

第三十五条　相关部门、单位或个人违反国家有关规定，截留、挪用电子政务项目资金等，由有关部门按照《财政违法行为处罚处分条例》等相关规定予以惩处；构成犯罪的，移交有关部门依法追究刑事责任。

第三十六条　对违反本办法其他规定的或因管理不善、弄虚作假，造成严重超概算、质量低劣、损失浪费、安全事故或者其他责任事故的，项目审批部门可予以通报批评，并提请有关部门对负有直接责任的主管人员和其他责任人员依法给予处分；构成犯罪的，移交有关部门依法追究刑事责任。

第九章　附则

第三十七条　本办法由国家发展和改革委员会负责解释。

第三十八条　本办法自二〇〇七年九月一日起施行。

——摘自《国家电子政务工程建设项目管理暂行办法》（国家发展改革委，2007 年 8 月 13 日）

（二）国家发展改革委关于进一步加强国家电子政务工程建设项目管理工作的通知

2008 年 9 月，国家发展改革委印发了《国家发展改革委关于进一步加强国家电子政务工程建设项目管理工作的通知》（发改高技〔2008〕2544 号），结合当前电子政务项目建设中存在的主要问题，进一步加强国家电子政务工程建设项目的管理，促进我国电子政务的健康发展（专栏 2-2）。

专栏 2-2　国家发展改革委关于进一步加强国家电子政务工程建设项目管理工作的通知

中央和国家机关各部委，各省、自治区、直辖市及计划单列市、新疆生产建设兵团发展改革委：

为进一步加强国家电子政务工程建设项目（以下简称"电子政务项目"）的管理，促进我国电子政务的健康发展，结合当前电子政务项目建设中存在的主要问题，根据《国家电子政务工程建设项目管理暂行办法》（国家发展和改革委员会令〔2007〕第 55 号）的有关规定，现将有关工作要求通知如下：

一、项目建设部门要高度重视电子政务项目的管理工作。严格按照国家发展改革委第 55 号令的有关要求，加强对电子政务项目立项、建设、验收和运行等全过程的规范管理，确保电子政务项目的建设质量和投资效益。

二、项目建设部门要进一步加强电子政务项目的组织保障工作。坚持"一把手"负责制,建立健全项目管理责任制,在充分发挥部门内部业务单位主导作用的基础上,强化业务单位与技术支持单位的协调配合,确保电子政务项目更好地服务于政务业务,更好的实现应用系统的协同互动,以及有关基础设施和信息资源的共享。

三、项目建设部门应严格按照批复的初步设计方案和投资概算实施项目建设。主要建设内容或投资概算确需调整的,应事先向国家发展改革委提交调整报告,履行报批手续。

对于投资规模未超出概算批复、原有建设目标不变且总概算规模内单项工程之间概算调整的数额不超过概算总投资15%的项目,并符合以下三种情况之一的可由项目建设部门自行调整,同时将调整批复文件报国家发展改革委备案:(1)确属于对原项目技术方案进行完善优化的;(2)根据国家出台的新政策或中央领导部署的新任务要求,改变或增加相应建设内容的;(3)根据所建电子政务项目业务发展的需要,在国家已批复项目建设规划的框架下适当调整相关建设进度的。

四、项目建设部门应做好电子政务项目建设情况的通报工作。按照国家发展改革委第55号令的规定,项目建设部门应在每年七月底和次年一月底前,向国家发展改革委和财政部报告电子政务项目上半年和全年的建设进度、实施内容、招标投标、概预算执行和存在的问题等情况。

五、项目建设部门应按照《中华人民共和国招标投标法》和《中华人民共和国政府采购法》的有关规定,优先采购自主可控的信息安全设备、核心网络设备、基础软件、系统软件和业务应用软件等关键产品,以确保电子政务项目的安全可靠。自主可控产品的采购情况,将作为项目检查、验收、后评价的重要内容,以及审批项目建设部门后续电子政务项目的重要参考。

六、项目建设部门要进一步加强电子政务项目的信息安全工作。根据国家关于信息安全等级保护和涉密信息系统分级保护的有关规定,项目建设部门在电子政务项目的需求分析报告和建设方案中,应同步落实等级保护和分级保护的相关要求,形成与业务应用紧密结合、技术上自主可控的信息安全解决方案。项目建设中应切实落实有关信息安全解决方案,完成相关的建设内容。电子政务项目建设任务完成后试运行期间,项目建设部门应组织开展信息安全风险评估工作,具体要求请按《关于加强国家电子政务工程建设项目信息安全风险评估工作的通知》(发改高技〔2008〕2071号)执行。

七、项目建设部门应进一步做好电子政务项目的档案建设工作。在电子政务项目的申报审批、建设实施到运行管理等全过程中，应同步开展项目档案建设工作，形成的档案要进行档案验收，未进行档案验收或档案验收不合格的，不得通过电子政务项目的竣工验收。档案建设的具体要求请按《国家电子政务工程建设项目档案管理暂行办法》（档发〔2008〕3号）执行。

八、国家发展改革委将会同相关部门对项目的建设进度、建设内容、建设目标、概预算执行情况等进行检查或稽查。国家发展改革委将适时组织专家或委托相关机构对电子政务项目的系统运行效率、使用效果等情况进行后评价。项目建设部门应对出现的问题及时进行整改。

九、今后原则上不再审批建设新的部门专用业务网络。项目建设部门要根据《国家信息化领导小组关于推进国家电子政务网络建设的意见》（中办发〔2006〕18号）的有关要求，充分利用统一国家电子政务网络，开展电子政务项目建设，对于满足本部门内部办公、管理、协调、监督和决策需要的业务系统，其业务网络应纳入国家电子政务内网。对于涉及社会管理、公共服务和不需要在政务内网上运行的业务系统，已建的该类业务系统应尽快迁移到国家电子政务外网上运行，新建的该类业务系统今后必须依托电子政务外网建设运行。

十、新申请立项的电子政务项目，其项目建设部门应在项目建议书编制阶段，组织专业力量开展电子政务需求分析工作，形成的需求分析报告由项目建设部门送国家发展改革委组织专家组进行评议。项目建设部门向国家发展改革委报送项目建议书时，应附需求分析报告和专家评议意见。

中央和地方政务部门共建的电子政务项目，由中央政务部门牵头组织地方政务部门共同编制需求分析报告。

十一、项目建设部门在电子政务项目建设中应积极采用服务外包、数据托管等新的专业化和市场化方式，探索电子政务项目建设运行的新机制新模式，为国家电子政务可持续发展积累经验。

——摘自《国家发展改革委关于进一步加强国家电子政务工程建设项目管理工作的通知》（国家发展改革委，2008年9月24日）

（三）国家发展改革委关于加强和完善国家电子政务工程建设管理的意见

2013年2月16日，国家发展改革委印发了《关于加强和完善国家电子政务工程建设管理的意见》（发改高技〔2013〕266号），规范国家电子政务工程建设，加强国家电子政务工程建设项目管理，促进政府信息共享和业务协同，提高投资效益（专栏2-3）。

专栏2-3　国家发展改革委关于加强和完善国家电子政务工程建设管理的意见

中央和国家机关各部委、直属机构，各省、自治区、直辖市及计划单列市、新疆生产建设兵团发展改革委：

为贯彻落实《"十二五"国家政务信息化工程建设规划》（以下简称《规划》），规范国家电子政务工程建设，加强国家电子政务工程建设项目（以下简称"电子政务项目"，主要指国家统一电子政务网络、国家基础信息资源库、国家网络与信息安全基础设施、重点业务信息系统、政府数据中心以及电子政务相关支撑体系等使用中央财政性资金建设的政务信息化工程建设项目）的管理，促进政府信息共享和业务协同，提高投资效益，现提出如下意见。

一、电子政务项目建设的思路和原则

（一）电子政务建设思路要实现三个转变。一是在建设目标上，要从过去注重业务流程电子化、提高办公效率，向更加注重支撑部门履行职能、提高政务效能、有效解决社会问题转变；二是在建设方式上，要从部门独立建设、自成体系，向跨部门跨区域的协同互动和资源共享转变；三是在系统模式上，要从粗放离散的模式，向集约整合的模式转变，确保电子政务项目的可持续发展。

（二）电子政务项目建设要坚持三个原则。一是解决社会问题的原则，电子政务项目建设内容的确定，要以解决广大人民群众最关心最直接最现实的利益问题为出发点，以服务公众为落脚点，加快促进政府职能转变；二是提升政务部门信息能力的原则，要充分利用信息化手段，提升政务部门宏观调控、市场调节、社会管理和公共服务的能力，切实发挥电子政务支撑政务部门履行职能的作用；三是注重顶层设计的原则，要推进部门间的互联互通、业务协同和信息共享，发挥电子政务项目促进多部门协同解决经济社会问题的作用，避免重复投资、重复建设，发挥投资效益。

二、强化电子政务项目"一把手"负责制

（一）落实电子政务项目建设的责任机制。项目建设部门的"一把手"，应按照"三个转变"的建设思路，强化责任机制，有效落实顶层设计的思想，强化需求分析工作的指导，推动业务流程优化和业务模式创新，促进部门内部和部门之间的信息共享和业务协同，加强电子政务项目全过程的统筹指导，切实保障电子政务项目的建设实效。

（二）加强电子政务项目跨部门统筹协调。涉及多部门建设的电子政务项目，应建立跨部门统筹协调机制。项目牵头部门应会同共建部门，基于《规划》提出的建设目标和任务，细化项目体系架构，明确具体建设任务，确定部门间的业务协同关系和信息共享需求，落实共建部门的建设范围和责任义务。项目建成后，应进一步完善跨部门的共享共用机制，保障部门间的业务协同和信息共享，切实提高投资效益。

三、统筹推进电子政务共建项目的建设

（一）中央跨部门共建项目应统筹建设方案整体推进。对于多个部门共建的电子政务项目，应由项目牵头部门会同共建部门，共同研究形成项目体系架构和建设方案，各共建部门应按照已明确的建设任务，深入开展需求分析，确定具体建设目标和建设内容，细化建设方案。项目牵头部门会同共建部门完成项目整体立项的项目建议书，报国家发展改革委审批立项。

项目整体立项批复后，各共建部门应依据立项批复编制可行性研究报告，报国家发展改革委审批。对于整体立项后，需要相关部门分别编制可行性研究报告的电子政务项目，应由项目牵头部门对共建部门的可行性研究报告分别提出审查意见，并按照整体立项的统一要求，做好共建项目的统筹协调，确保项目建设发挥实效。

各共建部门在可行性研究阶段，应严格按照《国家电子政务工程建设项目管理暂行办法》（国家发展改革委令 2007 年第 55 号，以下简称"55 号令"）有关要求开展相关工作，并做好以下几方面工作：

1. 按照国家发展改革委《固定资产投资项目节能评估和审查暂行办法》（国家发展改革委令 2010 年第 6 号）的有关规定，做好该项目的节能评估工作，并单独形成节能评估文件与可行性研究报告一并报国家发展改革委。

2. 按照《中华人民共和国招标投标法实施条例》、《中华人民共和国招标投标法》、《工程建设项目可行性研究报告增加招标内容和核准招标事项暂行规定》（国家发展计划委令 2001 年第 9 号）等有关规定，在编写招标内容的同时填写招标基本情况表，对不列入招标范围的具体项目及自行招标、邀请招标等依据和理由做出说明，并与项目可行性研究报告一并报国家发展改革委。

3. 按照《国家发展改革委重大固定资产投资项目社会稳定风险评估管理办法》（发改投资〔2012〕2494 号）的有关规定，做好项目的社会稳定风险评估工作，社会稳定风险分析应作为项目可行性研究报告的重要内容并设独立篇章。向国家发展改革委报送项目可行性研究报告的申报文件中，应当包含对该项目社会稳定风险评估报告的意见，并附社会稳定风险评估报告。

4. 涉及土建工程的项目，按照国家有关规定，做好项目建设的用地预审、规划选址、环境影响评价等工作。

（二）中央和地方共建项目应统一规划整体立项。中央有关部门要加强对中央和地方共建电子政务项目的总体规划，统筹制定信息共享和业务协同的标准规范，做好对地方建设部分的指导工作，并组织地方共同开展项目需求分析和方案设计，地方有关部门应做好所建项目与本地区已有项目以及电子政务相关规划的衔接，并就涉及本地区的建设内容和投资规模等提前征求地方项目审批部门意见，地方项目审批部门应结合本地实际情况出具资金承诺函。地方资金承诺函应与整体立项的项目建议书一并报国家发展改革委审批。

中央部门和地方部门应依据立项批复，分别编制可行性研究报告，并报同级项目审批部门审批。涉及中央补助资金的地方项目，按《中央预算内投资补助和贴息项目管理暂行办法》（国家发展改革委令 2005 年第 31 号）第七条有关规定执行。可行性研究报告应包含节能、招投标、社会稳定风险评估等内容，具体按国家有关规定执行。

各地方在确保完成项目整体立项确定的建设目标和建设任务的前提下，在测算中央补助资金时确定的基本配置的基础上，可根据地方实际情况，优化调整具体建设内容和建设规模，具体请按 55 号令执行。

四、充分重视电子政务项目的需求分析

（一）强化电子政务项目需求分析工作。在立项准备阶段，各项目建设部门应按照 55 号令，以及需求分析报告编制的有关要求，自行或与委托的专业咨询机构共同开展项目的需求分析工作，注重需求分析工作的基础性、适用性和指导性。

需求分析的经费计入项目总投资，其构成主要包括政务业务和系统结构的基础调研、量化分析、论证咨询、需求分析报告编制和专家评议等。需求分析有关经费可在项目建设的前期工作费、设计费和预备费中列支。

（二）发挥项目建设部门业务司局的主导作用。应充分发挥项目建设部门业务司局在需求分析工作中的主导作用，信息化支撑单位应加强与业务司局的协调配合，并做好技术支撑保障。

需求分析工作应基于项目建设部门的核心职能，重点研究分析所面临的社会问题，以及急需解决的社会问题，合理确定项目的政务目标，创新行政运行机制、优化业务流程、科学组织信息资源、优化系统结构。在此基础上，形成项目需求分析报告。

（三）明确需求分析工作的基础地位。项目建设部门完成项目需求分析报告后，应由国家发展改革委组织的专家组对其进行评议。专家组的评议意见，作为国家发展改革委审批项目建议书或可行性研究报告的重要参考。

项目建设部门应按照专家组评议通过的项目需求分析报告，组织编制项目建议书或可行性研究报告。

评估和评审机构在评估项目建议书、可行性研究报告及评审初步设计和投资概算的过程中，应将专家组评议通过的需求分析报告作为项目评估和评审的重要参考。

五、大力推进跨部门信息共享

（一）严格落实信息共享需求。项目建设部门在项目建议书（包括需求分析报告）和可行性研究报告编制中，应专门分析部门内部、外部，以及本部门中央和地方之间的信息共享需求，列出信息共享目录，信息共享目录应包含共享数据的字段、格式、技术接口、加工处理方法和信息可追溯的技术要求等。信息共享目录作为项目建议书和可行性研究报告的附件，报项目审批部门。

（二）发挥国家电子政务网络支撑作用。项目建设部门必须充分利用国家电子政务网络开展电子政务项目建设。项目建设部门应根据业务需求，将涉及国家秘密的机密级及以下的业务系统部署在国家电子政务内网上，将非涉及国家秘密的业务信息系统部署在国家电子政务外网上。现有部门专网承载的涉及国家秘密的业务信息系统和非涉及国家秘密的业务信息系统要分别逐步迁移到国家电子政务内网和国家电子政务外网上来。国家原则上不再审批新建部门专网，具体要求按《关于进一步加强国家电子政务网络和应用的通知》（发改高技〔2012〕1986号）执行。

六、加强电子政务项目的质量管理

（一）严格电子政务项目的立项审批。对于需求分析不够清晰完整、不支持信息共享和业务协同，以及项目建议书、可行性研究报告、初步设计和投资概算中未落实需求分析设定的目标和相关要求的项目，国家发展改革委不予审批。

（二）完善电子政务项目的全过程管理。按照《国家发展改革委关于进一步加强国家电子政务工程建设项目管理的通知》（发改高技〔2008〕2544号，以下简称"2544号文件"）的要求，强化项目建设部门对项目建设情况的信息通报制度。严格项目概算调整的管理，项目建设部门必须按照批复的初步设计和投资概算实施项目建设。主要建设内容或投资概算确需调整的，必须报原项目审批部门批准。按照 2544 号文件有关规定可自行审批调整的，应将调整批复文件报原项目审批部门备案。要加强对电子政务项目的监理，提升项目建设质量。按《国家电子政务工程建设项目档案管理办法》（档发〔2008〕3 号）的要求，加强电子政务项目档案管理工作，同步推进电子化档案管理。在验收和后评价工作中，应加强对电子政务项目的绩效评价，切实保障项目建设取得实效。

（三）保障电子政务项目建设所需资金。中央和地方共建项目按照统筹规划、分级建设的原则，根据中央和地方的事权划分，确定相应的建设内容和建设运维资金。建设资金列入同级政府固定资产投资，运维经费列入同级财政预算。国家对西部地区和东、中部欠发达地区的中央和地方共建项目按照基本配置予以适当补助。其中，对新疆生产建设兵团、南疆三地州、西藏及四川省藏区全额补助，对西部地区以及比照西部大开发政策的东、中部地区原则上补助 20%，有国家特殊政策的，按相关政策执行。补助资金通过中央政府固定资产投资安排解决。项目所需建设资金和运维经费要及时到位，以确保项目建设的顺利实施和信息系统的可靠运行。

七、保障电子政务项目安全可控

（一）统一使用国家网络信任服务设施。部署在国家电子政务内网上的业务应用要统一使用电子政务内网平台提供的符合保密要求的信任服务设施。部署在国家电子政务外网上的业务应用要统一使用电子政务外网平台提供的信任服务设施。已建和新建的电子政务项目，有关部门要按照国家电子政务网络信任体系建设的总体要求，建设相应的信任服务系统，同步使用国家电子政务内网和国家电子政务外网平台提供的信任服务设施，实现基于国家电子政务内网和国家电子政务外网的跨部门、跨区域业务应用。

（二）加强信息系统分级保护和等级保护。根据国家关于涉密信息系统分级保护和非涉密信息系统信息安全等级保护的规定，项目建设部门在电子政务项目的需求分析报告和建设方案中，应同步落实分级保护和等级保护的相关要求，形成与业务应用紧密结合、技术上安全可控的信息安全和保密解决方案。项目建成后试运行期间，项目建设部门应组织开展信息安全风险评估，具体要求按《关于加强国家电子政务工程建设项目信息安全风险评估工作的通知》（发改高技〔2008〕2071 号）执行。涉密信息系统投入使用前应经保密行政管理部门审查批准。

（三）积极采用安全可控信息技术和产品。在项目建设中，从技术方案到招标采购，尤其是核心网络设备、基础软硬件产品、信息安全装备等关键技术和产品的采用，均应达到安全可控要求。项目软硬件产品的采用情况将作为项目验收的重要内容。

八、推动电子政务项目建设改革创新

（一）创新电子政务项目建设运维模式。项目建设部门应积极采用服务外包、项目代建等专业化和市场化方式，探索项目建设和运维的新机制、新模式，合理控制和降低建设与运维成本，提升专业化水平和服务质量，确保重要信息系统的安全可靠运行。

（二）推进新技术在电子政务项目中的应用。鼓励在电子政务项目中采用物联网、云计算、大数据、下一代互联网、绿色节能、模拟仿真等新技术，推动新技术在电子政务项目建设中的广泛应用，进一步提高政务信息化资源利用效率，深化业务应用，扩大服务范围，提升服务质量，为创新电子政务发展模式，提升电子政务效能积累经验。

（三）加强对《规划》实施的有效督促。项目审批部门要对《规划》实施的进展情况跟踪分析，并及时进行总结和评价。项目投入运行后，应组织专家或委托相关机构开展项目审计、监督和绩效评价。对未实现效能目标或未达到预期效果的，项目建设部门要限期整改。对拒不整改或整改后仍不符合要求的，有关部门可对其进行通报批评，并将有关情况和评价结果向国务院报告。项目实施情况和取得的成效，将作为"中国信息化成果评选"的重要参考。

（四）加强国家网络与信息安全基础设施建设管理。根据《规划》的部署，项目审批部门要会同国家网络与信息安全基础设施（以下简称"信息安全设施"）建设部门，按照设施共建、资源共享、业务协同的原则，加强对信息安全设施建设目标、思路、建设布局和系统框架的研究。按照"中央侧中央投资，地方侧地方投资，企业侧企业投资"的方式，组织中央和地方相关部门及相关企业，共同推动信息安全设施建设。信息安全设施的项目建设管理等有关要求，具体参照本意见执行。

——摘自《国家发展改革委关于加强和完善国家电子政务工程建设管理的意见》（国家发展改革委，2013 年 2 月 16 日）

二、政府采购管理制度

（一）政府采购货物和服务招标投标管理办法

2004 年 8 月，财政部颁布《政府采购货物和服务招标投标管理办法》（2004 年中华人民共和国财政部令第 18 号），规范政府采购当事人的采购行为，加强对政府采购货物和服务招标投标活动的监督管理，维护社会公共利益和政府采购招标投标活动当事人的合法权益。

《政府采购货物和服务招标投标管理办法》分6章共90条，分别介绍了总则；招标；投标；开标、评标与定标；法律责任；附则。

第一章为总则，共10条（第1～10条）。第1～2条介绍了该办法制定的目的意义及适用范围。第3条介绍了货物服务招标分类，包括公开招标和邀请招标。第4条规定了货物服务采购项目的招标方式。第5条明确招标采购单位不得将应当以公开招标方式采购的货物服务化整为零或者以其他方式规避公开招标采购。第6条规定了任何单位和个人不得阻挠和限制供应商自由参加货物服务招标投标活动。第7条明确了存在利害关系的相关人员应回避招标投标活动，并且供应商可申请使其回避。第8条明确了投标人原则上应当是提供本国货物服务的本国供应商。第9条明确了货物服务招标投标活动应当有助于实现国家经济和社会发展政策目标。第10条明确了货物服务招标投标活动的监督管理职责。

第二章为招标，共18条（第11～28条）。第11条明确了招标采购单位应当按照本办法规定组织开展货物服务招标投标活动。第12条明确了采购人可以自行组织招标需要符合的条件。第13条明确了采购人委托采购代理机构招标的，应当与采购代理机构签订委托协议确定相关事项。第14条规定了采用公开招标方式采购的，招标采购单位必须在指定媒体发布招标公告。第15条规定了采用邀请招标方式采购的，招标采购单位、投标人需履行的程序和有关要求。第16条规定了采用招标方式采购的，招标文件发布的有关要求。第17条明确了公开招标公告需要包含的主要内容。第18条明确了招标采购单位编制招标文件需要包含的内容及注意事项。第19条明确了纸质招标文件和电子招标文件应保持一致并且具有同等法律效力。第20条明确了招标采购单位可以要求投标人提交符合要求的备选投标方案。第21条明确了招标文件规定的各项技术标准应当符合国家强制性标准。第22条明确了招标采购单位可以就招标文件征询有关专家或者供应商的意见。第23条明确了招标文件售价的有关要求。第24条明确了招标采购单位在发布招标公告、发出投标邀请书或者招标文件后不得擅自终止招标。第 25 条明确了招标采购单位可以组织潜在投标人现场考察或者召开开标前答疑会。第 26 条明确了招标采购单位和有关工作人员不得在开标前向他人透露招标投标的相关情况。第 27 条规定了招标采购单位对已发出的招标文件进行必要澄清或者修改的有关要求规定。第 28 条规定了招标采购单位延长投标截止时间和开标时间的具体要求。

第三章为投标，共 9 条（第 29～37 条）。第 29 条明确了投标人的范围。第 30 条明确了投标文件的编制内容及要求。第 31 条规定了招标文件提交的有关要求和注意事项。第 32 条明确了投标人在投标截止时间前可以对递交的投标文件进行补充、修改或者撤回。第 33 条规定了投标人拟在中标后将中标项目的非主体、非关键性工作交由他人完成的应当在投标文件中载明。第 34 条明确了 2 个以上供应商可以组成 1 个投标联合体，以 1 个投标人的身份投标，并明确联合体投标的要求、联合体各方之间应签订有关协议等。第 35 条规定了投标人之间不得相互串通投标报价，妨碍公平竞争，损害招标采购单位或者其他投标人的合法权益。第 36 条规定了招标采购单位应当在招标文件中明确投标保证金的数额及交纳办法。第 37 条明确了招标采购单位关于退还投标保证金的有关要求及逾期未退还的相应处罚规定。

第四章为开标、评标与定标，共 30 条（第 38～67 条）。第 38～39 条明确了开标的时间地点、开标的主持方和参加方及有关监督要求。第 40 条明确了开标时检查投标文件的密封情况及应当宣读投标有关内容的规定。第 41 条明确了投标文件中如有前后不一致内容的具体认定标准。第 42 条明确了开标过程应当由招标采购单位指定专人负责记录，并存档备查。第 43 条规定了投标截止时间结束后参加投标的供应商不足 3 家的处理原则及办法。第 44 条明确了评标工作由招标采购单位负责组织，具体评标事务由招标采购单位依法组建的评标委员会负责，并明确应履行的职责。第 45～46 条明确了评标委员会的专家组成人数、专家领域等的有关要求及评标专家应符合的标准和要求。第 47 条明确了各级人民政府财政部门应当对专家实行动态管理。第 48 条明确了招标采购单位选取评标专家的具体要求。第 49 条规定了评标委员会成员应当履行的义务。第50条明确了货物服务招标采购的评标方法分类，包括最低评标价法、综合评分法、性价比法。第51～53条分别介绍了最低评标价法、综合评分法、性价比法的概念、主要因素、评选方法和适用范围。第54条规定了评标工作中关于投标文件初审、澄清有关问题、比较与评价、推荐中标候选供应商名单、编写评标报告等应当遵循工作程序。第55条规定了评标中不得改变招标文件中规定的评标标准、方法和中标条件。第56条明确了投标文件按无效投标处理时应符合的情况。第57条规定了在招标采购中废标应符合的情况及后续处理要求。第58条规定了招标采购单位应保证评标在严格保密的情况下进行。第59条明确了采购代理机构将评标报告送采购人的时间规定及确定中标供应商的规定。第60条明确了如中标供应商不能履行政府采购合同的，采购人签订政府采购合同的办法。第61条规定了在确定中标供应商前，招标采购单位不得与投标供应商就投标价格、投标方案等实质性内容进行谈判。第62条规定了中标结果公告的媒体、内容及有关要求。第63条明确了对中标公告有异议的投标供应商、招标采购单位对提出质疑、解答质疑及相关投诉事宜的规定。第64条规定了关于签订书面合同的时间、内容等有关规定。第65～67条规定了关于采购合同的备案要求、生效条件及存档要求等。

第五章为法律责任，共17条（第68～84条）。第68条明确了应依法给予招标采购单位警告、罚款等处分的情形及具体处罚规定。第69条明确了招标采购单位及其工作人员构成犯罪、违法违规或依法处分的情形。第70条规定了采购代理机构如违规情节严重，可以取消其政府采购代理资格，并予以公告。第71条规定了对违法行为影响或者可能影响中标结果的处理方式。第72～78条规定了对采购人、招标采购单位、投标人、中标商、政府采购当事人、评标委员会成员或者与评标活动有关的工作人员违反有关规定的处罚措施。第79条明确了对任何单位或者个人非法干预、影响评标的过程或者结果的处罚。第80～81条明确了对财政部门工作人员违反有关监督、投诉规定的处罚措施。第82条明确了对中标无效情形的处理办法。第83条明确了本办法所规定的行政处罚，由县级以上人民政府财政部门负责实施。第84

条明确了政府采购当事人对行政处罚不服的，提出行政复议的有关规定。

第六章为附则，共6条(第85~90条)。第85条明确了政府采购货物服务可以实行协议供货采购和定点采购但需符合相关批准和条件。第86条明确了政府采购货物中的进口机电产品进行招标投标的，按照国家有关办法执行。第87条明确了使用国际组织和外国政府贷款进行的政府采购货物和服务招标，应符合有关规定和条件。第88条规定了对因严重自然灾害和其他不可抗力事件所实施的紧急采购和涉及国家安全和秘密的采购，不适用本办法。第89条明确了该办法由财政部负责解释，各省、自治区、直辖市人民政府财政部门可以根据本办法制定具体实施办法。第90条明确了本办法施行时间。

(二)政府采购非招标采购方式管理办法

2014年2月，财政部颁布了《政府采购非招标采购方式管理办法》(2014年财政部令第74号)，规范了政府采购行为，加强对采用非招标采购方式采购活动的监督管理，维护国家利益、社会公共利益和政府采购当事人的合法权益。

《政府采购非招标采购方式管理办法》分7章共62条，分别介绍总则、一般规定、竞争性谈判、单一来源采购、询价、法律责任和附则。

第一章为总则，共3条(第1~3条)。第1~2条介绍了该办法制定的目的意义及适用范围。第三条介绍了采购人、采购代理机构采用竞争性谈判、单一来源、询价采购方式的范围和条件。

第二章为一般规定，共分23条(第4~26条)。第4~5条明确了达到公开招标数额标准的货物、服务采购项目，采用非招标采购方式需履行的程序和需要提交的材料。第6条要求采购人、采购代理机构应保证非招标采购活动在严格保密的情况下进行。第7条明确了竞争性谈判小组或者询价小组的人员组成及有关要求。第8~9条明确了竞争性谈判小组或者询价小组在采购活动过程中应履行的职责和义务。第10~11条规定了谈判文件、询价通知书制定的有关要求及应包含的具体内容。第12条明确了采购人、采购代理机构邀请供应商参与竞争性谈判或者询价采购活动的有关要求。第13条规定了供应商编制响应

文件的要求和承担的责任。第 14 条明确了采购人、采购代理机构要求
供应商交纳保证金的时间、方式、数额等要求。第 15 条明确了供应商
提交响应文件的有关要求和规定。第 16 条明确了谈判小组、询价小组
对响应文件审查的具体要求。第 17 条明确了谈判小组、询价小组编写
评审报告的依据、内容及评审报告的认可程序。第 18 条规定了采购人
或者采购代理机构发布成交公告、成交通知书等内容。第 19 条规定了
采购人与成交供应商签订政府采购合同的具体要求。第 20 条规定了关
于退还供应商的保证金的时限及不予退还保证金的条件。第 21 条明确
了采购人或者采购代理机构组织重新评审或重新开张采购活动的条件。
第 22 条规定了在成交通知书发出后，采购人改变成交结果或者成交供
应商拒绝签订政府采购合同应当承担相应的法律责任。第 23 条规定了
采购任务取消的程序及后续工作。第 24 条明确了采购人或者采购代理
机构对供应商履约的验收的程序、内容及要求。第 25 条规定了谈判小
组、询价小组成员以及与评审工作有关的人员不得泄露评审情况以及
评审过程中获悉的国家秘密、商业秘密。第 26 条明确了采购人、采购
代理机构应当妥善保管每项采购活动的采购文件。

　　第三章为竞争性谈判，共 11 条（第 27～37 条）。第 27～28 条明确
了采用竞争性谈判采购需符合的条件、要求和需要提交的申请材料。
第 29 条明确了提交响应文件的有关要求。第 30～31 条明确了谈判小
组对响应文件进行评审的有关要求和谈判方式。第 32 条明确了在谈判
过程中变更内容的有关要求。第 33 条规定了谈判文件关于报价及技术
服务等要求。第 34 条明确了供应商退出谈判的条件并应退还保证金。
第 35 条规定了谈判小组应提出成交候选人并编写评审报告。第 36 条
明确了采购代理机构送采购人确认评审报告的有关要求。第 37 条规定
了采购人或者采购代理机构应当终止竞争性谈判采购活动的有关规定。

　　第四章为单一来源采购，共 6 条（第 38～43 条）。第 38 条明确了
单一来源采购的公示媒介、内容及要求。第 39 条规定了对采用单一来
源采购公示有异议的反馈方式。第 40 条明确了采购人、采购代理机构
收到公示的异议后应采取的措施。第 41 条规定了采购人、采购代理机
构应具备的条件。第 42 条明确了单一来源采购人员编写协商情况记录

的主要内容。第43条规定了终止单一来源采购活动的条件及有关程序。

第五章为询价，共7条（第44~50条）。第44条明确了采取询价采购应符合的规定。第45条明确了询价采购中关于提交响应文件的有关要求。第46条明确了询价小组在询价过程中应注意的有关事项。第47条规定了供应商应当按照询价通知书的规定一次报出不得更改的价格。第48条规定了询价小组应按规定提出3名以上成交候选人并编写评审报告。第49条明确了采购代理机构送采购人评审报告的有关要求。第50条规定了终止询价采购活动的条件及有关程序。

第六章为法律责任，共9条（第51~59条）。第51~53条明确了应依法给予采购人、采购代理机构警告、罚款、移送司法机关处理等处分的情形及具体处罚规定。第54~55条规定了对成交供应商、谈判小组、询价小组成员违反有关规定的处罚措施。第56条规定了违法行为影响或者可能影响成交结果的处理方式。第57-58条规定了对政府采购当事人、任何单位或者个人、财政部门工作人员违反政府采购法和本办法规定的处罚措施。

第七章为附则，共3条（第60~62条）。第60条明确了主管预算单位的概念。第61条明确了各省、自治区、直辖市人民政府财政部门可以根据本办法制定具体实施办法。第62条明确了本办法的施行时间。

三、项目管理制度

（一）中央预算内直接投资项目管理办法

2014年3月，国家发展改革委印发了《中央预算内直接投资项目管理办法》（2014年发展改革委令第7号），加强和进一步规范中央预算内直接投资项目管理，健全科学、民主的投资决策机制，提高投资效益（专栏2-4）。

专栏2-4　中央预算内直接投资项目管理办法

第一章　总则

第一条　为切实加强和进一步规范中央预算内直接投资项目管理，健全科学、民主的投资决策机制，提高投资效益，依据《国务院关于投资体制改革的决定》和有关法律法规，制定本办法。

第二条　本办法所称中央预算内直接投资项目（以下简称直接投资项目或者项目），是指国家发展改革委安排中央预算内投资建设的中央本级（包括中央部门及其派出机构、垂直管理单位、所属事业单位）非经营性固定资产投资项目。

党政机关办公楼建设项目按照党中央、国务院规定严格管理。

第三条　直接投资项目实行审批制，包括审批项目建议书、可行性研究报告、初步设计。情况特殊、影响重大的项目，需要审批开工报告。

国务院、国家发展改革委批准的专项规划中已经明确、前期工作深度达到项目建议书要求、建设内容简单、投资规模较小的项目，可以直接编报可行性研究报告，或者合并编报项目建议书。

第四条　申请安排中央预算内投资3000万元及以上的项目，以及需要跨地区、跨部门、跨领域统筹的项目，由国家发展改革委审批或者由国家发展改革委委托中央有关部门审批，其中特别重大项目由国家发展改革委核报国务院批准；其余项目按照隶属关系，由中央有关部门审批后抄送国家发展改革委。

按照规定权限和程序批准的项目，国家发展改革委在编制年度计划时统筹安排中央预算内投资。

第五条　审批直接投资项目时，一般应当委托具备相应资质的工程咨询机构对项目建议书、可行性研究报告进行评估。特别重大的项目实行专家评议制度。

第六条　直接投资项目在可行性研究报告、初步设计及投资概算的编制、审批以及建设过程中，应当符合国家有关建设标准和规范。

第七条　发展改革委与财政、城乡规划、国土资源、环境保护、金融监管、行业管理等部门建立联动机制，实现信息共享。

凡不涉及国家安全和国家秘密、法律法规未禁止公开的直接投资项目，审批部门应当按照政府信息公开的有关规定，将项目审批情况向社会公开。

第二章　项目决策

第八条　适宜编制规划的领域，国家发展改革委和中央有关部门应当编制专项规划。按照规定权限和程序批准的专项规划，是项目决策的重要依据。

第九条 国家发展改革委会同有关部门建立项目储备库，作为项目决策和年度计划安排的重要依据。

第十条 项目建议书要对项目建设的必要性、主要建设内容、拟建地点、拟建规模、投资匡算、资金筹措以及社会效益和经济效益等进行初步分析，并附相关文件资料。项目建议书的编制格式、内容和深度应当达到规定要求。由国家发展改革委负责审批的项目，其项目建议书应当由具备相应资质的甲级工程咨询机构编制。

第十一条 项目建议书编制完成后，由项目单位按照规定程序报送项目审批部门审批。项目审批部门对符合有关规定、确有必要建设的项目，批准项目建议书，并将批复文件抄送城乡规划、国土资源、环境保护等部门。

项目审批部门可以在项目建议书批复文件中规定批复文件的有效期。

第十二条 项目单位依据项目建议书批复文件，组织开展可行性研究，并按照规定向城乡规划、国土资源、环境保护等部门申请办理规划选址、用地预审、环境影响评价等审批手续。

第十三条 项目审批部门在批准项目建议书之后，应当按照有关规定进行公示。公示期间征集到的主要意见和建议，作为编制和审批项目可行性研究报告的重要参考。

第十四条 项目建议书批准后，项目单位应当委托工程咨询机构编制可行性研究报告，对项目在技术和经济上的可行性以及社会效益、节能、资源综合利用、生态环境影响、社会稳定风险等进行全面分析论证，落实各项建设和运行保障条件，并按照有关规定取得相关许可、审查意见。可行性研究报告的编制格式、内容和深度应当达到规定要求。

由国家发展改革委负责审批的项目，其可行性研究报告应当由具备相应资质的甲级工程咨询机构编制。

第十五条 项目可行性研究报告应当包含以下招标内容：

(一)项目的勘察、设计、施工、监理以及重要设备、材料等采购活动的具体招标范围(全部或者部分招标)；

(二)项目的勘察、设计、施工、监理以及重要设备、材料等采购活动拟采用的招标组织形式(委托招标或者自行招标)。按照有关规定拟自行招标的，应当按照国家有关规定提交书面材料；

(三)项目的勘察、设计、施工、监理以及重要设备、材料等采购活动拟采用的招标方式(公开招标或者邀请招标)。按照有关规定拟邀请招标的,应当按照国家有关规定提交书面材料。

第十六条 可行性研究报告编制完成后,由项目单位按照规定程序报送项目审批部门审批,并应当附以下文件:

(一)城乡规划行政主管部门出具的选址意见书;

(二)国土资源行政主管部门出具的用地预审意见;

(三)环境保护行政主管部门出具的环境影响评价审批文件;

(四)项目的节能评估报告书、节能评估报告表或者节能登记表(由中央有关部门审批的项目,需附国家发展改革委出具的节能审查意见);

(五)根据有关规定应当提交的其他文件。

第十七条 项目审批部门对符合有关规定、具备建设条件的项目,批准可行性研究报告,并将批复文件抄送城乡规划、国土资源、环境保护等部门。

项目审批部门可以在可行性研究报告批复文件中规定批复文件的有效期。

对于情况特殊、影响重大的项目,需要审批开工报告的,应当在可行性研究报告批复文件中予以明确。

第十八条 经批准的可行性研究报告是确定建设项目的依据。项目单位可以依据可行性研究报告批复文件,按照规定向城乡规划、国土资源等部门申请办理规划许可、正式用地手续等,并委托具有相应资质的设计单位进行初步设计。

第十九条 初步设计应当符合国家有关规定和可行性研究报告批复文件的有关要求,明确各单项工程或者单位工程的建设内容、建设规模、建设标准、用地规模、主要材料、设备规格和技术参数等设计方案,并据此编制投资概算。投资概算应当包括国家规定的项目建设所需的全部费用。

由国家发展改革委负责审批的项目,其初步设计应当由具备相应资质的甲级设计单位编制。

第二十条 投资概算超过可行性研究报告批准的投资估算百分之十的,或者项目单位、建设性质、建设地点、建设规模、技术方案等发生重大变更的,项目单位应当报告项目审批部门。项目审批部门可以要求项目单位重新组织编制和报批可行性研究报告。

第二十一条 初步设计编制完成后,由项目单位按照规定程序报送项目审批部门审批。法律法规对直接投资项目的初步设计审批权限另有规定的,从其规定。

对于由国家发展改革委审批项目建议书、可行性研究报告的项目，其初步设计经中央有关部门审核后，由国家发展改革委审批或者经国家发展改革委核定投资概算后由中央有关部门审批。

经批准的初步设计及投资概算应当作为项目建设实施和控制投资的依据。

第二十二条 直接投资项目应当符合规划、产业政策、环境保护、土地使用、节约能源、资源利用等方面的有关规定。

第三章 建设管理

第二十三条 对于项目单位缺乏相关专业技术人员和建设管理经验的直接投资项目，项目审批部门应当在批复可行性研究报告时要求实行代理建设制度（"代建制"），通过招标等方式选择具备工程项目管理资质的工程咨询机构，作为项目管理单位负责组织项目的建设实施。项目管理单位按照与项目单位签订的合同，承担项目建设实施的相关权利义务，严格执行项目的投资概算、质量标准和建设工期等要求，在项目竣工验收后将项目交付项目单位。

第二十四条 直接投资项目应当依法办理相关手续，在具备国家规定的各项开工条件后，方可开工建设。对于按照可行性研究报告批复文件的规定需要审批开工报告的项目，应当在开工报告批准后方可开工建设。

第二十五条 直接投资项目的招标采购，按照《招标投标法》等有关法律法规规定办理。从事直接投资项目招标代理业务的招标代理机构，应当具备中央投资项目招标代理资格。

第二十六条 建立项目建设情况报告制度。项目单位应当按照规定向项目审批部门定期报告项目建设进展情况。

第二十七条 项目由于政策调整、价格上涨、地质条件发生重大变化等原因确需调整投资概算的，由项目单位提出调整方案，按照规定程序报原概算核定部门核定。概算调增幅度超过原批复概算百分之十的，概算核定部门原则上先商请审计机关进行审计，并依据审计结论进行概算调整。

第二十八条 建立健全直接投资项目的工程保险和工程担保制度，加强直接投资项目的风险管理。

第二十九条 直接投资项目应当遵守国家档案管理的有关规定，做好项目档案管理工作。项目档案验收不合格的，应当限期整改，经复查合格后，方可进行竣工验收。

第三十条 直接投资项目竣工后，应当按照规定编制竣工决算。项目竣工决算具体审查和审批办法，按照国家有关规定执行。

第三十一条　直接投资项目建成后，项目单位应当按照国家有关规定报请项目可行性研究报告审批部门组织竣工验收。

第三十二条　直接投资项目建成运行后，项目审批部门可以依据有关规定，组织具备相应资质的工程咨询机构，对照项目可行性研究报告批复文件及批准的可行性研究报告的主要内容开展项目后评价，必要时应当参照初步设计文件的相关内容进行对比分析，进一步加强和改进项目管理，不断提高决策水平和投资效益。

第四章　监督检查和法律责任

第三十三条　发展改革、财政、审计、监察和其他有关部门，依据职能分工，对直接投资项目进行监督检查。

第三十四条　国家发展改革委和有关部门应当依法接受单位、个人对直接投资项目在审批、建设过程中违法违规行为的投诉和举报，并按照有关规定进行查处。

第三十五条　项目审批部门和其他有关部门有下列行为之一的，责令限期改正，并对直接负责的主管人员和其他直接责任人员依法给予处分。

（一）违反本办法规定批准项目建议书、可行性研究报告、初步设计及核定投资概算的；

（二）强令或者授意项目单位违反本办法规定的；

（三）因故意或者重大过失造成重大损失或者严重损害公民、法人和其他组织合法权益的；

（四）其他违反本办法规定的行为。

第三十六条　国家机关及有关单位的工作人员在项目建设过程中滥用职权、玩忽职守、徇私舞弊、索贿受贿的，依法追究行政或者法律责任。

第三十七条　项目单位和项目管理单位有下列行为之一的，国家发展改革委和有关部门将其纳入不良信用记录，责令其限期整改、暂停项目建设或者暂停投资安排；对直接负责的主管人员和其他直接责任人员，依法追究行政或者法律责任。

（一）提供虚假情况骗取项目审批和中央预算内投资的；

（二）违反国家有关规定擅自开工建设的；

（三）未经批准擅自调整建设标准或者投资规模、改变建设地点或者建设内容的；

（四）转移、侵占或者挪用建设资金的；

（五）未及时办理竣工验收手续、未经竣工验收或者验收不合格即交付使用的；

（六）已经批准的项目，无正当理由未及时实施或者完成的；

（七）不按国家规定履行招标程序的；

（八）其他违反本办法规定的行为。

第三十八条 有关工程咨询机构或者设计单位在编制项目建议书、可行性研究报告、初步设计及投资概算以及开展咨询评估或者项目后评价时，弄虚作假或者咨询评估意见严重失实的，国家发展改革委和有关部门将其纳入不良信用记录，根据其情节轻重，依法给予警告、停业整顿、降低资质等级或者撤销资质等处罚；造成损失的，依法承担赔偿责任。相关责任人员涉嫌犯罪的，依法移送司法机关处理。

第三十九条 直接投资项目发生重大质量安全事故的，按照国家有关规定，由有关部门依法追究项目单位、项目管理单位和勘察设计、施工、监理、招标代理等单位以及相关人员的法律责任。

第五章　附则

第四十条 中央有关部门可以根据本办法的规定及职能分工，制订本部门的具体管理办法。省级发展改革部门可以参照本办法制订本地区的管理办法。

第四十一条 本办法由国家发展改革委负责解释。

第四十二条 本办法自 2014 年 3 月 1 日起施行。

——摘自《中央预算内直接投资项目管理办法》（国家发展改革委，2014 年 1 月 29 日）

（二）中央预算内直接投资项目概算管理暂行办法

2015 年 3 月，国家发展改革委颁布了《中央预算内直接投资项目概算管理暂行办法》（发改投资〔2015〕482 号），进一步加强中央预算内直接投资项目概算管理，提高中央预算内投资效益和项目管理水平（专栏 2-5）。

专栏2-5 中央预算内直接投资项目概算管理暂行办法

第一章 总则

第一条 为进一步加强中央预算内直接投资项目概算管理，提高中央预算内投资效益和项目管理水平，依据《国务院关于投资体制改革的决定》、《中央预算内直接投资项目管理办法》和有关法律法规，制定本办法。

第二条 中央预算内直接投资项目，是指国家发展改革委安排中央预算内投资建设的中央本级（包括中央部门及其派出机构、垂直管理单位、所属事业单位）非经营性固定资产投资项目。

国家发展改革委核定概算且安排全部投资的中央预算内直接投资项目（以下简称项目）概算管理适用本办法。国家发展改革委核定概算且安排部分投资的，原则上超支不补，如超概算，由项目主管部门自行核定调整并处理。

第二章 概算核定

第三条 概算由国家发展改革委在项目初步设计阶段委托评审后核定。概算包括国家规定的项目建设所需的全部费用，包括工程费用、工程建设其他费用、基本预备费、价差预备费等。编制和核定概算时，价差预备费按年度投资价格指数分行业合理确定。对于项目单位缺乏相关专业技术人员或者建设管理经验的，实行代建制，所需费用从建设单位管理费中列支。除项目建设期价格大幅上涨、政策调整、地质条件发生重大变化和自然灾害等不可抗力因素外，经核定的概算不得突破。

第四条 凡不涉及国家安全和国家秘密、法律法规未禁止公开的项目概算，国家发展改革委按照政府信息公开的有关规定向社会公开。

第三章 概算控制

第五条 经核定的概算应作为项目建设实施和控制投资的依据。项目主管部门、项目单位和设计单位、监理单位等参建单位应当加强项目投资全过程管理，确保项目总投资控制在概算以内。

国家建立项目信息化系统，项目单位将投资概算全过程控制情况纳入信息化系统，国家发展改革委和项目主管部门通过信息化系统加强投资概算全过程监管。

第六条 国家发展改革委履行概算核定和监督责任,开展以概算控制为重点的稽察,制止和纠正违规超概算行为,按照本办法规定受理调整概算。

第七条 项目主管部门履行概算管理和监督责任,按照核定概算严格控制,在施工图设计(含装修设计)、招标、结构封顶、装修、设备安装等重要节点应当开展概算控制检查,制止和纠正违规超概算行为。

第八条 项目单位在其主管部门领导和监督下对概算管理负主要责任,按照核定概算严格执行。概算核定后,项目单位应当按季度向项目主管部门报告项目进度和概算执行情况,包括施工图设计(含装修设计)及预算是否符合初步设计及概算,招标结果及合同是否控制在概算以内,项目建设是否按批准的内容、规模和标准进行以及是否超概算等。项目单位宜明确由一个设计单位对项目设计负总责,统筹各专业各专项设计。

第九条 实行代建制的项目,代建方按照与项目单位签订的合同,承担项目建设实施的相关权利义务,严格执行项目概算,加强概算管理和控制。

第十条 设计单位应当依照法律法规、设计规范和概算文件,履行概算控制责任。初步设计及概算应当符合可行性研究报告批复文件要求,并达到相应的深度和质量要求。初步设计及概算批复核定后,项目实行限额设计,施工图设计(含装修设计)及预算应当符合初步设计及概算。

第十一条 监理单位应当依照法律法规、有关技术标准、经批准的设计文件和建设内容、建设规模、建设标准,履行概算监督责任。

第十二条 工程咨询单位对编制的项目建议书、可行性研究报告内容的全面性和准确性负责;评估单位、招标代理单位、勘察单位、施工单位、设备材料供应商等参建单位依据法律法规和合同约定,履行相应的概算控制责任。

第四章 概算调整

第十三条 项目初步设计及概算批复核定后,应当严格执行,不得擅自增加建设内容、扩大建设规模、提高建设标准或改变设计方案。确需调整且将会突破投资概算的,必须事前向国家发展改革委正式申报;未经批准的,不得擅自调整实施。

第十四条 因项目建设期价格大幅上涨、政策调整、地质条件发生重大变化和自然灾害等不可抗力因素等原因导致原核定概算不能满足工程实际需要的,可以向国家发展改革委申请调整概算。

第十五条 申请调整概算的,提交以下申报材料:

（一）原初步设计及概算文件和批复核定文件；

（二）由具备相应资质单位编制的调整概算书，调整概算与原核定概算对比表，并分类定量说明调整概算的原因、依据和计算方法；

（三）与调整概算有关的招标及合同文件，包括变更洽商部分；

（四）施工图设计（含装修设计）及预算文件等调整概算所需的其他材料。

第十六条 申请调整概算的项目，对于使用预备费可以解决的，不予调整概算；对于确需调整概算的，国家发展改革委委托评审后核定调整，由于价格上涨增加的投资不作为计算其他费用的取费基数。

第十七条 申请调整概算的项目，如有未经国家发展改革委批准擅自增加建设内容、扩大建设规模、提高建设标准、改变设计方案等原因造成超概算的，除按照第十五条提交调整概算的申报材料外，必须同时界定违规超概算的责任主体，并提出自行筹措违规超概算投资的意见，以及对相关责任单位及责任人的处理意见。国家发展改革委委托评审，待相关责任单位和责任人处理意见落实后核定调整概算，违规超概算投资原则上不安排中央预算内投资解决。

第十八条 对于项目单位或主管部门可以自筹解决超概算投资的，由主管部门按有关规定和标准自行核定调整概算。

第十九条 向国家发展改革委申请概算调增幅度超过原核定概算百分之十及以上的，国家发展改革委原则上先商请审计机关进行审计。

第五章 法律责任

第二十条 国家发展改革委未按程序核定或调整概算的，应当及时改正。对直接负责的主管人员和其他责任人员应当进行诫勉谈话、通报批评或者给予党纪政纪处分。

第二十一条 因主管部门未履行概算管理和监督责任，授意或同意增加建设内容、扩大建设规模、提高建设标准、改变设计方案导致超概算的，主管部门应当对本部门直接负责的主管人员和其他责任人员进行诫勉谈话、通报批评或者给予党纪政纪处分。国家发展改革委相应调减安排该部门的投资额度。

第二十二条 因项目单位擅自增加建设内容、扩大建设规模、提高建设标准、改变设计方案，管理不善、故意漏项、报小建大等造成超概算的，主管部门应当依照职责权限对项目单位主要负责人和直接负责的主管人员以及其他责任人员进行诫勉谈话、通报批评或者给予党纪政纪处分；两年内暂停申报该单位其他项目。国家发展改革委将其不良信用记录纳入国家统一的信用信息共享交换平台；情节严重的，给予通报批评，并视情况公开曝光。

第二十三条　因设计单位未按照经批复核定的初步设计及概算编制施工图设计（含装修设计）及预算，设计质量低劣存在错误、失误、漏项等造成超概算的，项目单位可以根据法律法规和合同约定向设计单位追偿；国家发展改革委商请资质管理部门建立不良信用记录，纳入国家统一的信用信息共享交换平台，作为相关部门降低资质等级、撤销资质的重要参考。情节严重的，国家发展改革委作为限制其在一定期限内参与中央预算内直接投资项目设计的重要参考，并视情况公开曝光。

第二十四条　因代建方、工程咨询单位、评估单位、招标代理单位、勘察单位、施工单位、监理单位、设备材料供应商等参建单位过错造成超概算的，项目单位可以根据法律法规和合同约定向有关参建单位追偿；国家发展改革委商请资质管理部门建立不良信用记录，纳入国家统一的信用信息共享交换平台，作为相关部门资质评级、延续的重要参考。

第六章　附则

第二十五条　由主管部门核定概算的中央预算内直接投资项目，参照本办法加强概算管理，严格控制概算。省级发展改革部门可以参照本办法制订本地区的概算管理办法。

第二十六条　本办法由国家发展改革委负责解释。

第二十七条　本办法自发布之日起施行。此前有关概算管理的规定，凡与本办法有抵触的，均按本办法执行。

——摘自《中央预算内直接投资项目概算管理暂行办法》（国家发展改革委，2015 年 3 月 15 日）

第二节　国家林业局规章制度

为规范林业信息化管理、林业建设项目的可行性研究咨询、勘察设计等工作，国家林业局相继出台了《全国林业信息化工作管理办法》、《林业建设项目可行性研究报告编制规定》、《林业建设项目初步设计编制规定》、《中央财政林业补助资金管理办法》、《林业基本建设项目竣工财务决算编制办法》等规章制度。

一、信息化工作管理办法

2010年，国家林业局印发了《全国林业信息化工作管理办法》（林办发〔2010〕187号），对规范全国林业信息化建设，提升林业现代化发展支撑保障能力。2016年3月，经进一步修改完善，国家林业局再次印发《全国林业信息化工作管理办法》（林信发〔2016〕25号），对《办法》进行了全面修订和系统完善。在修订过程中，始终坚持连续稳定、精准到位、创新务实三个原则，在保持《办法》总体框架不变的前提下，将已经形成共识的大部分内容保留使用，对需要完善的内容予以修订。修订后的《办法》积极适应信息化发展新形势、新任务、新要求，结合林业改革发展出现的新情况、新问题，创新方式、创新手段，深入推进信息化与林业核心业务相融合，鼓励拓宽融资渠道（专栏2-6）。

专栏2-6　全国林业信息化工作管理办法

第一条　为进一步规范全国林业信息化工作，确保林业信息化工作健康有序协调发展，为现代林业科学发展提供强力支撑，依据有关法律法规及规定，结合林业工作实际，制定本办法。

第二条　全国林业信息化工作遵循统一领导、分级管理，统筹规划、分步实施，统一标准、资源共享，互联互通、安全可靠的管理原则。

第三条　全国林业信息化工作领导小组，是全国林业信息化工作的领导决策机构，负责决策部署全国林业信息化工作的发展战略、重大举措。

第四条　国家林业局信息化与电子政务工作领导小组，是国家林业局信息化工作的领导决策机构，负责确定国家林业局信息化工作的发展战略和重大举措。

第五条　全国林业信息化工作领导小组办公室和国家林业局信息化与电子政务工作领导小组办公室为领导小组日常办事机构，设在国家林业局信息化管理办公室(信息中心,以下简称国家林业局信息办),负责组织、协调、管理、指导、监督、实施全国林业信息化工作,承办领导小组日常工作及领导小组交办的其他工作。

各省级林业主管部门负责综合协调、指导监督并具体实施本地林业信息化工作。

第六条 国家林业局信息办根据国家信息化发展方针、政策、规划和现代林业发展要求,组织编制全国林业信息化建设发展规划,并按照国家林业局规定进行论证和审批。

各省级林业主管部门组织编制本地林业信息化建设发展规划,并报国家林业局备案。

第七条 国家林业局各司局、各直属单位组织编制的其他行业性发展规划、计划,如涉及林业信息化建设内容,应当事先送国家林业局信息办审核同意。相关规划、计划经批准后抄送国家林业局信息办备案。

各省级林业主管部门组织编制的其他行业性发展规划、计划,如涉及林业信息化建设内容,应当事先征求本单位相关部门的意见。相关规划、计划经批准后抄送本单位相关部门备案。

第八条 林业信息化建设项目的申请、审批、建设、验收等严格执行国家基本建设程序有关规定。

关系全局的重大林业信息化建设项目,立项前须将项目建设方案报全国林业信息化工作领导小组批准。未经领导小组批准的建设项目,不得开展相关前期工作,不得自行筹集经费建设。

第九条 国家林业局信息办根据全国林业信息化建设发展规划有关要求,负责组织起草重大林业信息化项目的立项申请、可行性研究报告等相关文件,经专家评审后,按基本建设程序报国家林业局或者国家有关部委批准后组织实施。

各省级林业主管部门按照全国林业信息化建设发展规划有关要求,结合当地工作实际,组织开展当地重大林业信息化项目立项申请工作。相关项目,按基本建设程序报有关部门批准后组织实施。

第十条 林业信息化建设项目的确定应当符合《全国林业信息化建设纲要》、《全国林业信息化建设技术指南》和首届全国林业信息化工作会议精神,并基于林业信息化统一平台上建设。

项目建设主要内容:包括林业网站、应用系统、应用支撑、数据库、信息化基础设施、标准规范体系、安全与综合管理体系、林业信息资源开发利用项目的建设、运维、升级改造等。

第十一条　国家林业局各司局、各直属单位提出的信息化拟建项目，以及各省级林业主管部门向国家申请立项的信息化拟建项目，应当于每年2月底前，提出下一年度本单位、本地区林业信息化建设需求，经国家林业局信息办初审后，按基本建设程序向国家林业局或者国家有关部委申请立项并组织实施。

第十二条　林业信息化建设的安全保护等级工作执行国家有关规范和标准。

第十三条　涉及国家秘密的林业信息化建设项目，需同步制定保密方案，报国家林业局保密管理部门或者当地保密局审批同意后申报立项。

涉密信息系统应当由具有国家保密局认可的具有相应涉密资质的机构设计开发，建设必须选用国家保密局、国家密码管理局认定的产品，建成后应当由国家保密局或者其认定的测评机构进行测评。未经测评或者测评未通过的，不得交付使用。

第十四条　除涉及国家秘密或者法律法规另有规定的外，建成后的国家林业局信息化应用系统、基础数据库和网站必须统一集成于国家林业局内网或外网，在一个平台上经授权后管理使用。各省级林业主管部门信息化项目应当与国家林业局内网或者外网实现资源共享。

第十五条　国家林业局网络系统的运行维护工作，按照《中国林业网管理办法》、《国家林业局办公网管理办法》、《全国林业专网管理办法》、《国家林业局中心机房管理办法》和《国家林业局网络信息安全应急处置预案》有关要求实行分工负责制。

针对运行保障情况，国家林业局信息办应当进行适时评比，对于信息内容长期得不到及时更新的国家林业局子站或者栏目，将进行通报或者实施关闭处理。网络系统运行管理和维护所需费用按财政经费渠道列入林业信息化工作经费预算。

各省级林业主管部门信息网络和信息系统的维护和管理，所需费用列入当地单位同级财政预算。

第十六条　本办法由国家林业局负责解释。

第十七条　本办法自印发之日起施行。

——摘自《全国林业信息化工作管理办法》（国家林业局，2016年3月1日）

二、可研报告编制规定

2006 年，国家林业局颁布了《林业建设项目可行性研究报告编制规定》（林计发〔2006〕156 号），规范了可行性研究报告编制，保证了可行性研究报告质量，是加强林业工程建设项目可行性研究报告文件编制管理工作的文件，是林业行业编制林业建设项目可行性研究报告的依据。

《林业建设项目可行性研究报告编制规定》共分 4 个章节，分别是总则、一般规定、编制要求和有关样式。

在总则中，介绍了林业建设项目可行性研究报告（以下简称《可研报告》）编制的目的意义、适用范围；明确了《可研报告》编制的依据、主要内容、深度；明确了《可研报告》编制单位的资质要求及编制人员应遵循的法规、规定、原则等。

在一般规定中，明确了《可研报告》的文档名称；明确了《可研报告》应由前引部分、正文部分及附表、附件、附图部分组成；明确了基本术语应符合的标准及应对基本术语作出必要的定义；明确了各类附图及符号应符合有关标准规定；明确了词汇语言的使用；明确了使用缩略词汇、简称、计量单位等应符合的标准和规定；明确了编排与印制的具体要求。

在编制要求中，明确了前引部分、正文部分、附表、附件、附图的具体编制要求。前引部分包括封面、《可研报告》编制单位资质证书为影印件、《可研报告》编制单位职签页、编制人员名单页、前言（可选）、目录。正文部分包括《可研报告》编制大纲、编制大纲的说明、正文编制要求（包括总论、项目建设的必要性、项目建设条件分析、建设目标、指导思想及原则、项目建设方案、项目消防、劳动安全与职业卫生、节能措施、环境影响评价、招标方案、项目组织管理、项目实施进度、投资估算与资金来源、综合评价、结论与建议）。附表包括要求、项目（工程）指标计量单位。附件包括要求、《可研报告》的附件。附图包括要求。

在有关样式中，明确了封面样式、职签页样式。

三、初步设计编制规定

2006 年，国家林业局颁布了《林业建设项目初步设计编制规定》（林计发〔2006〕156 号），规范初步设计文件，保证初步设计质量，加强林业工程建设项目初步设计编制管理的文件，是林业行业编制林业工程建设项目初步设计的依据。

《林业建设项目初步设计编制规定》共分 4 个章节，分别是总则、一般规定、编制要求和有关样式。

在总则中，介绍了林业建设项目初步设计（以下简称《设计》）编制的目的意义、适用范围；明确了《设计》编制的依据、主要内容、深度；明确了营造林建设项目可以总体设计代替初步设计；明确了《设计》编制单位的资质要求及设计人员应遵循的法规、规定、原则等。

在一般规定中，明确了《设计》的文档名称；明确了《设计》应由设计说明书、设计图纸、设计概（预）算书和工程主要设备材料表四部分组成；明确了基本术语应符合的标准及应对基本术语作出必要的定义；明确了各类附图及符号应符合有关标准规定；明确了词汇语言的使用；明确了使用缩略词汇、简称、计量单位等应符合的标准和规定；明确了编排与印制的具体要求。

在编制要求中，明确了设计说明书、设计图纸、设计概（预）算书和工程主要设备材料表的具体编制要求。《设计》说明书包括《设计》说明书前引部分、《设计》总说明书通用编制大纲、《设计》总说明书通用编制大纲的说明、总说明书编制要求（包括总论、项目总平面设计（功能区划）、各专业（单项工程）生产（功能）工艺（或技术路线）设计及工程设计、设备选型、建筑设计、结构设计、供电与通信设计、给排水设计、采暖通风设计）。《设计》图纸包括《设计》图纸要求、专业（单项工程）设计图纸参考表。《设计》概算包括《设计》概算文件组成、《设计》概算文件要求、技术经济指标、工程（项目）指标计量单位。

在有关样式中，明确了封面样式、职签页样式。封面样式包括总说明书封面样式、单项（专业）工程说明书封面样式、设计图纸封面样式、设计概（预）算书封面样式、设备材料表封面样式。

四、财务管理制度

2006 年，根据财政部《基本建设财务管理规定》等相关规定，国家林业局印发了《林业基本建设项目竣工财务决算编制办法》（林计发〔2006〕17 号），进一步规范林业基本建设项目竣工财务决算的编制工作。

《林业基本建设项目竣工财务决算编制办法》共分 14 条。第 1~3 条介绍了该办法的目的意义和适用范围。第 4 条明确了编制基本建设项目竣工财务决算的编制流程和收尾工程有关要求。第 5 条明确了林业基本建设项目竣工财务决算的审批权限。第 6 条明确了基本建设项目竣工财务决算的编制依据。第 7 条规定了项目建设单位及其主管部门应加强对基本建设项目竣工财务决算工作的组织领导，及时、准确、完整地编制竣工财务决算。第 8 条明确了已具备竣工验收条件的基本建设项目不办理竣工验收和固定资产移交手续的有关规定。第 9 条明确了在编制基本建设项目竣工财务决算前，建设单位要认真做好各项财产物资及债权债务等的清理工作。第 10 条明确了基本建设项目竣工财务决算内容，包括基本建设项目竣工财务决算报表和竣工财务决算说明书两部分。第 11 条明确了国家林业局直属单位向国家林业局报送申请批复的基本建设项目竣工财务决算的方式和材料。第 12 条明确了建设项目竣工验收后，清理出来的结余资金分别不同情况进行财务处理。第 13 条明确了本办法由国家林业局负责解释。第 14 条明确了本办法的施行时间。

第三章
项目管理

第一节　前期工作

项目管理前期工作包括：需求分析、项目立项、项目审批、项目招投标、合同签订等。开展国家电子政务工程建设项目管理需严格遵循《国家电子政务工程建设项目管理暂行办法》（国家发展和改革委员会令第55号）、《全国林业信息化工作管理办法》等有关要求，确保国家级、省级及以下部门项目前期工作有序开展。

一、需求分析

需求分析的主要内容包括功能、业务（包括接口、资源、性能、可靠性、安全性、保密性等）和数据需求。给每个需求指定项目唯一标识符以支持测试和可追踪性。并以一种可以定义客观测试的方式来陈述需求。对每个需求都应说明相关合格性方法，如果是子系统，则还要给出从该需求至系统需求的可追踪性。

（一）要求的状态和方式

如果要求系统在多种状态和方式下运行，且不同状态和方式具有不同的需求的话，则要标识和定义每一状态和方式。状态和方式的例子包括：空闲、就绪、活动、事后分析、训练、降级、紧急情况和后备等。

（二）需求概述

描述系统总体功能和业务的结构，说明对硬件系统的需求、软件系统的需求、硬件系统和软件系统之间的接口等。

（三）系统能力需求

分条详细描述与系统每一能力相关联的需求。"能力"被定义为一组相关的需求。可以用"功能"、"性能"、"主题"、"目标"或其他适合用来表示需求的词来替代"能力"。

（四）系统内部数据需求

指明分配给系统内部数据的需求，包括对系统中数据库和数据文件的需求。如果所有有关内部数据的决策都留待设计时或留待系统部件的需求规格说明中给出，则需在此如实说明。

（五）安全性需求

描述有关防止对人员、财产、环境产生潜在的危险或把此类危险减少到最低的系统需求，包括：危险物品使用的限制；为运输、操作和存储的目的而对爆炸物品进行分类；异常中止/异常出口规定；气体检测和报警设备；电力系统接地；排污；防爆。描述还应包括有关系统核部件的需求，如：部件设计、意外爆炸的预防以及与核安全规则保持一致。

（六）保密性和私密性需求

指明维持保密性和私密性的系统需求，包括：系统运行的保密性/私密性环境、提供的保密性或私密性的类型和程度、系统必须经受的保密性/私密性的风险、减少此类危险所需的安全措施、系统必须遵循的保密性/私密性政策、系统必须提供的保密性/私密性审核以及保密性/私密性必须遵循的确认/认可准则。

（七）系统环境需求

指明系统运行必须的与环境有关的需求。对软件系统而言，运行环境包括支持系统运行的计算机硬件和操作系统（其他有关计算机资源方面的需求在下条描述）。对硬软件系统而言，运行环境包括系统在运输、存储和操作过程中必须经受的环境条件，如：自然环境条件

(风、雨、温度、地理位置)、诱导环境(运动、撞击、噪音、电磁辐射)和对抗环境(爆炸、辐射)。

(八)计算机资源需求

根据系统性质,在以下各条中所描述的计算机资源应能够组成系统环境(对应软件系统)或系统部件(对应硬软件系统)。

1. 计算机硬件需求。描述系统使用的或引主到系统中的计算机硬件需求,包括:各类设备的数量、处理器、存储器、输入/输出设备、辅助存储器、通信/网络设备、其他所需的设备的类型、大小、能力(容量)及其他所要求的特征。

2. 计算机硬件资源利用需求。描述系统的计算机硬件资源利用方面的需求,如:最大许可使用的处理器能力、存储器容量、输入/输出设备能力、辅助存储器容量和通信/网络设备能力。这些要求(如每个计算机硬件资源能力的百分比)还包括测量资源时所要求具备的条件。

3. 计算机软件需求。描述系统必须使用或引入系统的计算机软件的需求,例如包括:操作系统、数据库管理系统、通信/网络软件、实用软件、输入和设备模拟器、测试软件和生产用软件。必须提供每个软件项的正确名称、版本和引用文件。

4. 计算机通信需求。描述系统必须使用的或引入系统的计算机通信方面的需求,例如包括:连接的地理位置、配置和网络拓扑结构、传输技术、数据传输速率、网关、要求的系统使用时间、传送/接收数据的类型和容量、传送/接收/响应的时间限制、数据的峰值和诊断功能。

二、项目立项

项目经过项目实施组织决策者和政府有关部门的批准,并列入项目实施组织或者政府计划的过程叫项目立项。立项种类包括鼓励类、许可类、限制类,分别对应的报批程序为备案制、核准制、审批制,报批程序结束即为项目立项完成。申请项目的立项时,应将项目建议文件按要求递交给有关审批部门审定,该文件是政府投资项目单位为推动某个项目开展,根据国民经济的发展、国家和地方中长期规划、产业政策、生产力布局、国内外市场、所在地的内外部条件，提出的具体项目的建议，是专门对拟建项目提出的框架性的总体设想，包括项目实施前所涉及的各种文字、图纸、图片、表格、电子数据等。

林业信息化项目包含国家重大建设项目、国家电子政务项目、国家林业局项目、省级及以下林业主管部门项目等。

（一）国家重大建设项目

国家重大建设项目是指按照《国家发展改革委办公厅关于使用国家重大建设项目库加强项目储备编制三年投资计划有关问题的通知》（发改办投资〔2015〕2942号）要求，纳入国家重大建设项目库的项目。在林业信息化项目建设中，列入国家重大建设库项目目前主要包括："互联网＋"重大工程项目和促进大数据发展重大工程项目。

国家重大建设项目立项应遵循国家发展改革委有关要求，按照国务院批准的《专项建设基金项目设立组建方案》，依托专项建设基金，采取政府与社会资本合作建设模式（PPP模式）开展。

（二）国家电子政务项目

根据《国家电子政务工程建设项目管理暂行办法》，项目建设单位应依据中央和国务院的有关文件规定和国家电子政务建设规划，研究提出电子政务项目的立项申请，并对国家电子政务项目、项目建设单位、项目审批部门等做出诠释。

国家电子政务项目主要是指国家统一电子政务网络、国家重点业务信息系统、国家基础信息库、国家电子政务网络与信息安全保障体系相关基础设施、国家电子政务标准化体系和电子政务相关支撑体系等建设项目。国家电子政务项目建设应以政务信息资源开发利用为主线，以国家统一电子政务网络为依托，以提高应用水平、发挥系统效能为重点，深化电子政务应用，推动应用系统的互联互通、信息共享和业务协同，建设符合中国国情的电子政务体系，提高行政效率，降低行政成本，发挥电子政务对加强经济调节、市场监管和改善社会管理、公共服务的作用。

项目建设单位是指中央政务部门和参与国家电子政务项目建设的地方政务部门。项目建设单位负责提出电子政务项目的申请，组织或参与电子政务项目的设计、建设和运行维护。

项目审批部门是指国家发展改革委。项目审批部门负责国家电子政务建设规划的编制和电子政务项目的审批，会同有关部门对电子政务项目实施监督管理。

《全国林业信息化工作管理办法》提出了国家林业局开展国家重大林业信息化项目的有关要求，在严格执行《国家电子政务工程建设项目管理暂行办法》的基础上，明确："关系全局的重大林业信息化建设项目，立项前须将项目建设方案报全国林业信息化工作领导小组批准。未经领导小组批准的建设项目，不得开展相关前期工作，不得自行筹集经费建设。""国家林业局信息化管理办公室(以下简称"信息办")根据全国林业信息化建设发展规划有关要求，负责组织起草重大林业信息化项目的立项申请、可行性研究报告等相关文件，经专家评审后，按基本建设程序报国家林业局或者国家有关部委批准后组织实施。"

(三)国家林业局项目

国家林业局信息化建设项目的确定应当符合《全国林业信息化建设纲要》、《全国林业信息化建设技术指南》和全国林业信息化工作会议精神，并基于林业信息化统一平台上建设。项目建设主要内容：包括林业网站、应用系统、应用支撑、数据库、信息化基础设施、标准规范体系、安全与综合管理体系、林业信息资源开发利用项目的建设、运维、升级改造等。

国家林业局各司局、各直属单位提出的信息化拟建项目，以及各省级林业主管部门向国家申请立项的信息化拟建项目，应当于每年2月底前，提出下一年度本单位、本地区林业信息化建设需求，经国家林业局信息办初审后，按基本建设程序向国家林业局或者国家有关部委申请立项并组织实施。

涉及国家秘密的林业信息化建设项目，需同步制定保密方案，报国家林业局保密管理部门或者当地保密局审批同意后申报立项。

涉密信息系统应当由具有国家保密局认可的具有相应涉密资质的机构设计开发，建设必须选用国家保密局、国家密码管理局认定的产品，建成后应当由国家保密局或者其认定的测评机构进行测评。未经测评或者测评未通过的，不得交付使用。

除涉及国家秘密或者法律法规另有规定的外，建成后的国家林业局信息化应用系统、基础数据库和网站必须统一集成于国家林业局内网或外网，在一个平台上经授权后管理使用。

（四）省级及以下部门项目立项有关规定

各省级林业主管部门按照全国林业信息化建设发展规划有关要求，结合当地工作实际，组织开展当地重大林业信息化项目立项申请工作。相关项目，按基本建设程序报有关部门批准后组织实施。

各省级林业主管部门组织编制本地林业信息化建设发展规划，并报国家林业局备案。

各省级林业主管部门信息化项目应当与国家林业局内网或者外网实现资源共享。

三、项目审批

项目审批适用于政府投资项目。政府投资项目是指全部或部分使用中央预算内资金、国债专项资金、省级预算内基本建设和更新改造资金投资建设的地方项目。政府投资主要用于社会公益事业、公共基础设施和国家机关建设，改善农村生产生活条件，保护和改善生态环境，调整和优化产业结构，促进科技进步和高新技术产业化。

政府投资项目根据建设性质、资金来源和投资规模，分别由国家、省级和市、州政府投资主管部门或由政府投资主管部门会同相关部门审批项目建议书、可行性研究报告、初步设计及投资概算。可行性研究报告、初步设计，由政府投资主管部门委托有咨询评估机构进行咨询评估或评审，重大项目应当进行专家评议。咨询评估没有通过的不予审批。

（一）有关材料

项目建议书：是要求建设某一具体项目的建议文件，是基本建设程序中最初阶段的工作，是投资决策前对拟建设项目的轮廓设想。

可行性研究：项目建议书一经批准，即可着手进行可行性研究。是指在项目决策前，通过对项目有关的工程、技术经济等各方面条件和情况进行调查、研究、分析，对各种可能的建设方案和技术方案进行比较论证，并对项目建成后的效益进行预测和评价的一种科学分析方法，由此考察项目技术上的先进性和实用性，经济上的盈利性和合理性，建设的可能性和可行性。

初步设计：初步设计的内容是指项目的总体设计、布局设计，主要的工艺流程、设备的选项和安装设计，土建工程量及费用的估算等。

投资概算：投资概算是指在项目计划书里对投资资金进行使用说明，用于让评委知道项目投资的基本情况。

（二）审批流程

1. 国家电子政务项目。国家电子政务项目原则上包括以下审批环节：项目建议书、可行性研究报告、初步设计方案和投资概算。对总投资在3000万元以下及特殊情况的，可简化为审批项目可行性研究报告(代项目建议书)、初步设计方案和投资概算。

项目建设单位应按照《国家电子政务工程建设项目建议书编制要求》的规定，组织编制项目建议书，报送项目审批部门。项目审批部门在征求相关部门意见，并委托有资格的咨询机构评估后审核批复，或报国务院审批后下达批复。项目建设单位在编制项目建议书阶段应专门组织项目需求分析，形成需求分析报告送项目审批部门组织专家提出咨询意见，作为编制项目建议书的参考。

项目建设单位应依据项目建议书批复，按照《国家电子政务工程建设项目可行性研究报告编制要求》的规定，招标选定或委托具有相关专业甲级资质的工程咨询机构编制项目可行性研究报告，报送项目审批部门。项目审批部门委托有资格的咨询机构评估后审核批复，或报国务院审批后下达批复。

项目建设单位应依据项目审批部门对可行性研究报告的批复，按照《国家电子政务工程建设项目初步设计方案和投资概算报告编制要求》的规定，招标选定或委托具有相关专业甲级资质的设计单位编制初步设计方案和投资概算报告，报送项目审批部门。项目审批部门委托专门评审机构评审后审核批复。

中央和地方政务部门共建的电子政务项目，由中央政务部门牵头组织地方政务部门共同编制项目建议书，涉及地方的建设内容及投资规模，应征求地方发展改革部门的意见。项目审批部门整体批复项目建议书后，其项目可行性研究报告、初步设计方案和投资概算，由中央和地方政务部门分别编制，并报同级发展改革部门审批。地方发展改革部门应按照项目建议书批复要求审批地方政务部门提交的可行性研究报告，并事先征求中央政务部门的意见。地方发展改革部门在可行性研究报告、初步设计方案和投资概算审批方面有专门规定的，可参照地方规定执行。

项目审批部门对电子政务项目的项目建议书、可行性研究报告、初步设计方案和投资概算的批复文件是项目建设的主要依据。批复中核定的建设内容、规模、标准、总投资概算和其他控制指标原则上应严格遵守。

2. 国家林业局项目。国家林业局项目的审批包括项目建议书、可行性研究报告、初步设计的审批。

中央投资 3000 万元以上（含 3000 万元）的林业建设项目建议书、可行性研究报告按照国家规定履行审批程序；其他林业建设项目可行性研究报告由国家林业局审批。需要批复林业建设项目建议书的由国家林业局审批，批复的项目建议书不作为安排投资的依据，批复的可行性研究报告及初步设计是安排投资的依据。

项目批复后，3 年以上未落实投资且建设条件已发生明显变化的，需重新履行项目立项审批程序。中央投资 3000 万元以上（含 3000 万元）的林业建设项目的初步设计按照国家规定履行审批程序；其他林业建设项目初步设计（实施方案）由省级林业主管部门审批，报国家林业局备案。

四、项目招投标

项目采购货物、工程和服务应按照《中华人民共和国招标投标法》和《中华人民共和国政府采购法》的有关规定执行，并遵从优先采购本国货物、工程和服务的原则。在中华人民共和国境内进行下列工程建设项目包括项目的勘察、设计、施工、监理以及与工程建设有关的重要设备、材料等的采购，包括大型基础设施、公用事业等关系社会公共利益、公众安全的项目；全部或者部分使用国有资金投资或者国家融资的项目；使用国际组织或者外国政府贷款、援助资金的项目必须进行招标。

任何单位和个人不得将依法必须进行招标的项目化整为零或者以其他任何方式规避招标。招标投标活动应当遵循公开、公平、公正和诚实信用的原则。依法必须进行招标的项目，其招标投标活动不受地区或者部门的限制。任何单位和个人不得违法限制或者排斥本地区、本系统以外的法人或者其他组织参加投标，不得以任何方式非法干涉招标投标活动。招标投标活动及其当事人应当接受依法实施的监督。

有关行政监督部门依法对招标投标活动实施监督，依法查处招标投标活动中的违法行为。对招标投标活动的行政监督及有关部门的具体职权划分，由国务院规定。招标人是依照本法规定提出招标项目、进行招标的法人或者其他组织。招标项目按照国家有关规定需要履行项目审批手续的，应当先履行审批手续，取得批准。

招标人应当有进行招标项目的相应资金或者资金来源已经落实，并应当在招标文件中如实载明。招标分为公开招标和邀请招标：

公开招标，是指招标人以招标公告的方式邀请不特定的法人或者其他组织投标。

邀请招标，是指招标人以投标邀请书的方式邀请特定的法人或者其他组织投标。

（一）公开招投标流程

1. 招标。招标人采用公开招标方式的，应当发布招标公告。依法必须进行招标的项目的招标公告，应当通过国家指定的报刊、信息网络或者其他媒介发布。

招标公告应当载明招标人的名称和地址、招标项目的性质、数量、实施地点和时间以及获取招标文件的办法等事项。

招标人可以根据招标项目本身的要求，在招标公告或者投标邀请书中，要求潜在投标人提供有关资质证明文件和业绩情况，并对潜在投标人进行资格审查；国家对投标人的资格条件有规定的，依照其规定。

招标人不得以不合理的条件限制或者排斥潜在投标人，不得对潜在投标人实行歧视待遇。

招标人应当根据招标项目的特点和需要编制招标文件。招标文件应当包括招标项目的技术要求、对投标人资格审查的标准、投标报价要求和评标标准等所有实质性要求和条件以及拟签订合同的主要条款。

国家对招标项目的技术、标准有规定的，招标人应当按照其规定在招标文件中提出相应要求。

招标项目需要划分标段、确定工期的，招标人应当合理划分标段、确定工期，并在招标文件中载明。

招标文件不得要求或者标明特定的生产供应者以及含有倾向或者排斥潜在投标人的其他内容。

招标人根据招标项目的具体情况，可以组织潜在投标人踏勘项目现场。

招标人不得向他人透露已获取招标文件的潜在投标人的名称、数量以及可能影响公平竞争的有关招标投标的其他情况。

招标人设有标底的，标底必须保密。

招标人对已发出的招标文件进行必要的澄清或者修改的，应当在招标文件要求提交投标文件截止时间至少十五日前，以书面形式通知所有招标文件收受人。该澄清或者修改的内容为招标文件的组成部分。

招标人应当确定投标人编制投标文件所需要的合理时间；但是，依法必须进行招标的项目，自招标文件开始发出之日起至投标人提交投标文件截止之日止，最短不得少于二十日。

2. 投标。投标人是响应招标、参加投标竞争的法人或者其他组织。

依法招标的科研项目允许个人参加投标的，投标的个人适用本法有关投标人的规定。

投标人应当具备承担招标项目的能力；国家有关规定对投标人资格条件或者招标文件对投标人资格条件有规定的，投标人应当具备规定的资格条件。

投标人应当按照招标文件的要求编制投标文件。投标文件应当对招标文件提出的实质性要求和条件做出响应。

招标项目属于建设施工的，投标文件的内容应当包括拟派出的项目负责人与主要技术人员的简历、业绩和拟用于完成招标项目的机械设备等。

投标人应当在招标文件要求提交投标文件的截止时间前，将投标文件送达投标地点。招标人收到投标文件后，应当签收保存，不得开启。投标人少于三个的，招标人应当依照本法重新招标。

在招标文件要求提交投标文件的截止时间后送达的投标文件，招标人应当拒收。

投标人在招标文件要求提交投标文件的截止时间前，可以补充、修改或者撤回已提交的投标文件，并书面通知招标人。补充、修改的内容为投标文件的组成部分。

投标人根据招标文件载明的项目实际情况，拟在中标后将中标项目的部分非主体、非关键性工作进行分包的，应当在投标文件中载明。

两个以上法人或者其他组织可以组成一个联合体，以一个投标人的身份共同投标。

联合体各方均应当具备承担招标项目的相应能力；国家有关规定或者招标文件对投标人资格条件有规定的，联合体各方均应当具备规定的相应资格条件。由同一专业的单位组成的联合体，按照资质等级较低的单位确定资质等级。

联合体各方应当签订共同投标协议，明确约定各方拟承担的工作和责任，并将共同投标协议连同投标文件一并提交招标人。联合体中标的，联合体各方应当共同与招标人签订合同，就中标项目向招标人承担连带责任。

招标人不得强制投标人组成联合体共同投标，不得限制投标人之间的竞争。

投标人不得相互串通投标报价，不得排挤其他投标人的公平竞争，损害招标人或者其他投标人的合法权益。

投标人不得与招标人串通投标，损害国家利益、社会公共利益或者他人的合法权益。

禁止投标人以向招标人或者评标委员会成员行贿的手段谋取中标。

投标人不得以低于成本的报价竞标，也不得以他人名义投标或者以其他方式弄虚作假，骗取中标。

（二）邀请招投标流程

招标人采用邀请招标方式的，应当向三个以上具备承担招标项目的能力、资信良好的特定的法人或者其他组织发出投标邀请书。

投标邀请书应当载明招标人的名称和地址、招标项目的性质、数量、实施地点和时间以及获取招标文件的办法等事项。

其他招投标流程参考公开招标流程。

（三）非招标方式流程

1. 非招标采购概念。非招标采购方式，是指竞争性谈判、单一来源采购和询价采购方式。

竞争性谈判是指谈判小组与符合资格条件的供应商就采购货物、工程和服务事宜进行谈判，供应商按照谈判文件的要求提交响应文件和最后报价，采购人从谈判小组提出的成交候选人中确定成交供应商的采购方式。

单一来源采购是指采购人从某一特定供应商处采购货物、工程和服务的采购方式。

询价是指询价小组向符合资格条件的供应商发出采购货物询价通知书，要求供应商一次报出不得更改的价格，采购人从询价小组提出的成交候选人中确定成交供应商的采购方式。

2. 适用范围。采购人、采购代理机构采购以下货物、工程和服务之一的，可以采用竞争性谈判、单一来源采购方式采购；采购货物的，还可以采用询价采购方式：依法制定的集中采购目录以内，且未达到公开招标数额标准的货物、服务；依法制定的集中采购目录以外、采购限额标准以上，且未达到公开招标数额标准的货物、服务；达到公开招标数额标准、经批准采用非公开招标方式的货物、服务；按照招标投标法及其实施条例必须进行招标的工程建设项目以外的政府采购工程。

3. 一般规定。达到公开招标数额标准的货物、服务采购项目，拟采用非招标采购方式的，采购人应当在采购活动开始前，报经主管预算单位同意后，向设区的市、自治州以上人民政府财政部门申请批准。

根据本办法第四条申请采用非招标采购方式采购的，采购人应当向财政部门提交以下材料并对材料的真实性负责：采购人名称、采购项目名称、项目概况等项目基本情况说明；项目预算金额、预算批复文件或者资金来源证明；拟申请采用的采购方式和理由。

采购人、采购代理机构应当按照政府采购法和本办法的规定组织开展非招标采购活动，并采取必要措施，保证评审在严格保密的情况下进行。

任何单位和个人不得非法干预、影响评审过程和结果。

竞争性谈判小组或者询价小组由采购人代表和评审专家共 3 人以上单数组成，其中评审专家人数不得少于竞争性谈判小组或者询价小组成员总数的 2/3。采购人不得以评审专家身份参加本部门或本单位采购项目的评审。采购代理机构人员不得参加本机构代理的采购项目的评审。

达到公开招标数额标准的货物或者服务采购项目，或者达到招标规模标准的政府采购工程，竞争性谈判小组或者询价小组应当由 5 人以上单数组成。

采用竞争性谈判、询价方式采购的政府采购项目，评审专家应当从政府采购评审专家库内相关专业的专家名单中随机抽取。技术复杂、专业性强的竞争性谈判采购项目，通过随机方式难以确定合适的评审专家的，经主管预算单位同意，可以自行选定评审专家。技术复杂、专业性强的竞争性谈判采购项目，评审专家中应当包含 1 名法律专家。

竞争性谈判小组或者询价小组在采购活动过程中应当履行下列职责：确认或者制定谈判文件、询价通知书；从符合相应资格条件的供应商名单中确定不少于 3 家的供应商参加谈判或者询价；审查供应商的响应文件并做出评价；要求供应商解释或者澄清其响应文件；编写评审报告；告知采购人、采购代理机构在评审过程中发现的供应商的违法违规行为。

竞争性谈判小组或者询价小组成员应当履行下列义务：遵纪守法，客观、公正、廉洁地履行职责；根据采购文件的规定独立进行评审，对个人的评审意见承担法律责任；参与评审报告的起草；配合采购人、采购代理机构答复供应商提出的质疑；配合财政部门的投诉处理和监督检查工作。

谈判文件、询价通知书应当根据采购项目的特点和采购人的实际需求制定，并经采购人书面同意。采购人应当以满足实际需求为原则，不得擅自提高经费预算和资产配置等采购标准。

谈判文件、询价通知书不得要求或者标明供应商名称或者特定货物的品牌，不得含有指向特定供应商的技术、服务等条件。

谈判文件、询价通知书应当包括供应商资格条件、采购邀请、采购方式、采购预算、采购需求、采购程序、价格构成或者报价要求、响应文件编制要求、提交响应文件截止时间及地点、保证金交纳数额和形式、评定成交的标准等。

谈判文件除本条第一款规定的内容外，还应当明确谈判小组根据与供应商谈判情况可能实质性变动的内容，包括采购需求中的技术、服务要求以及合同草案条款。

采购人、采购代理机构应当通过发布公告、从省级以上财政部门建立的供应商库中随机抽取或者采购人和评审专家分别书面推荐的方式邀请不少于3家符合相应资格条件的供应商参与竞争性谈判或者询价采购活动。

符合政府采购法第二十二条第一款规定条件的供应商可以在采购活动开始前加入供应商库。财政部门不得对供应商申请入库收取任何费用，不得利用供应商库进行地区和行业封锁。

采取采购人和评审专家书面推荐方式选择供应商的，采购人和评审专家应当各自出具书面推荐意见。采购人推荐供应商的比例不得高于推荐供应商总数的50%。

供应商应当按照谈判文件、询价通知书的要求编制响应文件，并对其提交的响应文件的真实性、合法性承担法律责任。

采购人、采购代理机构可以要求供应商在提交响应文件截止时间之前交纳保证金。保证金应当采用支票、汇票、本票、网上银行支付或者金融机构、担保机构出具的保函等非现金形式交纳。保证金数额应当不超过采购项目预算的2%。

供应商为联合体的，可以由联合体中的一方或者多方共同交纳保证金，其交纳的保证金对联合体各方均具有约束力。

供应商应当在谈判文件、询价通知书要求的截止时间前，将响应文件密封送达指定地点。在截止时间后送达的响应文件为无效文件，采购人、采购代理机构或者谈判小组、询价小组应当拒收。

供应商在提交询价响应文件截止时间前，可以对所提交的响应文件进行补充、修改或者撤回，并书面通知采购人、采购代理机构。补充、修改的内容作为响应文件的组成部分。补充、修改的内容与响应文件不一致的，以补充、修改的内容为准。

谈判小组、询价小组在对响应文件的有效性、完整性和响应程度进行审查时，可以要求供应商对响应文件中含义不明确、同类问题表述不一致或者有明显文字和计算错误的内容等做出必要的澄清、说明或者更正。供应商的澄清、说明或者更正不得超出响应文件的范围或者改变响应文件的实质性内容。

谈判小组、询价小组要求供应商澄清、说明或者更正响应文件应当以书面形式作出。供应商的澄清、说明或者更正应当由法定代表人或其授权代表签字或者加盖公章。由授权代表签字的，应当附法定代表人授权书。供应商为自然人的，应当由本人签字并附身份证明。

谈判小组、询价小组应当根据评审记录和评审结果编写评审报告，其主要内容包括：邀请供应商参加采购活动的具体方式和相关情况，以及参加采购活动的供应商名单；评审日期和地点，谈判小组、询价小组成员名单；评审情况记录和说明，包括对供应商的资格审查情况、供应商响应文件评审情况、谈判情况、报价情况等；提出的成交候选人的名单及理由。

评审报告应当由谈判小组、询价小组全体人员签字认可。谈判小组、询价小组成员对评审报告有异议的，谈判小组、询价小组按照少数服从多数的原则推荐成交候选人，采购程序继续进行。对评审报告有异议的谈判小组、询价小组成员，应当在报告上签署不同意见并说明理由，由谈判小组、询价小组书面记录相关情况。谈判小组、询价小组成员拒绝在报告上签字又不书面说明其不同意见和理由的，视为同意评审报告。

采购人或者采购代理机构应当在成交供应商确定后2个工作日内，在省级以上财政部门指定的媒体上公告成交结果，同时向成交供应商发出成交通知书，并将竞争性谈判文件、询价通知书随成交结果同时公告。成交结果公告应当包括以下内容：采购人和采购代理机构的名称、地址和联系方式；项目名称和项目编号；成交供应商名称、地址和成交金额；主要成交标的的名称、规格型号、数量、单价、服务要求；谈判小组、询价小组成员名单及单一来源采购人员名单。

采用书面推荐供应商参加采购活动的，还应当公告采购人和评审专家的推荐意见。

采购人与成交供应商应当在成交通知书发出之日起30日内，按照采购文件确定的合同文本以及采购标的、规格型号、采购金额、采购数量、技术和服务要求等事项签订政府采购合同。

采购人不得向成交供应商提出超出采购文件以外的任何要求作为签订合同的条件，不得与成交供应商订立背离采购文件确定的合同文本以及采购标的、规格型号、采购金额、采购数量、技术和服务要求等实质性内容的协议。

采购人或者采购代理机构应当在采购活动结束后及时退还供应商的保证金，但因供应商自身原因导致无法及时退还的除外。未成交供应商的保证金应当在成交通知书发出后5个工作日内退还，成交供应商的保证金应当在采购合同签订后5个工作日内退还。

有下列情形之一的，保证金不予退还：供应商在提交响应文件截止时间后撤回响应文件的；供应商在响应文件中提供虚假材料的；除因不可抗力或谈判文件、询价通知书认可的情形以外，成交供应商不与采购人签订合同的；供应商与采购人、其他供应商或者采购代理机构恶意串通的；采购文件规定的其他情形。

除资格性审查认定错误和价格计算错误外，采购人或者采购代理机构不得以任何理由组织重新评审。采购人、采购代理机构发现谈判小组、询价小组未按照采购文件规定的评定成交的标准进行评审的，应当重新开展采购活动，并同时书面报告本级财政部门。

除不可抗力等因素外，成交通知书发出后，采购人改变成交结果，或者成交供应商拒绝签订政府采购合同的，应当承担相应的法律责任。

成交供应商拒绝签订政府采购合同的，采购人可以按照本办法第三十六条第二款、第四十九条第二款规定的原则确定其他供应商作为成交供应商并签订政府采购合同，也可以重新开展采购活动。拒绝签订政府采购合同的成交供应商不得参加对该项目重新开展的采购活动。

在采购活动中因重大变故，采购任务取消的，采购人或者采购代理机构应当终止采购活动，通知所有参加采购活动的供应商，并将项目实施情况和采购任务取消原因报送本级财政部门。

采购人或者采购代理机构应当按照采购合同规定的技术、服务等要求组织对供应商履约的验收，并出具验收书。验收书应当包括每一项技术、服务等要求的履约情况。大型或者复杂的项目，应当邀请国家认可的质量检测机构参加验收。验收方成员应当在验收书上签字，并承担相应的法律责任。

谈判小组、询价小组成员以及与评审工作有关的人员不得泄露评审情况以及评审过程中获悉的国家秘密、商业秘密。

采购人、采购代理机构应当妥善保管每项采购活动的采购文件。采购文件包括采购活动记录、采购预算、谈判文件、询价通知书、响应文件、推荐供应商的意见、评审报告、成交供应商确定文件、单一来源采购协商情况记录、合同文本、验收证明、质疑答复、投诉处理决定以及其他有关文件、资料。采购文件可以电子档案方式保存。

采购活动记录至少应当包括下列内容：采购项目类别、名称；采购项目预算、资金构成和合同价格；采购方式，采用该方式的原因及相关说明材料；选择参加采购活动的供应商的方式及原因；评定成交的标准及确定成交供应商的原因；终止采购活动的，终止的原因。

五、合同签订

合同的签订应按照《中华人民共和国合同法》，在确定项目承建单位后的一个月内，与项目承建单位签署合同，项目建设方案作为合同有效附件。

签署合同时，经双方协商一致，并认真填写合同相关栏目，经双方法人代表或授权代理人签字并加盖单位公章后正式生效。

当事人订立合同，应当具有相应的民事权利能力和民事行为能力。当事人依法可以委托代理人订立合同。

当事人订立合同，有书面形式、口头形式和其他形式。法律、行政法规规定采用书面形式的，应当采用书面形式。当事人约定采用书面形式的，应当采用书面形式。书面形式是指合同书、信件和数据电文（包括电报、电传、传真、电子数据交换和电子邮件）等可以有形地表现所载内容的形式。

第二节　项目实施

经过项目立项、审批、招投标、合同签订等项目管理前期工作后，项目建设进入实施阶段，在项目实施阶段，主要包含项目施工设计、建设实施等步骤。

一、项目施工设计

（一）系统总体设计

1. 概述。

功能描述。说明本系统要实现的功能、性能（包括：响应时间、安全性、兼容性、可移植性、资源使用等）。

运行环境。参考本系统的《系统/子系统需求规格说明》，简要说明对本系统的运行环境（包括硬件环境和支持环境）的规定。

2. 设计思想。

系统构思。说明本系统设计的系统构思。

关键技术与算法。简要说明本系统设计采用的关键技术和主要算法。

关键数据结构。简要说明本系统实现中的最主要的数据结构。

3. 基本处理流程。

系统流程图。用流程图表示本系统的主要控制流程和处理流程。

数据流程图。用数据流程图表示本系统的主要数据通路，并说明处理的主要阶段。

4. 系统体系结构。

系统配置项。说明本系统中各配置项（子系统、模块、子程序和公用程序等）的划分，简要说明每个配置项的标识符和功能等（用一览表和框图的形式说明）。

系统层次结构。分层次地给出各个系统配置项之间的控制与被控制关系。

系统配置项设计。确定每个系统配置项的功能。若是较大的系统，可以根据需要对系统配置项做进一步的划分及设计。

5. 功能需求与系统配置项的关系。说明各项系统功能的实现同各系统配置项的分配关系（最好用矩阵图的方式）。

6. 人工处理过程。说明在本系统的运行过程中包含的人工处理过程（若有的话）。

（二）系统部件

1. 标识所有系统部件，应为每个部件指定一个项目唯一标识符。

2. 说明部件之间的静态关系。根据所选择的设计方法学，可能会给出多重关系。

3. 陈述每个部件的用途，并标识部件相对应的系统需求和系统级设计决策。

4. 标识每个部件的开发状态/类型，如果已知的话（如新开发的部件、对已有部件进行重用的部件、对已有设计进行重用的部件、再工程的已有设计或部件、为重用而开发的部件和计划用于第 N 开发阶段的部件等等），对已有的设计或部件，此描述应提供诸如名称、版本、文档引用、地点等标识信息。

5. 对被标识用于该系统的每个计算机系统或其他计算机硬件资源的集合，描述其计算机硬件资源（如处理器、存储器、输入/输出设备、辅存器、通信/网络设备）。

计算机处理器描述。应包括：制造商名称和型号、处理器速度/能力、指令集体系结构、适用的编译程序、字长（每个计算机字的位数）、字符集标准（如 GB 2312，GB 18030 等）和中断能力等。

存储器描述。应包括：制造商名称和型号，存储器大小、类型、速度和配置（如：256K 高速缓冲存储器，16MB RAM（4MBx4））。

输入/输出设备描述。应包括：制造商名称和型号、设备类型和设备的速度或能力。

外存描述。应包括：制造商名称和型号、存储器类型、安装存储器的数量、存储器速度。

通信/网络设备。如：调制解调器、网卡、集线器、网关、电缆、高速数据线以及这些部件或其他部件的集合体的描述。应包括：制造商名称和型号、数据传送速率/能力、网络拓扑结构、传输技术、使用的协议。

每个描述应包括：增长能力、诊断能力以及与本描述相关的其他的硬件能力。

（三）执行概念

描述系统部件之间的执行概念。用图示和说明表示部件之间的动态关系，即系统运行期间它们是如何交互的，（若适用）包括：执行控制流，数据流，动态控制序列，状态转换图，时序图，部件的优先级别，中断处理，时序/序列关系，异常处理，并发执行，动态分配/去分配，对象、进程、任务的动态创建/删除，以及动态行为的其他方面。

（四）接口设计

分条描述系统部件的接口特性，它应包括：部件之间的接口及它们与外部实体（如：其他系统、配置项、用户）之间的接口。本层不需要对这些接口进行完全设计提供本条的目的是为了把他们作为系统体系结构设计的一部分所做的接口设计决策记录下来如果在接口设计说明或其他文档中含有部分或全部的该类信息，可以加以引用。

本条用项目唯一标识符标识每个接口，（若适用）并用名称、编号、版本、文档引用来指明接口实体（如：系统、配置项、用户等）。该标识应叙述哪些实体具有固定接口特性（从而要把接口需求强加给接口实体）、哪些实体正被开发或修改（因而已把接口需求强加于它们）。应提供一个或多个接口图表来描述这些接口。

（五）运行设计

1. 系统初始化。说明本系统的初始化过程。

2. 运行控制。

说明对系统施加不同的外界运行控制时所引起的各种不同的运行模块组合，说明每种运行所历经的内部模块和支持软件；

说明每一种外界运行控制的方式方法和操作步骤；

说明每种运行模块组合将占用各种资源的情况；

说明系统运行时的安全控制。

3. 运行结束。说明本系统运行的结束过程。

（六）系统出错处理设计

1. 出错信息。包括出错信息表、故障处理技术等。

2. 补救措施。说明故障出现后可能采取的补救措施。

（七）尚待解决的问题

说明在本设计中没有解决而系统完成之前应该解决的问题。

（八）注解

包含有助于理解本文档的一般信息（例如背景信息、词汇表、原理）。应包含为理解本文档需要的术语和定义，所有缩略语和它们在文档中的含义的字母序列表。

二、建设实施

（一）思路和原则

1. 电子政务建设思路要实现三个转变。一是在建设目标上，要从过去注重业务流程电子化、提高办公效率，向更加注重支撑部门履行职能、提高政务效能、有效解决社会问题转变；二是在建设方式上，要从部门独立建设、自成体系，向跨部门跨区域的协同互动和资源共享转变；三是在系统模式上，要从粗放离散的模式，向集约整合的模式转变，确保电子政务项目的可持续发展。

2. 电子政务项目建设要坚持三个原则。一是解决社会问题的原则，电子政务项目建设内容的确定，要以解决广大人民群众最关心最直接最现实的利益问题为出发点，以服务公众为落脚点，加快促进政府职能转变；二是提升政务部门信息能力的原则，要充分利用信息化手段，提升政务部门宏观调控、市场调节、社会管理和公共服务的能力，切实发挥电子政务支撑政务部门履行职能的作用；三是注重顶层设计的原则，要推进部门间的互联互通、业务协同和信息共享，发挥电子政务项目促进多部门协同解决经济社会问题的作用，避免重复投资、重复建设，发挥投资效益。

（二）强化电子政务项目"一把手"负责制

1. 落实电子政务项目建设的责任机制。项目建设部门的"一把手"，应按照"三个转变"的建设思路，强化责任机制，有效落实顶层设计的思想，强化需求分析工作的指导，推动业务流程优化和业务模式创新，促进部门内部和部门之间的信息共享和业务协同，加强电子政务项目全过程的统筹指导，切实保障电子政务项目的建设实效。

2. 加强电子政务项目跨部门统筹协调。涉及多部门建设的电子政务项目，应建立跨部门统筹协调机制。项目牵头部门应会同共建部门，基于《规划》提出的建设目标和任务，细化项目体系架构，明确具体建设任务，确定部门间的业务协同关系和信息共享需求，落实共建部门的建设范围和责任义务。项目建成后，应进一步完善跨部门的共享共用机制，保障部门间的业务协同和信息共享，切实提高投资效益。

（三）项目实施要求

项目建设单位应按照《国家电子政务工程建设项目档案管理暂行办法》（档发〔2008〕3号）及国家林业局相关规定，在项目申报立项、建设实施、验收和运行管理等过程中同步开展项目档案管理工作，及时对项目文件材料进行收集、整理和归档，同时加强对各类型电子文件材料的归档管理。项目建设完成后，相关文档经监理初审核，主办处室复审后，报项目处和综合处备案。

项目建设单位应确定项目实施机构和项目责任人，并建立健全项目管理制度。项目责任人应向项目审批部门报告项目建设过程中的设计变更、建设进度、概算控制等情况。项目建设单位主管领导应对项目建设进度、质量、资金管理及运行管理等负总责。项目建设单位应依法并依据可行性研究报告审批时核准的招标内容和招标方式组织招标采购，确定具有相应资质和能力的中标单位。项目建设单位与中标单位订立合同，并严格履行合同。

电子政务项目实行工程监理制。项目建设单位应按照信息系统工程监理的有关规定，委托具有信息系统工程相应监理资质的工程监理单位，对项目建设进行工程监理。

项目建设单位必须严格按照项目审批部门批复的初步设计方案和投资概算实施项目建设。如有特殊情况，主要建设内容或投资概算确需调整的，必须事先向项目审批部门提交调整报告，履行报批手续。对未经批准擅自进行重大设计变更而导致超概算的，项目审批部门不再受理事后调概申请。

项目建设过程中出现工程严重逾期、投资重大损失等问题，项目建设单位应及时向项目审批部门报告，项目审批部门依照有关规定可要求项目建设单位进行整改和暂停项目建设。

（四）资金管理

项目建设单位在可行性研究报告批复后，可申请项目前期工作经费。项目前期工作经费主要用于开展应用需求分析、项目建议书、可行性研究、初步设计方案和投资概算的编制、专家咨询评审等工作。项目审批部门根据项目实际情况批准下达前期工作经费，前期工作经费计入项目总投资。

项目建设单位应在初步设计方案和投资概算获得批复及具备开工建设条件后，根据项目实施进度向项目审批部门提出年度资金使用计划申请，项目审批部门将其作为下达年度中央投资计划的依据。

初步设计方案和投资概算未获批复前，原则上不予下达项目建设资金。对确需提前安排资金的电子政务项目（如用于购地、购房、拆迁等），项目建设单位可在项目可行性研究报告批复后，向项目审批部门提出资金使用申请，说明要提前安排资金的原因及理由，经项目审批部门批准后，下达项目建设资金。

项目建设单位应严格按照财政管理的有关规定使用财政资金，专账管理、专款专用。

（五）监督管理

项目建设单位应接受项目审批部门及有关部门的监督管理。

项目审批部门负责对电子政务项目进行稽察，主要监督检查在项目建设过程中，项目建设单位执行有关法律、法规和政策的情况，以及项目招标投标、工程质量、进度、资金使用和概算控制等情况。对稽察过程中发现有违反国家有关规定及批复要求的，项目审批部门可要求项目建设单位限期整改或遵照有关规定进行处理。对拒不整改或整改后仍不符合要求的，项目审批部门可对其进行通报批评、暂缓拨付建设资金、暂停项目建设、直至终止项目。

有关部门依法对电子政务项目建设中的采购情况、资金使用情况，以及是否符合国家有关规定等实施监督管理。

项目建设单位及相关部门应当协助稽察、审计等监督管理工作，如实提供建设项目有关的资料和情况，不得拒绝、隐匿、瞒报。

第三节　项目验收

一、验收准备

项目验收是项目建设单位和项目相关单位，在信息化项目按招标文件和合同约定事项完成并试运行，用户出具用户试用报告后，依照相关标准组织用户单位、承建单位对信息化项目工程质量的认定。

项目验收准备工作是指对项目的交付成果进行审核并确认的过程。项目验收准备工作是项目验收会议能够取得圆满成功的标志。

项目具备下列条件后，可申请工程验收：

1. 按照合同和建设方案完成建设内容。

2. 各类测试报告准备齐全，包括承建单位测试报告、用户测试报告、第三方安全测试报告。

3. 项目文档齐全，经监理单位、项目建设单位审核。

4. 完成项目培训，并附相关培训资料。

5. 完成项目上线试运行，并附试运行报告。

二、验收分类

（一）竣工预验收

工程竣工预验收也称工程竣工初验，属于对专项工程竣工验收、工程竣工验收的工作的检查管理行为，一般在指专项竣工验收或工程竣工验收前，为了避免验收承包商不严格履行质量管理职责，可能影响验收工作的质量和进度，进行的一种预验收形式的质量验收。

按照项目主管部门规定，先是由监理组织相关各施工单位（总、分包）进行预验收，预验收合格后，再由建设单位组织各责任主体进行竣工验收。工程竣工预验收阶段，往往根据计划组织情况，穿插进行专项工程竣工验收。

（二）竣工验收

工程竣工验收也称工程竣工终验，指建设工程项目竣工后开发建设单位会同设计、施工、设备供应单位及工程质量监督部门，对该项目是否符合规划设计要求以及建筑施工和设备安装质量进行全面检验，取得竣工合格资料、数据和凭证。竣工验收是建立在分阶段验收的基础之上，是全面考核建设工作，检查是否符合设计要求和工程质量的重要环节，对促进建设项目（工程）及时投产，发挥投资效果，总结建设经验有重要作用。

（三）项目后评价

项目后评价是指对已经完成的项目或规划的目的、执行过程、效益、作用和影响所进行的系统的客观的分析。通过对投资活动实践的检查总结，确定投资预期的目标是否达到，项目或规划是否合理有效，项目的主要效益指标是否实现，通过分析评价找出成败的原因，总结经验教训，并通过及时有效的信息反馈，为未来项目的决策和提高完善投资决策管理水平提出建议，同时也为被评项目实施运营中出现的问题提出改进建议，从而达到提高投资效益的目的。

项目后评价基本内容包括：项目目标评价、项目实施过程评价、项目效益评价、项目影响评价和项目持续性评价。

三、验收核查

项目验收，也称范围核实或移交。它是核查项目计划规定范围内各项工作或活动是否已经全部完成，可交付成果是否令人满意，并将核查结果记录在验收文件中的一系列活动。

项目验收时，要关注如下三个方面：要明确项目的起点和终点；要明确项目的最后成果；要明确各子项目成果的标志。

（一）项目验收的标准

项目验收的标准是指判断项目产品是否合乎项目目标的根据。项目验收的标准一般包括：项目合同书；国际惯例；国际标准；行业标准；国家和企业的相关政策、法规。

（二）项目验收的依据

1. 工作成果。工作成果是项目实施的结果，项目收尾时提交的工作成果要符合项目目标。工作成果验收合格，项目才能终止。因此，项目验收的重点是对项目的工作成果进行审查。

2. 成果说明。项目团队还要向客户提供说明项目成果的文件，如技术要求说明书、技术文件、图纸等，以供验收审查。项目成果文件随着项目类型的不同而有所不同。

乙方应按照合同约定时间，及时提交工作成果。在提交工作成果前，乙方应对工作成果进行详细而全面的检验与测试，并出具证明符合规定要求的报告。甲方有权对乙方检验与测试过的工作成果进行检验和测试，以确认工作成果是否符合约定目标与要求。如果被检验或测试的工作成果不能满足约定要求，甲方可以拒绝接受该工作成果，乙方应在甲方要求的期限内重新提交符合合同约定要求的工作成果。乙方提交的工作成果通过检验和测试后，应向甲方提出正式验收申请，由甲方按合同约定要求组织人员进行验收。验收合格后，甲方出具正式验收报告。

四、验收实施

工程验收完成后，项目建设单位须将项目相关文档及项目检查表提交项目处。项目处会同项目建设处室、监理单位对项目进行检查，并将项目检查结果按季度向信息办领导汇报。最终文档资料由项目建设处室负责存档。

经计财司批复的项目在工程验收合格并完成项目决算后，应向计财司提出竣工验收申请。按照《林业建设项目竣工验收实施细则》等有关规定，项目建设处室在会签项目处的基础上以中心名义向计财司提交竣工验收申请报告、项目建设总结、验收报告、财务报告、审计报告和信息安全风险评估报告等。经批准后方可组织竣工验收，因故不能按期提出竣工验收申请的，应向计财司提出延期验收申请。

经计财司批复的项目竣工验收后，按照《中央政府投资项目后评价管理办法》（发改投资〔2014〕2129号）、《关于开展国家电子政务工程项目绩效评价工作的意见》（发改高技〔2015〕200号）等对项目进行评价，形成绩效评价报告。

项目建设形成的资产，应按照《中央行政事业单位国有资产管理暂行办法》相关规定，由综合处及时办理资产登记相关手续。

电子政务项目应遵循《国家电子政务工程建设项目验收工作大纲》（以下简称《验收工作大纲》）的相关规定开展验收工作。项目验收包括初步验收和竣工验收两个阶段。初步验收由项目建设单位按照《验收工作大纲》要求自行组织；竣工验收由项目审批部门或其组织成立的电子政务项目竣工验收委员会组织；对建设规模较小或建设内容较简单的电子政务项目，项目审批部门可委托项目建设单位组织验收。

项目建设单位应在完成项目建设任务后的半年内，组织完成建设项目的信息安全风险评估和初步验收工作。初步验收合格后，项目建设单位应向项目审批部门提交竣工验收申请报告，并将项目建设总结、初步验收报告、财务报告、审计报告和信息安全风险评估报告等文件作为附件一并上报。项目审批部门应适时组织竣工验收。项目建设单位未按期提出竣工验收申请的，应向项目审批部门提出延期验收申请。

五、移交运维

(一)运维管理

电子政务项目建成后的运行管理实行项目建设单位负责制。项目建设单位应确立项目运行机构，制定和完善相应的管理制度，加强日常运行和维护管理，落实运行维护费用。鼓励专业服务机构参与电子政务项目的运行和维护。

项目建设单位或其委托的专业机构应按照风险评估的相关规定，对建成项目进行信息安全风险评估，检验其网络和信息系统对安全环境变化的适应性及安全措施的有效性，保障信息安全目标的实现。

国家林业局信息中心项目验收后的运行维护管理由网络处与网站处等处室按分工分别负责。项目建设处室填写运维移交申请，报办领导审核后，移交给网络处与网站处等处室进入运维阶段。

(二)风险评估

国家的电子政务网络、重点业务信息系统、基础信息库以及相关支撑体系等国家电子政务工程建设项目(以下简称电子政务项目)，应开展信息安全风险评估工作。

电子政务项目信息安全风险评估的主要内容包括：分析信息系统资产的重要程度，评估信息系统面临的安全威胁、存在的脆弱性、已有的安全措施和残余风险的影响等。

电子政务项目信息安全风险评估工作按照涉及国家秘密的信息系统(以下简称涉密信息系统)和非涉密信息系统两部分组织开展。

涉密信息系统的信息安全风险评估应按照《涉及国家秘密的信息系统分级保护管理办法》、《涉及国家秘密的信息系统审批管理规定》、《涉及国家秘密的信息系统分级保护测评指南》等国家有关保密规定和标准，进行系统测评并履行审批手续。

　　非涉密信息系统的信息安全风险评估应按照《信息安全等级保护管理办法》、《信息系统安全等级保护定级指南》、《信息系统安全等级保护基本要求》、《信息系统安全等级保护实施指南》和《信息安全风险评估规范》等有关要求，可委托同一专业测评机构完成等级测评和风险评估工作，并形成等级测评报告和风险评估报告。等级测评报告参照公安部门制订的格式编制，风险评估报告参考《国家电子政务工程建设项目非涉密信息系统信息安全风险评估报告格式》编制。

　　电子政务项目涉密信息系统的信息安全风险评估，由国家保密局涉密信息系统安全保密测评中心承担。非涉密信息系统的信息安全风险评估，由国家信息技术安全研究中心、中国信息安全测评中心、公安部信息安全等级保护评估中心等三家专业测评机构承担。

　　项目建设单位应在项目建设任务完成后试运行期间，组织开展该项目的信息安全风险评估工作，并形成相关文档，该文档应作为项目验收的重要内容。

　　项目建设单位向审批部门提出项目竣工验收申请时，应提交该项目信息安全风险评估相关文档。主要包括：《涉及国家秘密的信息系统使用许可证》和《涉及国家秘密的信息系统检测评估报告》，非涉密信息系统安全保护等级备案证明，以及相应的安全等级测评报告和信息安全风险评估报告等。

　　电子政务项目信息安全风险评估经费计入该项目总投资。

　　电子政务项目投入运行后，项目建设单位应定期开展信息安全风险评估，检验信息系统对安全环境变化的适应性及安全措施的有效性，保障信息系统的安全可靠。

　　中央和地方共建电子政务项目中的地方建设部分信息安全风险评估工作参照本通知执行。

第四章
项目建设

近年来，全国林业信息化项目建设快速推进，在基础平台建设、数据开放共享、应用服务系统等方面，建设了一大批质量高、成效好的项目，为全国林业信息化加快发展奠定基础。本章介绍近年来的林业信息化重点项目。

第一节　基础平台建设

一、网络基础设施

（一）项目背景

生态建设已被提到前所未有的高度，对点多面广的林业工程的监管比以往任何时期都重要，迫切需要现代信息技术的支撑，借助系统化、网络化的信息化手段提供精准、翔实的林业信息资源，解决资源数据利用率低、系统功能单一、应用系统无法满足监管需求等问题，形成信息资源数据采集和监测体系。

通过信息技术手段，管好用好信息资源，缩短资源信息传输的时空距离，提升现代林业管理的水平，创新监督和管理方法，把林业管理工作建立在科学、准确、及时的信息资源基础上，全面推进林业的科学经营和决策。通过建设林业信息化基础平台，提供网络汇接、数据存储、应用支撑、安全支撑、综合管理、数字证书认证中心（CA）等支撑服务。初步建立了林业信息资源目录体系和交换体系，为政务公开目录、内外网资源整合及应用集成提供支撑，实现对分散的林业信息资源的有效整合，提高林业监管水平，为决策提供及时的信息支持，从而更加有力地保障生态建设成果，维护国家的生态安全。

（二）建设原则

统一技术标准和建设规范的原则。统一标准和规范是互联互通、信息共享、业务协同的基础。在项目建设中，必须坚持"统筹规划、统一标准"的原则。通过标准化的协调和优化功能，保证项目建设少走弯路，提高效率，确保系统的可用性。

信息安全和网络稳定的原则。平台建设首先要考虑信息安全和网络稳定等问题，在安全措施上，需要充分运用身份识别与验证、授权权限的控制、日志与审计等信息技术功能。在网络稳定方面，需要通过专用服务器、专业技术软件、专业病毒防范手段的应用等措施来实现。

技术先进和适度超前的原则。该项目建设必须强调技术的先进性。系统功能等除了必须满足当前的应用要求之外，还要考虑技术选型上的适度超前。项目建设采用业界公认先进的和标准的软件技术，符合信息技术发展的趋势，保证项目在可预见期内有相对较长的生命力。

平台建设高可靠性的原则。系统的可靠性对项目建设尤为重要。系统一旦出现问题，造成的后果不可想象。作为庞大而复杂的应用系统开发项目，如何降低项目开发实施风险，避免出现项目失败是在项目前期分析阶段必须重点考虑的问题。而系统平台和应用技术是否成熟，往往会直接影响到项目的结果。

系统平台实用与易用的原则。为确保投资的有效性和系统的实用性，选用比较成熟而稳定的技术，针对信息流的特点采用合适的系统结构，使整个系统达到最高的性价比性能，并尽量简化用户的操作步骤，使系统易用，同时为降低系统维护和升级的成本打下很好的基础。

系统平台灵活与可扩展的原则。信息技术是不断发展的，用户的应用需求和监管事项重点也在不断发展和变化。系统可扩展性的程度，直接影响到系统的生命周期。

(三)建设内容

1. 国家林业局外网。国家林业局外网采用了千兆光纤骨干，百兆到桌面的以太网架构。在国家林业局主楼二层中心机房配备高性能的核心交换机，1 层到 11 层之间，每层的南北配线间各放置 24 口的交换机。所有二级楼层交换机具有千兆上联及堆叠功能，便于构建千兆的骨干网络。核心交换除了汇聚各个楼层配线间的光纤外，还连接大量的安全设备，在配置上将满足安全设备的需要。核心交换机配置两块路由交换引擎用于冗余备份，端口配置上主要以千兆的光纤和电网口为主，并且配置双电源，保证核心的稳定性和可用性。

布线工程涉及主楼、四号楼以及邻近的相关单位。外网的流量比较大，安全性和网络管理问题复杂，新架设的网络设备能够符合这种全方位的要求。布线工程的总汇聚点位于办公大楼的北侧二层，网络设备采用集中方式放置与管理，计算机信息点为每个楼层房间 2 个点左右规模(1 个内网点、1 个外网点)、单人房间 2 个。

2. 国家林业局办公内网。国家林业局办公内网核心交换配置一块 24 口的千兆模块，用于连接各楼层汇聚的接入层交换机。内网范围从国家林业局主楼 1 楼至 11 楼每个房间一个信息点，每个楼层房间的网线都集中在本楼层的配线间中。接入层采用系列可堆叠智能交换机，在楼层或高密度办公区域多台堆叠为终端 PC 提供 10/100M 到桌面的带宽保障，并通过千兆链路与核心交换机互联。

根据电子政务要求在内网部署了一套数据存储系统和数据备份系统。内网数据中心的存储系统采用与外网一样的存储模式。根据建设需要及总体设计，各应用系统的数据存储均在数据中心。

应用支撑为各应用系统提供所需的资源共享、信息交换、业务访问、业务集成、流程控制、安全控制和系统管理等方面的基础性和功用性的支撑服务，同时它也是应用系统的开发、部署和运行的技术环境。应用支撑具有开放和扩展性，并能够适应业务需求的动态变化。林业应用支撑为业务应用系统开发提供各类基础组件、中间件，提高系统建设效率；同时解决业务应用之间的互通、互操作等问题。应用支撑由注册服务、鉴权服务、状态管理服务、电子签章管理服务、即时业务服务、应用资源整合服务、电子政务客户端服务等组成。其架构包括：目录体系和交换体系、业务流程管理、林业数表模型、林业基础组件、林业常用工具软件等，其主要建设内容可分为目录体系、交换体系和快速应用搭建平台3个部分。

3. 专网平台。国家林业局专网通过中国联通和电信的 SDH 专线连接国家林业局京内外直属单位和全国各级林业主管部门，共72个节点，与国家林业局内网逻辑隔离。联通了全国各省级林业部门和国家林业局京内外直属单位，建成了集传输文字、视频、语音等各类信息数据的高标准高速公路。通过与部分省所建专网的联通，国家林业局专网的触角已经延伸到县。依靠专网，建设了覆盖全国的公文传输系统及视频会议系统，承担了林业各应用系统的数据传输、交换、查询功能，满足了全国林业视频会议召开需求。

二、林业云平台

(一)项目背景

云计算是新一代信息技术的重要发展方向，被视为中国信息技术实现创新突破、跨越式发展的战略机遇。目前已有20多个地方公布了云计算产业发展规划，相继出台了产业发展规划、行动计划，鼓励建设示范试点工程，制定了土地、税收、资金等方面的优惠政策。通过政企联合、官产学研一体化运作，积极推进本地区互联网数据中心（Internet Data Center，IDC）、灾备中心等云计算基础设施建设，已成为新一代云计算基础设施的主要推动者。

在云计算应用模式大发展的背景下，硬件、软件、集成、运营、内容服务等领域的主要厂商纷纷借势转型发展，基于已有的产品及技术优势，推出云计算服务及解决方案，这使云计算产业链得以构建，以基础设施服务商、平台服务商、应用软件服务商、云终端设备提供商、云内容提供商、云系统集成商为主要角色的云计算生态系统正在加速形成。

林业行业将逐步构建起中国林业云，以先进的技术、先进的理念支撑林业现代化建设。林业云的发展需要有效整合各方资源，形成发展合力，推动政策与试点、技术与标准、研究与应用、基地与企业的无缝衔接和良性互动。

（二）建设目标

1. 构建林业信息化云服务体系。充分应用云计算和物联网等先进信息技术，利用 5 至 8 年时间，实现中国林业云服务平台体系内林业核心业务信息化覆盖率达到 80% 以上。逐步从数字林业转向智慧林业，逐步实现智慧流程、智慧结构、智慧感知、智慧管理、智慧应用、智慧服务。

2. 形成林业信息化云服务模式。紧紧围绕中国林业云服务平台体系发展的需要，重点发展以云计算为基础的林业信息化云服务模式，形成以林业云服务业、林业软件设计开发、林业电子产品研发与制造为核心的，集科研创新、软件研发、生产制造、现代服务为一体的现代信息服务产业体系。

3. 发展全国林业信息化云服务基地。中国林业云服务基地将按照一个核心、两个平台、三类细分产业、四种服务体系进行规划建设。以传统林业与信息化深度融合推进为核心，打造区域乃至全国的林业信息化研发生产平台和服务共享平台，重点发展与林业相关的软件与服务外包、涉林的新兴电子产业、涉林的信息服务业，支持投融资支持体系、快速孵化体系、服务支撑体系、人才培养体系建设。充分发挥中国林业云服务基地对全国的示范作用，形成强大的云计算服务能力。

（三）总体设计

云计算是新一代信息技术的代表，云应用、云服务是未来信息化发展的重要趋势。林业行业将逐步构建起中国林业云，以先进的技术、先进的理念支撑现代林业发展（图 4-1）。

中国林业云由两部分组成，分别是国家级中心和省级分中心。国家级中心由 1 个国家中心、1 个业务服务支撑中心组成。省级分中心由 31 个省（自治区、直辖市）林业厅（局），内蒙古、吉林、龙江、大兴安岭森工（林业）集团公司等 35 个分中心组成。

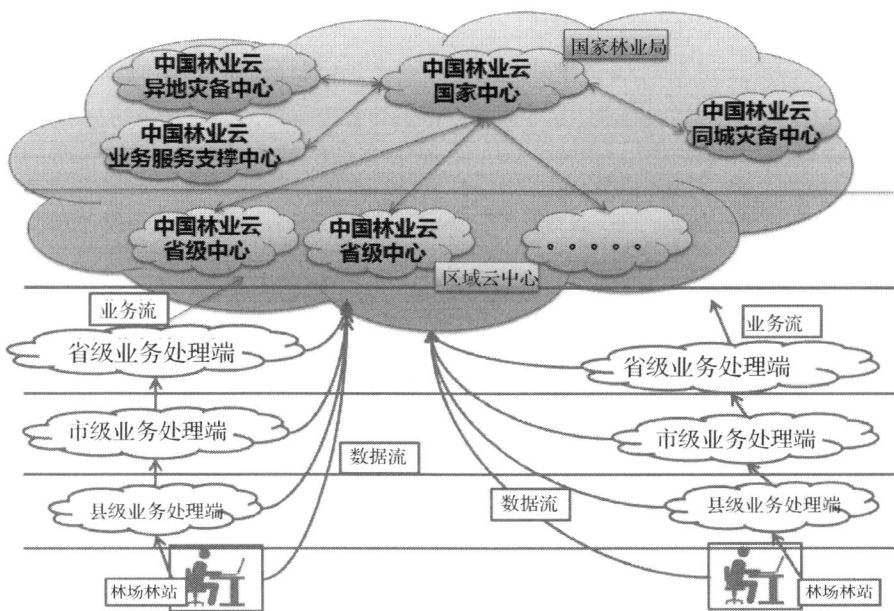

图 4-1　中国林业云服务平台体系结构图

国家级中心存储全国林业信息资源，促进行业内外网林业信息资源的共建共享，省级中心是国家的分布式数据分中心，主要存储本省林业信息资源，逐步建立覆盖全国，连接国家、省、地、县四级、且上下贯通、垂直一体的中国林业云服务平台体系。

中国林业云国家中心，存储全国林业的各种数据、报表、音视频等信息资源，为国家林业局及各级林业主管部门提供基础硬件、中间件、业务、数据等各项服务，将国家林业局所有的业务及数据服务化，为各级林业主管部门提供业务服务的云计算平台。中国林业云国家中心的外网将建成林业的公有云，内网将建成林业行业的专有云。

中国林业云业务服务支撑中心，为中国林业高科技产业发展提供"办公、研发、生产"为一体的环境，为整合"政、产、学、研、金、企、介"等的创新提供增值服务平台。

（四）建设内容

1. 林业云平台建设。

中国林业云国家中心建设。中国林业云国家中心的建设，按照等

级保护三级要求改造国家林业局现有内外网机房，建成中国林业云国家中心，将外网改造成林业行业的公有云，将内网改造成林业行业的专有云，完成原有业务系统的迁移，完善各类业务和数据服务，将提升国家中国林业云国家中心的服务能力。

中国林业云业务服务支撑中心建设。中国林业云业务服务支撑中心是中国林业云的业务支撑中心。一是充分应用云计算和物联网等先进信息技术，实现业务服务支撑中心内林业核心业务信息化覆盖率100%，在全国率先实现林业现代化发展，成为全国现代林业建设的典范；二是发展现代信息服务产业，紧紧围绕业务服务支撑中心现代林业发展的需要，重点发展以云计算为基础的林业信息化云服务模式，形成以林业云服务业、林业软件设计开发、林业电子产品研发与制造为核心，集科研创新、软件研发、生产制造、现代服务为一体的现代信息服务产业；三是成为全国林业信息化云服务基地，以业务服务支撑中心对全国的示范作用为基础，依托业务服务支撑中心形成的林业云计算服务能力，打造面向全国现代林业发展的云服务体系。

省级分中心林业云平台建设。省级分中心与中国林业云国家中心为同构中心，采用与国家中心同样的架构分别建设，通过网络将国家级中心和省级分中心连通实现分布式存储数据的统一调用。省级分中心由各省级按照统一标准、统一规划进行建设。

2. 林业云数据资源及大数据处理平台建设。数据资源主要是通过林业基础数据库建设工程的实施，通过规范林业信息分类、采集存储、处理、交换和服务的标准，建成林业系统四大数据库，即林业资源基础数据库、林业专题数据库、林业地理空间信息库、林业经济产业数据库，打破"信息孤岛"和"条块分开"，实现数据的共建共享、互联互通和最佳利用。

3. 林业云公共服务体系建设。中国林业云公共服务体系是将中国林业云国家级中心和省级中心的基础设施、支撑平台转换成服务。

基础设施服务。将国家级中心和省级中心的处理、存储、网络和其他基本的计算资源。租户不管理或控制任何云计算基础设施，但能控制操作系统的选择、储存空间、部署的应用，也有可能获得有限制的网络组件的控制。

支撑平台服务。林业支撑平台服务的总体建设目标是通过提供统一的技术开发、构建和应用支撑环境，实现各类林业资源服务的管理、汇聚、承载和共享，为林业资源信息化提供平台支撑，是林业资源信息化一体化解决方案的一部分。

安全监控服务。在安全保障方面通过对国家标准、政策法规的研究与知识的积累；通过对林业行业特点及业务流程特点的研究及工程经验的总结分析；通过对新技术的研究与运用。与此同时，通过对安全服务市场发展趋动因素的分析，中国林业云能够提供的安全服务包括安全咨询、等级测评、安全审计、运维管理、安全培训等几个重点方向，中国林业云需要的是有针对性的、个性化的、模块化的、可供任意选择的、周全的安全服务体系。

三、林业资源综合监管项目

（一）项目背景

在 2009 年 6 月中央林业工作会议上，党中央、国务院确立了新时期林业在国家全局中的地位。明确指出，要赋予林业"四个地位"，即：林业在贯彻可持续发展战略中具有重要地位，在生态建设中具有首要地位，在西部大开发中具有基础地位，在应对气候变化中具有特殊地位。这些都为新时期加强林业资源监管提出了更高的要求。林业信息化是提高林业资源数据存储、查询、统计分析和共享水平的必然途径，是将林地、湿地、沙地和生物多样性等基础林业资源数据落实到山头地块，解决好"资源分布在哪里"、"林子造在哪里"、"治沙治在哪里"等问题，形成对三大系统和一个多样性全面有效监管的必然选择。

通过强化林业资源综合监管的信息化手段，改变传统纸介质的手工作业方式。通过上下联动的网络化政务管理系统运行，实现国家对各级林业资源管理过程中一些关键环节的有效监控，使林业资源管理过程更加规范化、程序化，使林业资源管理过程能够有效得到监控，在机制上难以突破的瓶颈，通过技术手段有效加以解决。通过网络、信息交换等信息技术手段，实现国家和省级林业资源信息的同步，为国家更好的了解林业资源分布及辅助决策打下基础。建设国家林业局林业资源监管服务系统建设项目，对全国林业资源的利用进行监管，为国家林业局宏观决策提供及时可靠地科学依据，促进林业行业的科学发展。

（二）建设目标

按照《全国林业信息化建设纲要（2008—2020）》要求，以及国家林业局业务系统建设需求，主要有三大建设目标：

通过建立国家林业局林业资源综合监管试点，提高国家对林业资源利用的监管能力和宏观决策能力，形成对"三个系统一个多样性"资源的有效管理。

进一步扩展林业信息化基础平台支撑能力，实现国家和省级平台的多级交换，以及公共基础信息、林业基础信息、林业专题信息和政务办公信息等多种数据格式的整合与综合利用。

建立国家林业局运维服务平台，提供"统一监控、上下联动"的运维服务支撑。运维服务平台采用国家林业局信息化基础平台的综合运维管理系统，对国家和省两级基础平台进行实时监控，首先确保国家林业局信息化基础平台及其上运行的业务系统安全稳定的运行，依据统一的运维流程和规范指导维护工作，形成"统一规范、统一流程、统一监控、分级处理"的运维体系。

（三）建设内容

1. 建设了国家级和试点省辽宁省林业资源综合监管服务系统。在试点省范围内形成对"三个系统一个多样性"资源的有效管理。面向国家林业局相关专业司局，提供对林业资源的综合监管工具；面向国家林业局领导和决策者，提供对林业资源的综合查询和统计分析。

2. 扩建国家林业局信息化基础平台。实现国家和省级系统的多级交换，公共基础信息、林业基础信息、林业专题信息以及政务办公信息等多种数据格式的整合与综合利用，同时提高林业系统应用软件的复用度，提高开发效率，有效整合应用资源。

3. 建立国家林业局运维服务平台。确保国家林业局信息化基础平台及其上运行的业务系统安全、稳定运行，同时依据统一的运维流程和规范指导省级系统的维护工作，提供"统一监控、上下联动"的运维服务支撑。

第二节　数据开放共享

一、数据开放共享平台

（一）项目背景

信息化是当今世界经济和社会发展的大趋势，也是我国产业优化升级和实现工业化、现代化的关键环节。林业信息化就是充分利用现代信息技术，深入开发和广泛利用林业信息资源，包括林业信息的采集、传输、存储、处理和服务，全面提升林业事业活动效率和效能的历史过程。

随着林业信息化脚步的加快，积累了日益丰富的信息资源内容，包括数字、文字、视频、语音以及视频等类别，中国林业数据库作为林业数据资源集大成，应该以大数据理念去思考，要扩充林业数据库的范围，能够将中国林业的各类数据甚至国际林业数据情况都集成在数据库中。中国林业数据的数据来源主要有三个方面：一是来源于国家林业局各司局级单位以及全国各级林业主管部门经过多年形成的各类数据成果资料；二是可以从国内外各类公开的政府或相关机构网站发布的林业信息资源；三是可以来源于公众，随着互联网的发展，可以发动网民的力量逐渐丰富林业数据库的内容。林业数据库一期建设文字数据库建设，主要以文字式资料为主，后期将逐步将数字、视频，以及语音等数据资源整合进来，从而形成涵盖范围广、数据内容全面的综合性林业数据库。本期林业数据库建设主要定位在数字数据库建设，在一期文字资源数据库基础上，进行数据的分析处理，同时收集整理国际林业相关的数字资料，扩充林业数据库的内容和范围，形成以数字为主的林业数据库，在此基础上完善林业数据库系统，提供更为丰富的数据检索、统计分析以及预测，满足各级林业工作者和公众应用需要（图4-2）。

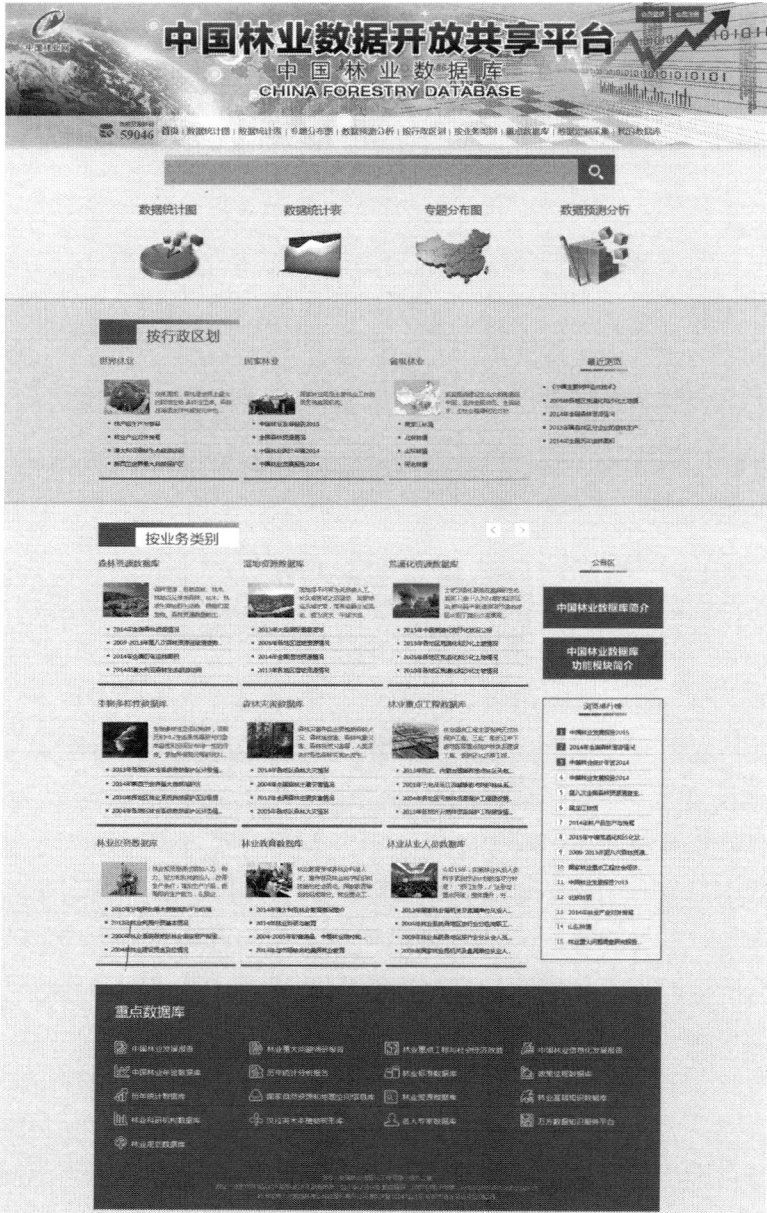

图4-2 中国林业数据开放共享平台

（二）建设目标

林业数据库的内容数据类型丰富（文字、数字等），涵盖范围广（国内、国际、政府、科研，公众等），内容全面（林业资源、重点工程、林业灾害、林业产业等等）。这些数据信息经过了多年的发展积累，已经形成海量的数据，必须要以大数据思维理念为指导，采用先进的计算机技术、数据库技术、网络技术、大数据技术、云计算技术等，建立统一林业数据库平台，从现有的分散环境中提取相关的、可靠的、全面的数据和信息，整合各种林业资源，形成涵盖数据全面的林业数据库，消除林业信息孤岛，解决海量信息集成应用需求、为各类用户提供有效、便捷、全面的林业信息数据支撑，提升林业信息化水平。

（三）总体设计

中国林业数据库系统建设依据全国林业信息化建"四横两纵"的总体框架，结合林业数据库系统的需求，基于 SOA 框架体系，采用云计算技术、大数据技术、在线分析处理技术以及数据中心和数据仓库技术，以林业数据库为核心，以互联网和林业专网为依托，进行林业数据库系统构建。

基础设施层，基础设施层主要包括网络、硬件和软件平台。

数据层即林业数据库建设，林业数据库主要包括 5 类林业信息资源数据库建设，即：文字数据库、结构化数据库、图片数据库、视频数据库、语音数据库。其中文字数据库为林业数据库一期建设内容，本期主要进行结构化数据库建设。

支撑层主要提供林业数据库系统建设的平台的运行保障技术支撑服务，并提供各类应用支撑服务组件，包括数据访问引擎、用户管理、权限管理、元数据管理、数据存储、信息管理、信息检索、统计分析等等。

应用层主要包括面向全国各级林业管理、业务、技术以及公众提供的林业数据库门户应用、面向系统维护人员提供的数据管理系统以及面向信息更新维护人员提供的数据定制化采集系统。

整个系统建设，需要充分依托政策法规与标准规范保障体系和组织机构与安全保障体系，为整个项目运行提供支撑软环境。

（四）建设内容

1. 林业数据库结构化数据库建设。根据数据类别，通过系统的分析国内主要的林业信息资源网站，对数据进行分类、主题标引，建立相关链接，为用户方便快捷地查询国内外林业信息资源提供专业的学科导航系统。参照中国林业网纵横分明的导航分类体系，将林业数据库从纵向上分为国际、国家、省级、市级、县级几个层级，从横向上按照不同的林业业务专题进行分类包括森林资源数据库、湿地资源数据库、荒漠化和沙化数据库、野生动植物资源数据库等，对于各个业务专题的数据再进行分类组织，按照不同的管理目的细分为监测类数据、综合类数据、分析类数据等。

数据采集。对于林业资源数据、林业重点工程和社会经济效益数据、林业产业数据以及国际林业数据情况，先进性数据梳理分析，制定数据结构，形成数据录入界面，然后针对各类历史资料，按照表格方式填写相关信息，直接存入数据库。

数据更新。按照分建共享的原则，对于现势性和未来的数据，可以根据数据所属的司局级以及地区，可以将数据采集系统提供给相关的司局级单位或各级林业主管部门，由其相关业务人员，按照各类数据资源情况，及时进行数据更新，保持数据的现势性，使林业数据库保持生命力。

2. 中国林业数据库门户系统建设。中国林业数据库门户系统建设是基于林业数据库，面向内网、外网用户提供各类林业数据库查询、统计与数据展示系统门户。

（1）数据库门户。数据库门户是整个中国林业数据库的入口，是链接各类林业数据库的桥梁和枢纽，是中国林业数据库的集散中心、分析统计中心和管理维护中心，负责林业各类数据库的共享。

（2）数据库分类组织。林业数据库在门户上按照数据库分类进行组织，便于用户根据分类快速查找资源数据信息，参考林业局网站的风格分类布局，采用扁平化设计理念，上部为标题和栏目，右面显示数据库按照分类、库、子库模式的树状结构。并采用横纵分明的布局体系对数据库分类进行组织，纵向涵盖国外、国家、省级、市级、县级林业等各层级数据，横向覆盖了林业各业务数据库，包括森林资源数据库、荒漠化和沙化数据库、湿地数据库、野生动植物资源数据库、重点工程数据库、林业灾害监控数据库以及林业产业数据库等，对各个业务数据库对其数据内容再按照不同的类型进行组织，包括监测类数据、综合类数据、分析类数据、管理类数据以及规划类数据等。

（3）数据查询。查询方式可以分为全文检索、关键字查询、分类查询、组合查询、字段浏览、检索表达式、二次检索等方式。

（4）数据统计表。按照时间、区域以及其他各类条件，进行数据的统计汇总，便于了解各个时间段、各个区域林业各类资源信息的情况。

（5）数据统计图。提供饼状图、柱状图等统计图的方式对林业统计数据进行统计展现，便于为领导、各级业务人员、公众提供直观的统计信息。

（6）专题分布图。提供按照时间、政区提供分布图的方式，查看各类林业资源的变化情况，并与通过 GIS 按照区域更直观的展现各类数据统计情况。

（7）数据分析。基于历史库数据以及现势库数据，基于统计分析模型，进行数据分析预测，形成新的数据成果和分析结果，为可学研究和领导决策提供数据支撑。

（8）数据库统计。提供对各类数据库使用情况的查询统计，包括各类数据库用户访问量、下载量、资源数据的访问量、下载量，便于中国林业数据库使用信息的积累，通过统计数据情况，为后续信息内容的扩充提供参考，从而扩大中国林业数据库使用效率和提升系统使用意义。

（9）我的数据库。针对注册用户，提供对自身感兴趣的资源分类管理，提供个人资源使用的门户，方便用户的使用。

3. 中国林业数据库管理系统。

（1）用户管理。包含新增用户；注销用户（注销后的用户信息可以看到，但不能进行修改或物理删除）；修改用户基本信息。用户权限分配：分配用户的角色或权限，既可以分配角色，也可以分配权限。可以对单个用户授权或取消授权，也可对组织结构下的用户批量授权或取消授权。用户登录验证，通过验证后根据用户角色、权限初始化系统界面及用户的数据操作权限。

（2）角色权限管理。定义系统中用到的角色，角色由权限组成。定义系统中的权限，包括权限 ID、权限名称等。

（3）系统日志管理。对系统功能操作日志的查询，包括按日期、用户名、IP 地址和事件类型等。可以将查询结果导出为 Excel 文件。

（4）编目管理。实现林业数据库资源编目管理，以树型结构直观展现数据之间的上下级关系，用户可直观了解数据中心的数据规模和相关关系，并可查看树上任意元数据节点的详细信息。

二、长江经济带林业数据资源共享平台

（一）项目背景

长江经济带是中国新一轮改革开放转型实施新区域开放开发战略。具有全球影响力的内河经济带；东中西互动合作的协调发展带；沿海沿江沿边全面推进的对内对外开放带；也是生态文明建设的先行示范带（图 4-3）。

长江经济带覆盖省份：上海、江苏、浙江、安徽、江西、湖北、湖南、重庆、四川、云南、贵州 11 个省（直辖市），面积约 205 万平方千米，人口和生产总值均超过全国的 40%。

长江经济带森林生态系统是沿江绿色生态廊道的重要组成部分，在涵养水源、保持水土、生物多样性保护等方面发挥着不可替代的作用。多年来，在党中央、国务院的坚强领导下，在地方各级党委、政府和广大干部群众的努力下，长江经济带造林绿化工作取得了明显成效，森林面积持续增加、生态功能不断改善。但也要看到，长江经济

图4-3　长江经济带林业数据资源共享平台

带造林绿化工作仍然面临着森林生态功能脆弱、低效退化林面积大等问题，与长江经济带"生态文明建设的先行示范带"功能定位还有一定差距。为进一步加强长江经济带造林绿化工作，推进长江经济带绿色生态廊道建设，把改善长江流域生态环境作为最紧迫而重大的任务，加强流域生态系统修复和环境综合治理，大力构建绿色生态廊道。

　　长江拥有独特的生态系统，是我国重要的生态宝库。当前和今后相当长一个时期，把修复长江生态环境摆在压倒性位置，共抓大保护，不搞大开发。主要体现在林业生态安全保护和林业产业发展，生态安全保护包括森林资源保护、森林健康保护及生物多样性等方面；在保障生态安全的基础上，运用信息共享平台，推动产业发展。

　　以国家大数据战略和长江经济带发展战略为依据，以国家林业局信息化顶层设计为规范，结合森林保护和林业发展的实际工作需要。以沿江11省（直辖市）林业信息一体化为目标。建设长江经济带林业数据资源协同共享平台，可以有效推进长江经济带林业信息化向智慧化发展。实现互联网思维、大数据决策、智能型生产、协同化办公、云信息服务，为引领林业现代化做出新贡献。

（二）建设思路

深入贯彻落实党中央、国务院关于长江经济带、信息化发展的系列决策部署，以《国家林业局关于加快中国林业大数据发展的指导意见》为指导，在遵循统一规划、统一标准、统一制式、统一平台、统一管理"五个统一"的基础上，坚持开放共享、融合创新、提升转型、引领跨越、安全有序的基本原则，以"创新、协调、绿色、开放、共享"为理念，以全面整合长江经济带林业数据资源为重点，协同协作，形成合力，共同推动长江经济带生态大保护，为建设林业现代化做出新贡献。

按照"分期推进、试点先行"的建设模式，建立长江经济带林业数据资源协同共享平台，整合长江经济带森林、湿地、荒漠化和生物多样性等多层次、多内容、多维度的林业基础数据资源，利用大数据技术，开展长江经济带公共基础数据库、遥感影像数据库、林业基础数据库等基础数据库建设，建立国家林业局与长江经济带省级林业主管部门的数据通路和交换机制，为长江经济带生态安全提供大数据技术支持，推动简政放权，增强决策的科学性、前瞻性，推动林业管理理念和社会治理模式的创新。

实现数据资源的互联共享，提高信息公开程度和公众服务能力，提升办公效率和资源共享程度。长江经济带林业数据资源协同共享平台建设项目主要完成：协同共享平台、开放服务平台、融合应用平台、基础数据库、林业专题数据库建设。其中数据资源共享交换是整个项目建设的核心，最终实现长江经济带林业大数据一体化，包括跨省数据融合、业务融合、管理融合、决策融合。

（三）总体设计

按照统一标准、共建共享、互联互通的原则，以高端、集约、安全为目标，积极推进长江经济带林业系统三大基础数据库建设，加快林业信息基础设施的全面升级优化，实现长江经济带林业资源透彻感知、互联互通、充分共享及深度计算，为智慧林业体系的建设打下坚实基础。

以现有森林资源数据库、湿地资源数据库、生物多样性数据库等专题数据库等为基础，按照统一的数据库编码标准，收集、比对、整合分散在各部门的基础数据，立足国家、省、市、县林业管理部门和公众对林业自然资源的共享需求，确定包括资源类别与基本信息等方面的数据元，形成林业系统自然资源数据库的基本字段，建立统一标准的林业资源数据库。

建立统一的林业产业数据库，实现林业产业信息的共享，提高各级林业部门的工作水平和服务质量，提高社会各界对林业产业发展的研究水平，提高林业产业统计对林企、林农的服务能力，为林业宏观管理决策提供科学依据，为林业信息服务提供支持。充分利用3S、移动互联网、大数据等信息资源开发利用技术，基于目前的林业空间地理数据库和遥感影像数据库，构建长江经济带统一的林业地理空间信息库，实现对长江经济带林业地理空间数据库的有效整合、共享、管理及使用，为各级林业部门提供高质量的基于地理空间的应用服务，消除"信息孤岛"，为长江经济带生态建设提供强有力的支撑。

长江经济带林业大数据战略要落实，除了提供政策支持外，还要拿出切实可行的方案推动政策的落地，按照林业大数据现状及发展趋势，主要划分为协同共享平台、开放服务平台、融合应用平台等逻辑部分，逻辑结构（图4-4）。

（四）建设内容

1. 协同共享平台建设。林业信息资源交换体系是林业信息化建设总体框架的重要组成部分，是长江经济带林业信息化建设的重要应用支撑基础之一，是按照林业信息化统一的标准和规范，以林业政务内、外网和基础设施为基础，为支持各交换结点间信息资源共享交换以及业务协同而建设的信息服务体系。围绕业务协同，以业务信息为基础，确定各级之间交换信息指标及信息交换流程，实现各级异构应用系统

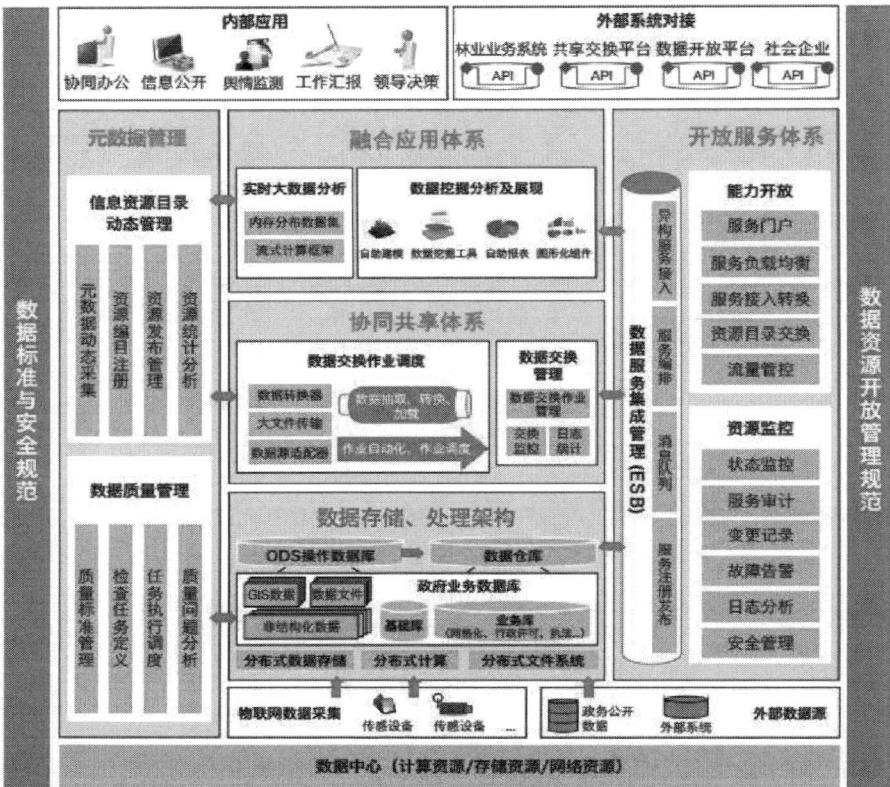

图 4-4　逻辑结构

之间，松耦合的信息交换，形成各级林业信息资源物理分散、逻辑集中的信息交换模式，提供林业系统纵、横向按需信息交换服务，提高各级林业行政管理部门管理效率和公共服务水平，满足各类用户对林业信息资源的需要。

2. 融合应用平台建设。

（1）政务门户。门户系统是数据资源库中信息资源和信息服务的集中展现窗口，通过对门户系统的栏目规划，可实现清晰、条理化的信息展示和信息服务提供。政务外网门户系统向用户提供的主要服务

内容包括以下几类：首页、数据查询、数据分析、分析报告、个性化服务、互动服务。

（2）信息发布与服务系统。信息发布与服务系统是对数据发布、共享服务业务进行统一管理的逻辑平台，它提供了对数据共享发布、信息服务提供的全程管理机制，同时作为信息门户的统一管理后台，提供包括内容管理、用户管理在内的集成管理功能。

（3）报表系统。数据统计报表是管理的基本措施和途径，是基本业务要求，也是实施 BI 战略的基础。目前，多数报表信息化处于空白阶段，报表的设计、分发、上报和统计尚处于人工阶段，数据可靠性低，填报周期长，灵活性低。数据统计报表系统通过快速灵活的设计、分发和填报报表来实现数据采集、统计分析、查询等，并为决策提供数据支持的数据统计报表功能。

（4）数据综合分析系统。数据综合分析系统可以划分为三个大的层次，即：数据资源层、综合分析支撑层（数据综合分析平台）、数据综合分析业务展现层。

数据资源层以元数据体系和基础数据库为基础，以元数据体系为导引，在主题及主题数据管理系统的作用下，转换生成基础主题数据库的数据或各专项主题数据库的数据（各专项主题数据库的数据也可从基础主题数据库经筛选过滤按数据集市的方式形成）；同时主题及主题数据管理系统将这个环节产生的关于主题方面的元数据（如主题模型、主题数据转换加载规则等）补充到元数据体系中。

综合分析支撑层针对主题数据库的长远建设要求，规划设计了一套通用的主题及主题数据管理功能，包括基于元数据的基础数据资源的查询定位、主题及主题数据库建模、主题数据抽取转换加载规则、主题数据生成加载等功能。主题数据抽取转换加载规则管理功能可以和主题及主题数据库建模功能一起使用，也可以分开使用，以便单独调整修订数据抽取转换加载规则。主题数据生成加载功能，基于已定义的主题数据抽取转化加载规则，利用 ETL 工具或经二次开发，在基础数据库相关的数据发生变化时，从基础数据库中抽取数据，装载到基础主题数据库或各专项主题数据库，保证基础主题数据库或各专项主题数据库中的数据与基础数据库中的数据内容相一致。

体系架构中最上面的数据综合分析业务展现层，面向各类不同用户，基于主题数据库（及基础数据库），提供多层次、多形式的数据查询分析服务功能，把各项查询分析服务与各主题数据库组织在一起，形成一个可支持林业数据资源库各层面用户分析需要的林业数据资源库分析应用环境。包括：主题分析服务、数据分析"实验室"服务、基于元数据体系的数据资源的查询分析服务、预定义查询分析服务、常见算法的统计分析服务。

（5）领导决策服务系统。决策支持系统，是以管理科学、运筹学、控制论和行为科学为基础，以计算机技术、仿真技术和信息技术为手段，针对半结构化的决策问题，支持决策活动的具有智能作用的人机系统。该系统能够为决策者提供所需的数据、信息和背景资料，帮助明确决策目标和进行问题的识别，建立或修改决策模型，提供各种备选方案，并且对各种方案进行评价和优选，通过人机交互功能进行分析、比较和判断，为正确的决策提供必要的支持。

（6）应用支撑系统。应用支撑系统是数据资源库系统的重要组成部分，是核心业务系统的底层技术支持平台，为核心业务系统提供技术架构和技术实现方法。

三、"一带一路"林业数据资源协同共享平台

（一）项目背景

2015 年 12 月 29 日，国家林业局局长张建龙指出，实施"一带一路"战略，生态要先行。国家林业局将采取一系列举措，加强防沙治沙和生态保护，为"一带一路"战略实施创造良好的生态条件。从国内看，"一带一路"特别是丝绸之路经济带沿线所涉及的 7 个省（自治区），是我国

沙化土地集中分布的地区，沙化土地面积占全国沙化土地总面积的95.39%。从国际看，"一带一路"所涉及的60多个国家都是《联合国防治荒漠化公约》的缔约方，都遭受着不同类型的荒漠化、土地退化和干旱的危害。因此，必须加强荒漠化防治与合作，努力改善并着力保护好"一带一路"沿线地区的生态环境和林草植被，为这些区域的发展提供必需的生态容量和生态承载能力。国家林业局组织编制了《"一带一路"林业合作规划》，荒漠化治理和生态恢复为规划重要内容之一。

"一带一路"愿景和行动文件是新中国成立以来我国所提出的经济规模最大、地理空间范围最广和涉及领域最多的和平建设倡议。林业伴随着大量的林产业发展和生态安全的建设，在"一带一路"推进过程中，必然会产生大量的数据。为贯彻落实《国务院关于印发促进大数据发展行动纲要的通知》精神，国家林业局以加强林业大数据应用作为提升政府治理能力的重要实现路径，细化落实工作任务，加快林业数据开放共享，推动信息资源整合。

（二）建设目标

项目的主要建设目标为收集整理"一带一路"沿线重点地区森林、湿地、荒漠化和生物多样性的基础数据，利用大数据技术，建立"一带一路"林业数据资源协同共享平台，为"一带一路"的生态安全提供大数据技术支持。为领导决策、业务处理、社会公众、国际合作、科学研究提供数据支持和服务。本项目按照整体统筹设计，分步建设实施的方法进行。

在"一带一路"迅猛推进的过程中，平台建设将坚持林业信息化"五个统一"的基本原则，按照国家总体部署，结合林业改革和发展需求，借鉴国内外大数据发展新技术新理念，建立林业大数据分析模型；结合林业大数据发展基础和条件，开展林业大数据监测采集、林业生态安全分析评价、"三个系统一个多样性"动态决策等建设与应用；加强中央与地方协调，发挥中国林业大数据国家主中心、各省分中心的联动作用，完善林业数据开发和共享目录，推动数据开放共享利用。

项目具体建设目标包括：

（1）以甘肃、青海、宁夏为"一带一路"的试点重点区域，开展"一带一路"林业数据资源协同共享平台建设，建立数据库标准与规范，完成基础数据库建设，包括基础地理信息数据库、林业专题数据库、元数据等。

（2）综合林业数据与多源遥感数据，建设数据服务体系，实现"一带一路"地区的林业数据资源共享服务。

（3）建设森林资源专题数据库，掌握甘青宁三省（自治区）森林资源现状。以荒漠化防治为目标，建设荒漠化专题数据库。实现针对森林资源管理和荒漠化防治的林业数据分析。

（4）建设数据交换体系，实现甘肃、青海、宁夏省域间数据交换，以及与中国林业大数据主中心数据共享。

（三）总体设计

"一带一路"协同共享林业大数据平台利用统一的基础设施，基于各类林业数据库，按照统一标准建立，支撑各类林业应用，为"一带一路"生态文明建设和决策提供数据支撑，为生态安全保驾护航（图4-5）。

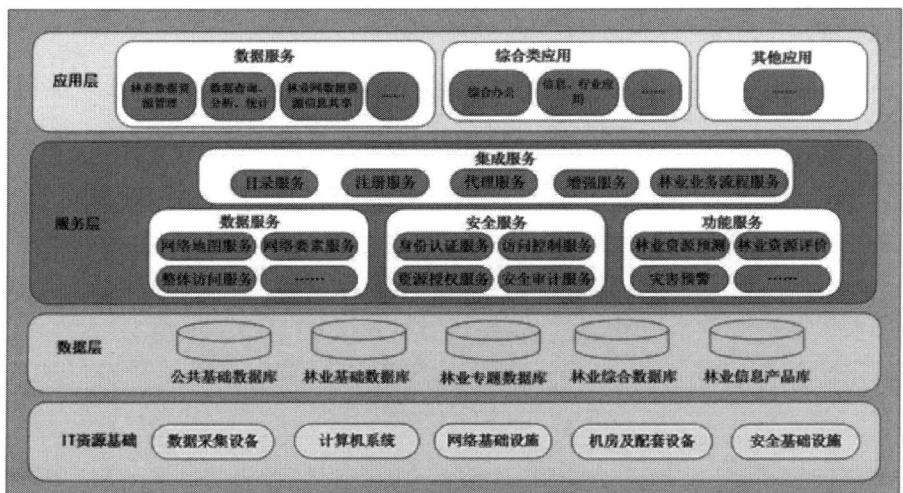

图4-5　总体结构设计

平台的总体应用架构分为四个主要的层次，包括：

1. IT 基础资源层。包括数据采集设备、计算机系统、网络基础设施、机房及配套设施、安全基础设施。对网络、服务器及存储资源优化与提升，提升计算资源的利用率，增强系统的稳定性与扩展性。

2. 数据层。根据林业应用和特点，林业数据库分为公共基础数据库［基础地理信息（非涉密）、遥感影像数据库（非涉密）等］、林业基础数据库（森林、湿地、沙地和生物多样性等资源数据库）、林业专题数据库（荒漠化专题、森林培育、生态工程、防灾减灾、林业产业、国有林场、林木种苗、竹藤花卉、森林公园、政策法规、林业执法、科技、国际交流等数据库）、综合数据库和信息产品库。通过数据的抽取、处理与装载，汇集各组织群体、用户群体、政务系统的信息资源，建立建全数据信息，解决信息孤岛问题。

3. 服务层。按照所提供的功能特点不同，信息服务接口分为 4 种类型，分别是数据服务、功能服务、安全服务和集成服务。

4. 应用层。一方面综合利用林业数据资源，不仅实现基本的数据查询、分析与统计，同时实现深层次的信息挖掘、钻取及多维度分析；另一方面实现系统集成、流程集成、应用集成，建立系统之间的桥梁，提高业务工作效率。

（四）建设内容

按照"一带一路"协同共享林业大数据平台建设愿景，以及总体设计、试点先行、分步实施的建设原则，本项目完成甘肃、青海、宁夏三省（自治区）荒漠化沙化和森林资源连续清查遥感判读数据的交换、共享和大数据服务建设（图 4-6）。

1. 基础数据库。根据林业生产、经营和管理特点所建立的数据库。根据《全国林业信息化建设纲要》的要求，林业数据库分为公共基础数据库［基础地理信息（非涉密）、遥感影像数据库（非涉密）等］、林业基础数据库、林业专题数据库。按照全国林业信息资源目录体系标准，整合管理甘肃、青海、宁夏的荒漠化沙化土地数据库、森林资

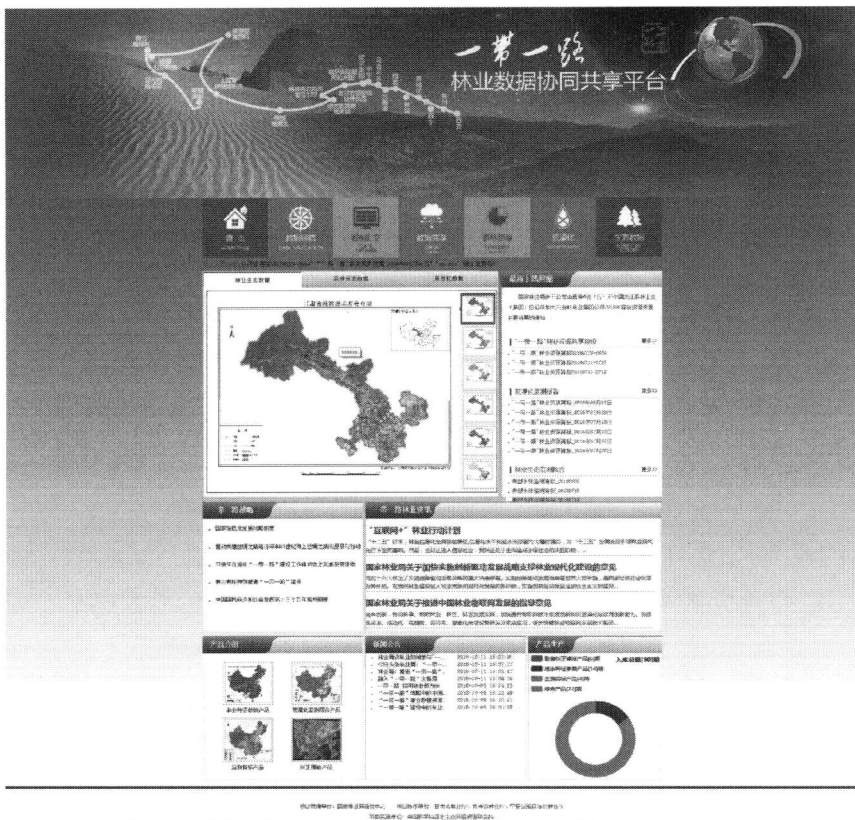

图4-6 "一带一路"林业数据协同共享平台

源连续清查遥感判读数据库，实现对数据库的更新维护和共享功能，将基础数据库整合部署在国家林业数据中心。

本项目建设以甘肃、青海、宁夏为重点区域开展数据准备工作，从荒漠化数据的收集、处理、交换、共享为试点，建立技术规范与处理流程，进而实现森林资源数据的整合。

2. 数据交换体系。针对林业行业信息化建设特点，按照国家标准要求，提供基于中间件和 Web 服务两种技术方式的标准化设计和建设，满足甘肃、青海、宁夏各级次业务系统开发和集成的数据交换技术要求(图4-7)。

160

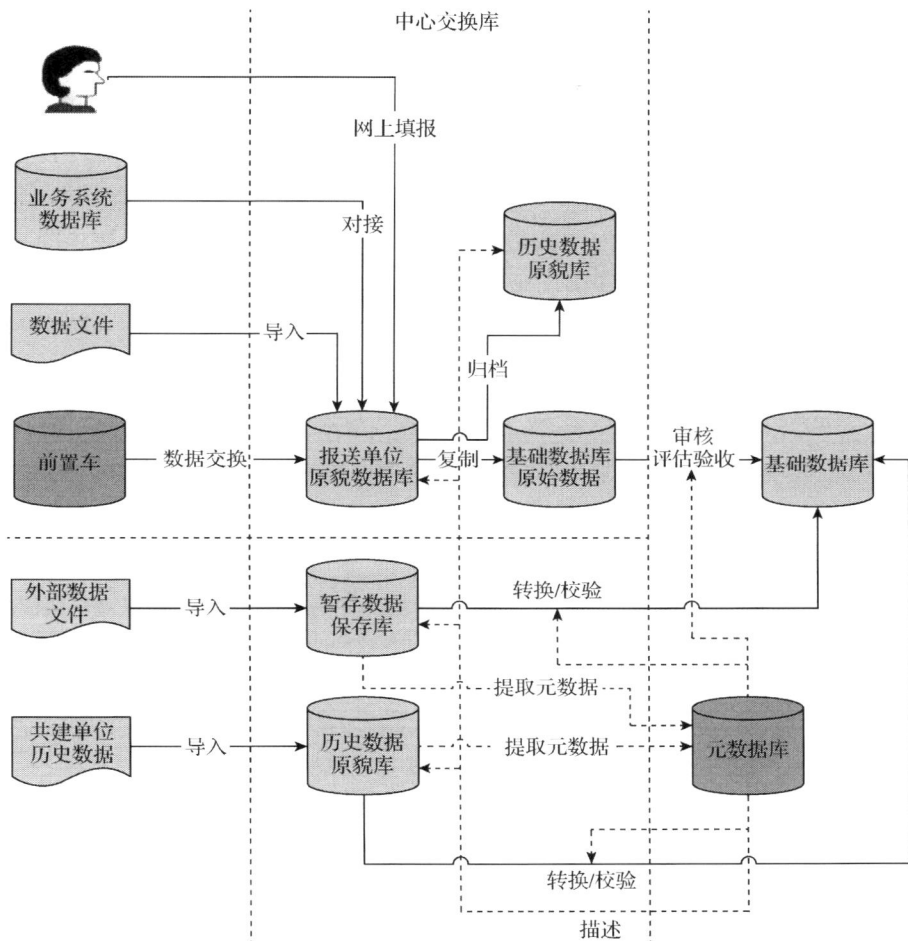

图 4-7　数据交换体系

　　中心交换库是各种来源的信息资源初次进入数据资源库系统的入口。其中包括：来自共建单位的报送数据、来自历史文献的历史数据、来自系统外的外部数据（省市交流、国际交流、外购商业化数据等）。由于来源不同，信息资源的规范化程度不同，因此需要不同的处理流程。相应地，在数据库系统中需要定义不同的存储区。

　　3. 数据服务体系。针对林业行业信息化建设特点，按照国家标准要求，建设甘肃、青海、宁夏林业信息 Web 服务平台，提供注册中心、数据服务和应用服务功能，满足业务系统开发和集成部分甘肃、青海、宁夏各级次数据共享技术要求。

结合多源卫星遥感和生态环境模型，开展林业数据综合服务。主要包含两个内容：一是围绕"一带一路"林业生态文明建设，开展林业数据与卫星遥感数据的综合，重点开展林业生态功能与经济、林业资源开发与补偿、林业生态保护与修复、荒漠化起源与防治等方面的遥感应用分析。二是以多源数据为基础，结合林业生态模型和遥感应用分析结果，开展面向业务的定期数据产品生产，并实现数据综合服务。

4. 森林资源专题应用。森林资源作为林业生产的物质基础，建设林业大数据平台，首先需要考虑森林资源数据的管理。为更深入、更广泛地展开大数据应用奠定基础。运用大数据技术，进行森林资源连续清查数据的管理和遥感判读数据的管理，实现森林资源数量、质量、结构、分布的现状分析和动态监测。

5. 荒漠化专题应用。荒漠化防治是"一带一路"国家面临的最主要的生态问题，也是影响区域可持续发展的重要因素。荒漠化防治涉及部门众多，消除信息孤岛，依据《荒漠化信息分类与代码》等技术标准，实现数据有效整合、共享、管理以及应用，才能为"一带一路"战略提供有力的支撑。

荒漠化监管。全面掌握荒漠化、沙化现状及动态变化情况，建立荒漠化和沙化监测数据库和管理信息库。提高荒漠化和沙化土地监测、防治和管理水平，为防沙治沙、改善沙区生态环境，履行《联合国防治荒漠化公约》提供科学依据。

自然因素数据管理。包括对雨量、蒸发量、地表水、气象、积温等数据的管理。

人为活动数据管理。包括社会经济状况数据、林地占用、防沙治沙、砍伐、污染、人口用水、人为破坏等造成生态系统失调的数据管理。

监测数据管理。包括沙化监测、荒漠化监测数据。完成对五次荒漠化和沙化土地监测数据的集中采集、梳理、整合。

荒漠化治理。荒漠化治理，实现从规划、计划、作业设计、进度控制、检查验收和统计上报等各环节的一体化管理，实现生态工程的精细化管理。从项目立项、启动、计划、执行、控制至项目结束和评估的项目全过程信息化管理，及时准确掌握工程建设现状。

荒漠化展示。通过对时间因子、地理要素的充分应用，对荒漠化状况的历史进行重现、对现状进行分析、对未来进行模拟。让治理成果能得到充分展现，让荒漠化和沙化程度"双缩减"指标实现数据可视化。

防治成果展示。通过对地图、影像多媒体等方式，全面展示荒漠化防治的措施、投入的现状、遇到的困难等建设成绩。彰显建设成就。

荒漠化趋势分析。对不同的荒漠化类型进行数据管理和趋势分析。包括：风蚀荒漠化、水蚀荒漠化、盐渍化、冻融荒漠化；流动沙丘（地）、半固定沙丘（地）、固定沙丘（地）、露沙地、沙化耕地、风蚀残丘、风蚀劣地、戈壁、非生物工程治沙地等数据的管理，对荒漠化类型动态变化的趋势进行分析。

四、京津冀一体化林业数据资源协同共享平台

（一）项目背景

为贯彻落实国家林业局加快京津冀生态建设协同发展，一体化的建设的要求，结合京津冀三地林业部门工作实际，开展建设京津冀一体化协同共享林业数据资源平台。

（二）建设原则

1. 全面梳理，建立机制。按照全国林业信息资源目录体系标准进行目录梳理，对京津冀三地各自拥有的各类遥感地理数据资源、规划统计数据进行整合，建设数据目录，形成统一的数据服务体系，实现元数据、基础数据库、专题数据库等建设。

2. 探索研究跨区域的数据共享模式。通过建立统一、规范的京津

冀三地数据资源体系，探索研究跨区域的数据共享模式，满足实现决策支持服务、部门数据共享服务和社会公众信息服务的需求。

（三）建设内容

建设京津冀一体化信息采集系统。在全国林业数据资源共享交换系统总体框架要求下，本着少投入、多共享的原则，充分利用现有资源，建设京津冀一体化信息共享发布系统，系统部署在国家林业局电子政务云端，便于京津冀三地林业部门各自访问、共享与维护，节约投入成本。建立京津冀林业数据资源协同共享平台，整合梳理京津冀三省（自治区）市林业数据资源，利用大数据技术，建立京津冀林业资源数据库、数据资源建设与更新标准、京津冀信息共享发布系统。建立京津冀林业信息资源目录，形成统一的数据服务体系，按照统一的数据资源建设更新标准规范，进行数据规范化和统计分析。建立京津冀林业信息共享系统，实现京津冀林业数据资源的开放共享。实现京津冀林业数据资源互联互通，为京津冀生态建设提供数据支撑（图4-8）。

五、国家自然资源和地理空间基础信息库建设项目

（一）项目背景

林业信息资源是国家信息资源的重要组成部分，是林业建设各项决策的重要依据，也是国家经济建设与生态建设宏观决策的基础数据。为全面落实和贯彻科学发展观，满足建设国家经济建设与生态建设宏观科学决策系统的需要，满足社会对林业信息资源的需求，满足电子政务建设的需要，促进政府职能的转变，促进各级政府科学决策，需要建立起功能完善、信息量丰富，具有基础性作用的自然资源和地理空间林业信息库。但目前我国林业信息化管理水平与国家对林业信息的需求还有很大差距。

作为国家自然资源和地理空间数据库建设的重要组成部分，力求通过项目建设，采用先进的技术手段和信息处理技术，形成系列化的标准信息产品，在保障信息安全的前提下，基本满足广大企业和社会

图4-8 京津冀林业数据资源协同共享平台

用户对规模化、高质量基础性信息资源的需求，为我国地理空间信息产业高起点发展创造必要的条件。

(二)建设目标

通过自然资源和地理空间基础信息库林业分中心建设，在现有森林资源和森林生态监测体系、规程、标准的基础上，按照国家自然资源和地理空间基础信息库的建设要求和林业信息资源发展需求，对林业资源信息进行整合，建立起自然资源和地理空间基础信息库林业分中心的总体框架；在建设期内完成支持林业分中心建设和运行的主要基础性工作，初步建成自然资源和地理空间基础信息库林业分中心，形成有关信息的标准体系，形成政务信息共享服务的组织支撑体系，基本满足国家宏观管理应用、电子政务和广大社会用户对公益性和基础性林业资源宏观信息的需求。

林业资源数据库建设是在信息库项目信息安全体系的支撑下，搭建林业资源信息库的硬件、软件和网络等运行环境；在信息库项目统一的技术标准体系下，编制林业资源数据库标准；对林业资源信息数据进行一系列整合改造，建设地理空间定位基准统一、数据逻辑统一、元数据结构和内容编码统一、具有统一的数据目录体系的林业信息数据库；通过网络系统和交换系统实现与数据主中心以及其他分中心的互连互通，提供林业数据共享和访问服务，形成林业信息及其产品服务体系，满足国家管理部门和广大社会用户对林业资源信息的需求。

（三）建设内容

1. 林业自然资源与空间信息基础信息库。具体包括 27 个林业资源专题信息库、28 个林业资源专题信息产品库、36 个专题性综合信息子库、3 类元数据库，主要数据库有：全国连续清查基础成果数据库，全国森林资源地理空间基础数据库，全国荒漠化和沙化土地类型数据库、全国沙尘暴监测和灾情评估数据库、京津风沙源治理工程建设数据库，森林异常热源点数据库、全国森林防火设施分布数据库、森林异常热源点影像数据库，林业营林生产统计数据库，全国湿地分布数据库、野生动物信息库、野生植物信息库、全国自然保护区分布数据库，林业碳汇潜力分布数据库、太行山绿化工程建设数据库、经济林基础库、林业有害生物发生、防治及灾害信息库、森林植物及其产品检疫数据库、全国有害生物防治管理数据库，天然林保护工程建设数据

库，数据库退耕还林工程建设数据库，林业重点工程社会经济效益监测
数据库，森林生态效益定位观测数据库、森林土壤信息库等（图4-9）。

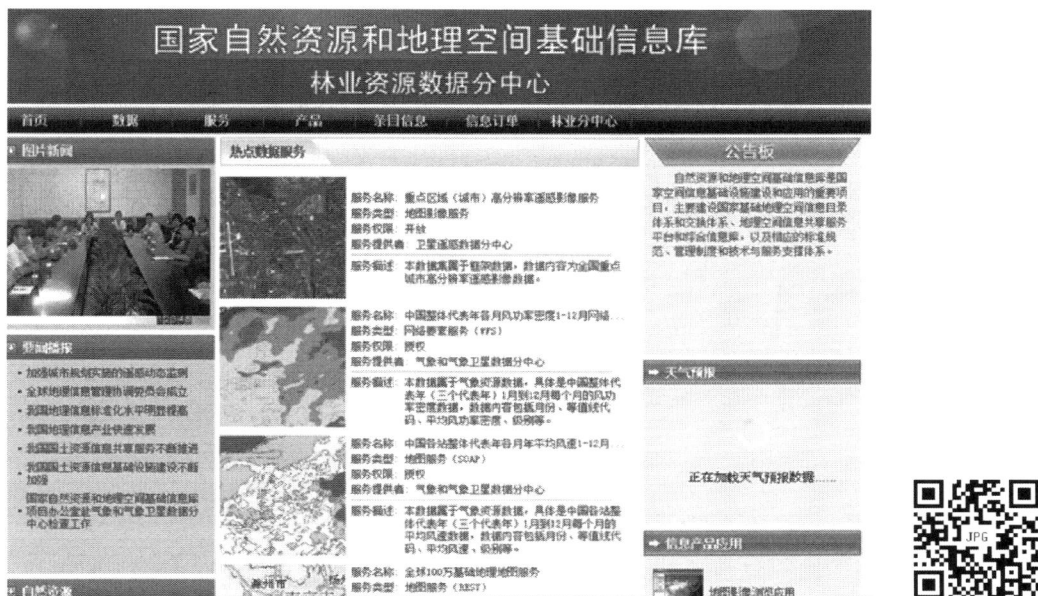

图4-9　国家自然资源和地理空间基础信息库林业资源数据分中心示意

2. 林业分中心标准建设及管理制度建设。具体包括林业资源信息
库要素编目，林业资源信息库要素与属性分类代码数据字典，林业资
源信息库要素实体代码规范，林业资源信息库信息——产品标准及产
品质量测试规定。管理办法及制度包括林业数据分中心日常事务管理
办法，项目建设实施管理办法，信息共享服务管理办法，数据交换与
更新管理办法，信息库运行管理办法，项目建设运行组织管理办法、
项目建设组织管理办法。

3. 数据库管理系统建设。林业分中心数据库管理系统以 Oracle 大
型数据库为基础，包括系统管理和数据管理两个子系统。系统管理主
要包括系统注册、用户管理、代码管理、访问控制和访问日志等部分。
数据管理系统具体内容包括数据表管理、数据导出导入、数据备份恢
复、数据下发接收、远程数据备份、数据输入和维护数据、压缩及传

输和自动投影变换等部分。

已建成的国家自然资源和地理空间基础信息库，形成了标准化、规模化、可持续更新的基础性、战略性地理空间信息资源库；建成了全国性地理空间信息共享交换网络服务体系、信息资源目录服务体系以及多源地理空间信息大规模、快速集成和共享应用服务的模式；形成了1个数据主中心和11个数据分中心共同构成的政务信息共享服务支撑体系；创建了军民结合、跨部门协同的工作体系和自然资源与地理空间信息共享机制。

项目建设高度重视应用成效，针对国民经济宏观调控领域对地理空间信息需求，开展了实效性强、显现度高的综合性定制产品研制服务。发布了《京津冀协同发展高分影像图集》、《中国重大自然灾害图集》、《全国自然资源开发利用综合分析图集》、《中国区域规划与可持续发展图集》、《海洋资源与海洋经济发展图集》等17本跨部门、长时间系列的综合图集与研究报告，采用了大量国产高分辨率卫星观测数据，为国民经济和社会发展提供了重要的决策信息支撑。信息库建设竣工验收并正式投入运行后，互联网门户网站访问量、电子政务外网门户网站访问量、数据分中心热点资源访问量、其他门户/平台资源服务调用量逐步提升，为社会各类用户及时提供了一大批自然资源和地理空间信息资源。

六、国家卫星林业遥感数据应用平台建设项目

（一）项目背景

遥感数据源正成为制约我国林业遥感应用和林业信息化发展的瓶颈问题，国产遥感卫星数据源在林业应用方面具备现实而巨大的应用潜力，由于缺乏相应的业务化运行平台支撑，现有国产遥感数据资源在林业信息化管理中没有充分发挥作用。在此背景下，提出国家林业卫星遥感数据应用平台建设项目建议。

该平台以国产遥感卫星数据为主要数据源，兼顾业已投入应用的

国外遥感卫星数据，基于现有的国产卫星运行管理体系与林业资源监测业务运行体系，建设集业务运行管理、卫星遥感数据标准化处理与应用产品生产、数据存档与信息管理、数据产品分发服务、数据质量评价、数据资源整合于一体的国家林业遥感卫星数据平台系统，研究并制定林业卫星遥感应用标准规范。

项目的实施，将为林业遥感应用的业务化和规范化提供重要的技术和系统支撑，提高荒漠化、湿地、林地、森林蓄积量、林火等林业监测业务的效率和时效性，推动林业数据资源的共享和系统整合，同时，将充分发挥国产遥感卫星在林业部门的应用效益，促进林业遥感数据产品在气象、水利、国土、测绘等部门的再利用和大众化服务能力的提升（图 4-10）。

图 4-10　国家卫星林业遥感数据应用平台功能示意

（二）建设目标

建设国家卫星林业遥感数据应用平台，不仅可以对林业各领域应用的遥感数据进行有序管理、采用统一的标准进行集中式规模处理、实现林业行业内数据的共享，改善行业遥感应用分散处理的状态，提高遥感在林业监测、应急监测、规划设计、资源评估等方面的应用水平，提高监测时效性和辅助决策的效率。同时，提高为地方林业遥感应用服务的水平和引导、技术指导力度，整体提高林业行业遥感应用水平。

（三）总体设计

1. 系统功能。国家卫星林业遥感数据应用平台能够接收林业行业用户遥感监测业务需求，通过解析用户需求，统一安排运行任务与流程，按照业务流程完成影像数据的接入、影像数据的管理、影像数据的加工处理与应用，并最终将监测结果分发反馈给用户，为林业行业用户提供林业遥感监测的业务支撑。

具体功能包括遥感数据接入功能、业务运行管理功能、数据管理功能、林业遥感标准化处理功能、林业遥感应用处理功能、数据产品质量评价功能、林业产品共享功能和林业产品服务功能。

（1）遥感数据接入功能。遥感数据接入分系统主要完成国产资源系列卫星、环境系列卫星遥感数据（兼顾国外商用订购数据）的申请和相关数据的多种方式的接入，为面向林业应用业务进行高级产品处理和深加工提供基础数据来源。

（2）业务运行管理功能。业务运行管理分系统是国家林业遥感卫星数据平台系统的业务运行管理及调度中心，主要负责平台系统中各类生产计划的制定和管理、各分系统之间业务流程与数据流程的控制、网络监控管理、平台系统与卫星运行管理系统间的业务联系，并对各种业务资源进行合理的调配，保障系统的可靠、稳定运行。

（3）数据管理功能。数据管理分系统是平台数据交换、影像数据编目存档与信息管理中心，数据管理分系统负责各类对地观测卫星数据、林业应用信息产品的在线存档、永久存档管理与数据产品的查询与检索服务，保证数据的安全性与完整性的同时，便于随时根据用户需求提取感兴趣的目标数据。

（4）林业遥感标准化处理功能。林业遥感标准化处理分系统基于林业遥感常规监测、应急监测、林业规划和林业各类评估、辅助决策与服务业务的共性和基础性需求，对接入并存档的各类卫星遥感基础数据或者基础产品进行统一、集中、规范化和流程化的高级处理，为各类卫星遥感数据进一步面向林业应用业务开展专题应用处理提供基础。

林业遥感应用处理功能。林业遥感应用处理分系统充分发挥遥感信息资源优势，在林业遥感标准化处理分系统各级标准林业遥感影像产品生产的基础上，结合林业各应用部门相应业务需求，在应用处理流程定制机制下，提供各林业资源监测信息和基础专题产品的产品生产功能。

林业产品共享功能。林业产品共享分系统通过国家林业局内网、政务外网，为国家林业局其他遥感应用业务单位、地方林业部门、气象、水利、国土、测绘、农业等其他行业部门用户提供卫星遥感标准影像数据、基础专题产品、林业遥感专题产品的查询、订购与分发服务，并实现与林业资源监测与信息体系的资源共享。

（5）林业产品服务功能。林业产品服务分系统基于互联网为社会公众提供按时间、专题等分类组织的各类专题应用产品的浏览查询服务，林业产品网络服务有效挂接在国家林业局现有互联网门户网站之上，提供通过网络方式获取各类待发布的专题应用产品的机制，具备发布产品制作、整编功能和网站维护功能。

（6）数据产品质量评价功能。数据产品质量评价分系统提供对卫星遥感标准图像产品（1~4级产品）的图像质量进行分析与评价的常用工具，如信噪比、图像熵、灰度直方图等的计算与可视化分析；具有对地观测卫星常用传感器（CCD、红外、多光谱、超光谱、SAR）的辐射和几何校正参数进行评估、优化并定期修正的功能，用于优化平台数据处理与产品生产能力；具备对林业遥感反演产品质量进行评价并生成评估报告的功能。

（四）建设内容

1. 业务运行管理分系统。业务运行管理分系统主要由任务管理子系统、流程管理子系统、设备监控管理子系统、用户管理子系统和日志管理子系统六个子系统组成。

（1）任务管理子系统。任务管理子系统包含订单驱动和任务驱动两种模式。一方面可以接收来自林业产品共享分系统（包括用户订单和林业数据订单）的数据订单，通知遥感数据接入分系统制定新的数据申请；另一方面可以对所有任务需求进行分析，生成、编辑任务订单。

（2）流程管理子系统。流程管理子系统的主要任务是对任务进行分解，并能将任务下发到各分系统，对全系统的运行和作业流程实施指挥调度，并实时跟踪监视各任务流程的执行过程，对任务执行中出现的故障及时报警，并按照预案进行故障处理；采集遥感数据应用系统中各分系统的任务执行情况，对相关信息进行实时解析、显示和存储，对系统故障及时报警，为合理分配系统资源、维护系统稳定运行和任务计划的顺利实施提供基础保障，保证常规模式和应急状态下任务的顺利实施。

（3）设备监控管理子系统。监控管理子系统的主要任务是对遥感数据应用系统各分系统的硬件资源使用、网络运行、设备使用情况进行实时的监视，为合理分配系统资源、维护系统稳定运行和任务计划的顺利实施与完成提供保障。

（4）用户管理子系统。用户管理子系统是实现用户的注册、登录、验证、信息修改等功能，并限制用户对系统资源的访问，防止用户的越权行为，来确保系统资源的合法使用和系统的安全性。因此用户管理的主要问题是用户的授权管理，即系统的安全访问控制问题。

（5）日志管理子系统。日志管理子系统主要对系统的各种事件进行记录，对系统的使用情况进行监测，提高系统的安全性，并能通过日志进行事后分析。

2. 数据库管理分系统。根据业务运行管理提出的数据提取订单来准备各生产环节所使用的数据，并传递到与相应生产分系统共享读写权限的交换区中，以便生产分系统将其转入生产区进行后续生产；负责各类数据产品的入库检查、入库（数据信息入数据库以及将数据文件从交换区中转入产品存储区)、存储(在线、近线、离线)、出库(将数据文件从产品存储区中转入与生产分系统的共享交换区)及管理,对用户服务分系统提供数据库视图查询功能接口、浏览图文件在内网盘阵上的定时推送服务和三维球影像数据提取功能;定期将重要数据备份到磁带库,例如系统日志;提供数据产品恢复功能,能够将磁带上的数据恢复到指定目录;具有编目系统结构组织、维护及管理功能,以及各生产环节生成的编目信息、浏览影像和元数据汇集、存储及管理功能;提供用户权限校验接口;完成数据库的备份与恢复,支持对数据库数据的增、删、改、查功能,数据管理类别具有可扩展性,例如在产品索引结构固定的前提下,扩展新的产品级别或者后续卫星数据的管理功能;提供图形用户界面,监控数管各类任务的执行状态,支持人工本地定制入库、出库、更新(可选择是否覆盖原数据)任务单、数据浏览查询功能、系统数据迁移备份功能。

3. 遥感数据接入分系统。遥感数据接入分系统主要完成国产卫星遥感数据(兼顾国外商用订购数据)的申请和相关数据的多种方式的接入,为后续分系统面向林业应用业务进行高级产品处理和深加工提供基础数据来源。接到业务运行管理分系统下达的数据接入通知后,对可用的卫星数据源进行综合分析,并编制数据申请计划,然后向卫星业务主管单位提出数据申请,申请成功后,将所需数据通过政务外网、专用光纤或者其他介质接入到本系统,进行基础整编后提交编目存档或者直接进入相关基础数据的常规或者应急处理流程。

4. 林业遥感标准化处理分系统。林业遥感标准化处理分系统基于林业遥感常规监测、应急监测、林业规划和林业各类评估、辅助决策与服务业务的共性和基础性需求,对接入并存档的各类卫星遥感基础数据或者基础产品进行统一、集中、规范化和流程化的高级处理,为各类卫星遥感数据进一步面向林业应用业务开展专题应用处理提供基础。

林业遥感标准化处理分系统主要负责光学(CCD、红外、多光谱、超光谱）、雷达（SAR）遥感影像的3、4级高级影像产品的处理和生产，以及在上述高级影像产品的基础上，提供面向林业应用业务开展应用处理所必需的一系列通用化或者专用的图像应用处理工具。同时，为了满足应急监测和其他林业特殊需求（辐射校正），具备从0级数据产品加工生产1、2级标准数据产品的处理能力。

5. 林业遥感应用处理分系统。林业遥感应用处理分系统基于对森林资源、湿地资源、荒漠化沙化土地、森林防火、林地基础信息等各类林业遥感监测的业务需求，实现对各级标准林业遥感影像产品进行处理、分析、信息提取等操作，形成各种林业应用产品，为林业各应用部门提供林业资源监测信息和基础专题产品的生产支撑工具。

6. 林业产品共享分系统。产品共享分系统主要提供二维地图或三维影像的交互界面，基于国家林业局内网或者外网门户，为平台数据用户提供多种方式的数据产品浏览、查询、网络订购和数据分发服务，在分发数据准备好以后，能够以邮件、短信等多种方式通知数据客户。此外，提供平台数据产品与现有林业资源监测与信息系统之间进行信息共享的机制。

7. 林业产品服务分系统。林业产品服务分系统基于互联网通过林业产品服务分系统为社会公众提供按时间、专题等分类组织的各类专题应用产品的浏览查询服务。林业产品网络服务有效挂接在国家林业局现有互联网门户网站之上，通过网络方式向社会公众提供获取各类已发布的专题应用产品的机制，并提供发布产品制作、整编的工具和网站维护工具。

8. 数据产品质量评价分系统。数据产品质量评价分系统可提供对卫星遥感标准图像产品（1~4级产品）的图像质量进行分析与评价的常用工具，如信噪比、图像熵、灰度直方图等的计算与可视化分析；具有对地观测卫星常用传感器（CCD、红外、多光谱、超光谱、SAR）的辐射和几何校正参数进行评估、优化并定期修正的功能；具备对林业遥感反演产品（地表反射率、植被覆盖度、叶面积指数、土壤湿度、地表温度、气溶胶光学厚度、地表蒸散等）质量进行评价并生成评估报告的功能。

第三节　应用服务系统

一、网上行政审批平台

（一）项目背景

近年来，党中央、国务院将"简政放权"作为全面深化改革的"先手棋"和转变政府职能的"当头炮"，高度重视行政审批制度改革工作，并将其作为推进政治体制改革的重要举措和完善社会主义市场经济体制，全面推进依法行政，从源头上预防和治理腐败，建设服务型政府的一项重要工作。为将行政审批工作落到实处，国家林业局按照国务院的部署进行深入研究，制定了《国家林业局规范和改进林业行政审批工作总体方案》，将建设网上行政审批信息系统作为贯彻落实国务院精神的重要举措之一。

1. 国务院明确要求。按照《国务院关于规范国务院部门行政审批行为改进行政审批有关工作的通知》（国发〔2015〕6 号）、《国务院审改办关于贯彻落实〈国务院关于规范国务院部门行政审批行为改进行政审批有关工作的通知〉的指导意见》（审改办发〔2015〕1 号）、《国务院办公厅关于简化优化公共服务流程方便基层群众办事创业的通知》（国办发〔2015〕86 号）等文件的要求，国务院各部门需要着力解决行政审批环节多、时间长、随意性大、公开透明度不够等问题，全面实行"一个窗口"受理，积极推行网上预受理和预审查，推进网上行政审批工作。

2. 国家林业局重要部署。国家林业局高度重视，多次动员部署，提出了《国家林业局规范和改进林业行政审批工作总体方案》，《方案》明确了规范和改进林业行政审批工作的总体要求、工作机构、工作范围、工作任务、完成时限和有关要求。对网上行政审批系统建设提出了两项工作任务，一是开展调研，提出行政审批信息化系统建设方案；二是做好行政审批信息系统开发建设，并于 2015 年底前初步实现网上预受理和预审查。

3. 社会公众迫切需求。长期以来，传统行政审批手续繁琐、程序复杂，给社会公众的印象是"门难进、人难找、脸难看、事难办"，为行政审批的办理带来困扰和不便，社会公众对提高行政审批工作效率和服务水平，优化发展环境需求显得尤为迫切。

（二）建设思路

以行政审批需求为核心，面向社会组织和公众，整合各方资源，构建统一平台，技术适度超前，模块灵活增减，保障安全高效，减少维护成本，努力提高政府工作效率和为民服务水平，为加快林业现代化做出新贡献（图 4-11）。

图 4-11　国家林业局网上行政审批平台项目

平台提供统一的外网受理入口，建立起国家林业局与企业和社会公众之间的网上办事通道；内网审核与办公系统紧密结合，外网申报、受理的行政审批事项交换到内网后，直接导入办公系统进行内部审核、监察管理，审核完成后交换到外网信息公示。

(三) 总体设计

1. 总体框架。按照《全国林业信息化建设纲要》、《全国林业信息化建设技术指南》、《中国智慧林业发展指导意见》等要求，结合国家林业局网上行政审批平台建设内容，进行总体框架设计(图 4-12)。

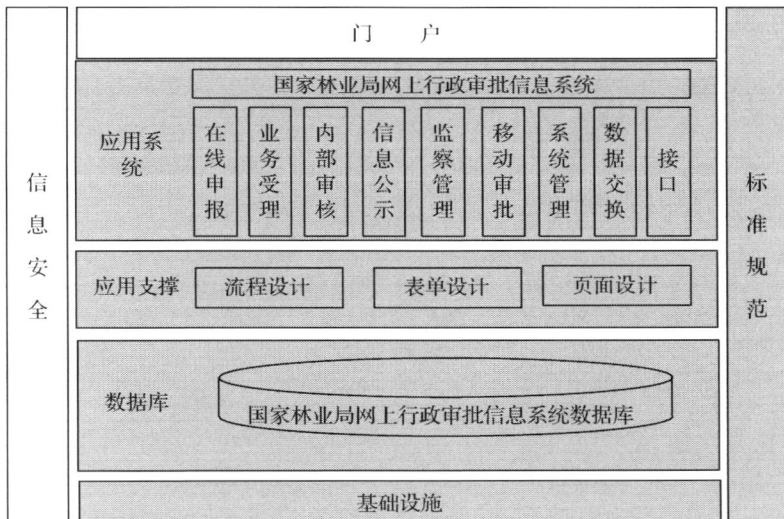

图 4-12　总体框架

2. 总体流程。国家林业局网上行政审批平台实现国家林业局 25 项行政审批事项(正式事项 25 项，根据实际情况事项或有增加)全流程网上办理。审批涉及的用户主要包括申报用户、受理用户、审核用户、监察用户、移动审批用户和系统管理用户。行政审批事项审批的总体流程：外网受理→内网办理→外网公开，同时提供在线申报、监察管理、移动审批、系统管理、数据交换等服务。

国家林业局网上行政审批平台主要分为八大模块(图 4-13)。

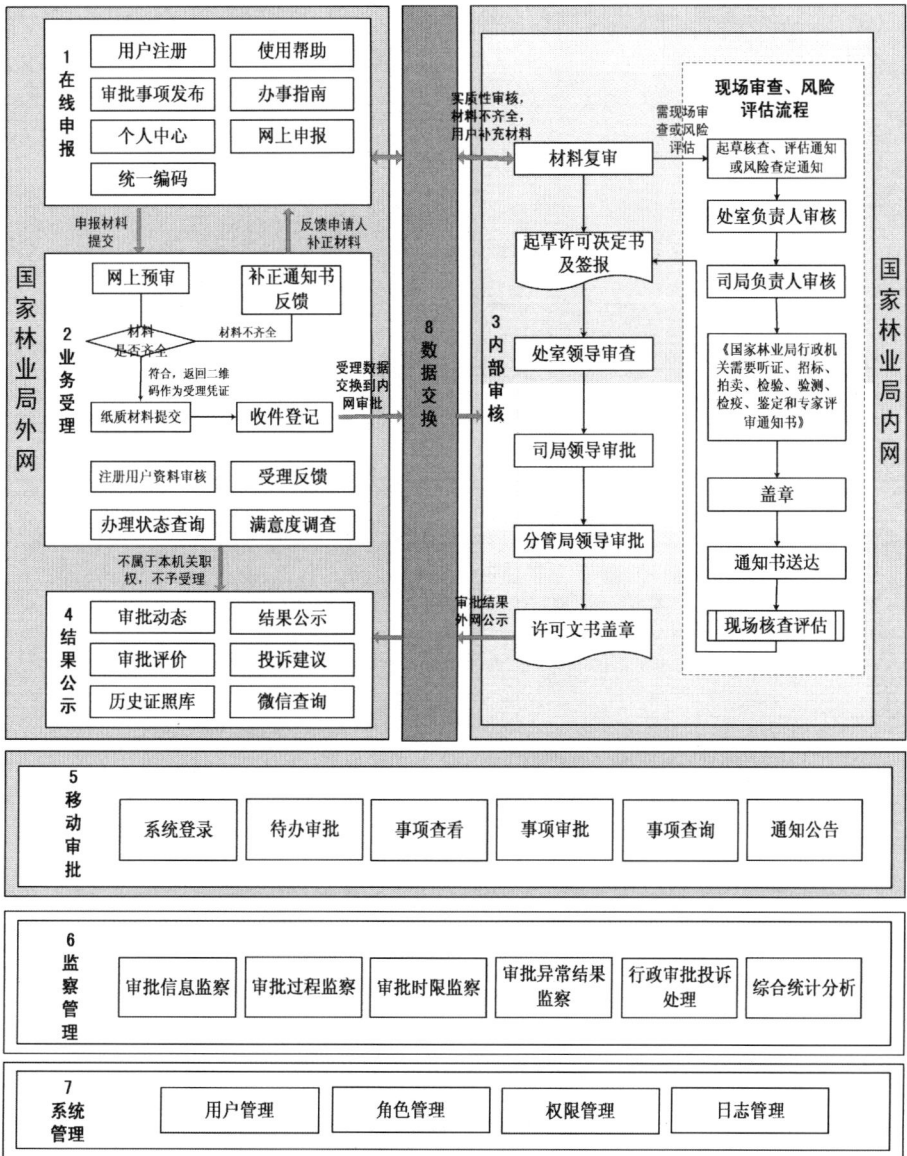

图 4-13　行政审批平台总体流程

（四）建设内容

1. 系统建设内容。国家林业局网上行政审批平台分为在线申报子系统、业务受理子系统、内部审核子系统、信息公示子系统、移动审批子系统、监察管理子系统、统一的系统管理、数据交换子系统。

（1）在线申报子系统。在线申报子系统部署在外网，主要面向申报用户提供统一在线申报平台，平台提供用户注册、使用帮助、审批事项、办事指南网上申报、个人中心、统一编码等功能。

（2）业务受理子系统。业务受理子系统部署在外网，主要面向大厅受理用户应用，提供统一的外网在线受理平台。

（3）内部审核子系统。内部审核子系统与综合办公系统结合，在国家林业局内网综合办公系统中实现申报材料的内部审核，主要面向各业务司局审核用户、司局领导、局领导。

（4）信息公示子系统。信息公示子系统部署在外网，主要面向申报用户提供审批动态、结果公示、审批评价、投诉建议、历史证照库、微信查询等功能。

（5）移动审批子系统。移动审批子系统主要面向局领导和司局领导提供通过手机、PAD 等移动终端系统登录、待办审批、事项查看、事项审批、事项查询、通知公告功能。

（6）监察管理子系统。监察管理子系统主要面向政法司、监察局、机关党委等监察用户提供审批信息监察、审批过程监察、审批时限监察、审批异常结果监察、行政审批投诉处理、综合统计分析等功能。

（7）统一的系统管理。系统管理提供用户管理、角色管理、权限管理、日志管理功能。

（8）数据交换子系统。数据交换子系统部署在内外网之间，为了满足内外网之间数据交换，开发数据交换子系统，利用内外网的数据交换服务，外网业务受理子系统的受理数据交换到内网的内部审批子系统，内网内部审批子系统的审批过程和结果信息交换到外网，同时文件流转办理状态跟踪。

2. 数据库建设内容。针对行政审批事项的全过程，行政审批数据库内容主要分为：用户信息库、申报材料库、审批信息库、公示信息库、标准编码库、安全设计库。

（1）用户信息库。用户信息库用来记录用户的个人信息、单位信息、登录账号、密码等信息，为用户注册、用户审核、材料审核提供数据的存储，是用户在系统中合法身份的凭证，用户信息贯穿于审批的整个流程。

（2）申报材料库。申报材料库是系统主体数据，用来记录各审批事项申报材料信息，包括结构化的数据项，也包括非结构化的文档、图纸、影像等附件，申报材料按申请状态、时间、领域等存储，为审批过程、统计查询提供支撑。

（3）审批信息库。审批信息库用来记录审批过程信息，包括初审、复审、专家评审、领导签批等审批环节的意见、时间的记录，各类过程文书的存储，为审批的公开、透明、规范提供基础数据服务。

（4）公示信息库。用来行政审批对外公示、指南、法规等信息的数据存储，按栏目、时间等记录文字、图片、视频等信息，是用户了解行政审批信息的数据集合。

（5）标准编码库。建立行政审批系统的编码体系，实现审批过程中标准化信息的统一管理，建立标准化模板规则，提供规范化描述，为审批过程中提供规范性和一致性依据，保证编码的唯一性、科学性。

（6）安全设计库。用来管理用户的分级授权，记录用户的操作，记录系统数据接口的操作，做到资源的严格管理，做到数据操作的可追溯，建立系统安全的管理数据库。

二、生态旅游平台（明天去哪儿）

（一）项目背景

2013 年 8 月，第三届全国林业信息化工作会议在吉林长春市召开，会上发布了《中国智慧林业发展指导意见》，标志着中国林业信息化由数字林业跨入了智慧林业的新阶段，建设智慧林业成为林业信息化创新发展的战略举措。智慧林业的到来将带来林业生产力的又一次深刻变革，林业信息化也将迎来一个新的大数据时代。

智慧林业注重系统性、整体性运行，注重运用先进的信息技术和创新的理念。利用大数据技术，通过林业云、智能决策等平台，使各种类型的林业数据库、业务应用系统共享，进而实现海量数据智能处理、智能决策，实现人与林、林与林之间相互感知；对森林火灾、森林经营、森林旅游等方面的全面、实时的系统监控；提高森林资源安全监管与开发利用的整体水平；为生态林业、民生林业提供一体化管理和主动化服务，使林业信息资源得以充分开发利用，已成为林业信息化新技术应用的重要课题。

（二）建设目标

项目运用互联网思维作为总体思路，通过广泛收集林业和互联网相关的生态旅游数据信息，对大数据应用于林业领域进行有效的探索和尝试，运用大数据关键技术，解决现有林业信息数据的挖掘、处理及分析，构建生态旅游智慧化预测平台，建立林业大数据应用示范试点，为用户提供一站式生态旅游配套服务，也为后继林业大数据的深入拓展及广泛应用积累建设经验，奠定基础（图4-14）。

图4-14 "明天去哪儿"生态旅游平台示意

（三）总体设计

大数据来源于互联网、移动互联网、物联网、企业系统和行业系统等信息系统，经过大数据处理系统的分析挖掘，产生新的知识用以支撑决策或服务的自动化执行。从数据在信息系统中的生命周期看，大数据从数据源经过分析挖掘到最终获得价值一般需要经过 5 个主要环节，包括数据采集、数据存储与管理、计算处理、数据分析和知识呈现。林业大数据试点应用的技术体系结构也遵循大数据建设的一般结构，为后继林业大数据平台积累建设经验（图 4-15）。

图 4-15　林业大数据平台体系结构

数据采集。建立明天去哪儿的数据采集平台入口，对数据的类型进行分类，充分考虑感性数据与理性数据、自然数据与人文数据、正常数据与异常的数据，制定数据采集规范。数据采集平台分为三种类型，一是面向下级职能部门（森林公园、自然保护区、林区）的数据上报接口，主要收集自然和人文数据；二是面向主管部门的统计数据（统计年鉴、林科院科学数据共享平台）录入接口，主要收集景区历年统计数据；三是面向公众互联网的数据采集接口，采集天气、交通、酒店、游客流量、旅游数据等信息，另外对自然灾害、节假日、传染疾病等异常数据，需要注意收集并提交平台处理。

数据存储与管理。大数据存储系统不仅需要以极低的成本存储海量数据，还要适应多样化的非结构化数据管理需求，具备数据格式上的可扩展性。Hadoop 实现了一个分布式文件系统 HDFS，它可以使用在从几台到几千台有常规服务器组成的集群中，HDFS 具有高容错性的特点，它提供高传输率来访问应用程序的数据，适合数据中心有着超大数据集的应用程序。

计算处理。需要根据处理的数据类型和分析目标，采用适当的算法模型，快速处理数据。海量数据处理要消耗大量的计算资源，对于传统单机或并行计算技术来说，速度、可扩展性和成本上都难以适应大数据计算分析的新需求，可根据应用场景选择实际使用的分布式计算技术。

数据分析。数据分析环节需要从纷繁复杂的数据中发现规律提取新的知识，是大数据价值发现的关键。数据分析环节包括统计分析、数据挖掘和模型预测等方法。统计分析可使用的技术包括假设检验、显著性检验、差异分析、相关分析、T 检验、方差分析、卡方分析、偏相关分析、距离分析、回归分析、简单回归分析、多元回归分析、逐步回归、回归预测与残差分析、岭回归、回归分析、曲线估计、因子分析、聚类分析、主成分分析、因子分析、快速聚类法与聚类法、判别分析、对应分析、多元对应分析（最优尺度分析）、bootstrap 技术等。数据挖掘使用的技术分为分类、估计、预测、相关性分组或关联规则、聚类、描述和可视化、复杂数据类型挖掘（文本、网页、图形图像、视频、音频等）等；模型预测则包含预测模型、机器学习、建模仿真等方法。

知识呈现。在大数据服务于决策支撑场景下，以直观的方式将分析结果呈现给用户，是大数据分析的重要环节。

（四）建设内容

"明天去哪儿"生态旅游平台的建设内容分为数据采集、业务逻辑、可视化呈现三个部分。

数据采集通过开发采集接口实现对林业数据源、公共数据源和互联网数据源的数据抽取、噪声清洗、数据归一化等操作，完成数据的采集、存储、加载，为大数据分析做好准备工作。

业务逻辑主要包括主体指数、节日拥堵指数、关联信息挖掘、应急处理。平台使用大数据分析引擎，根据算法库提供的模型，使用分布式调度框架，获得用户和企业需要的分析结果。

用户界面主要是将大数据分析的结果以可视化的方式呈现给用户。项目采用地图模式直观的显示推荐给用户的生态旅游行程规划，以报表模式显示数据挖掘的统计分析结果。

1. 平台数据采集处理。"明天去哪儿"生态旅游平台使用的数据源主要有景区数据、天气数据、交通数据、酒店数据、互联网数据和异常数据。

搜集的原始数据质量经常良莠不齐，需要从数据来源的权威度、数据内容的可信特征、时效性等几个方面来计算数据的可靠度，筛选和鉴别那些不可靠的数据，对有效数据进行加载、规划、元数据抽取、噪声清洗、数据归一化等处理，最后应用于"明天去哪儿"示范平台。

以自然语言的形式存在的数据，需要先从中理解出用户的准确意图。使用基于本体知识库的方法，可以从各种规范及不规范的自然语言描述中识别出用户的准确意图。具体包括上下文相关处理、歧义分析、多意图的复合查询处理、不完整概念补全、同义/全简称转换、发音/字形拼写纠错等(图4-16)。

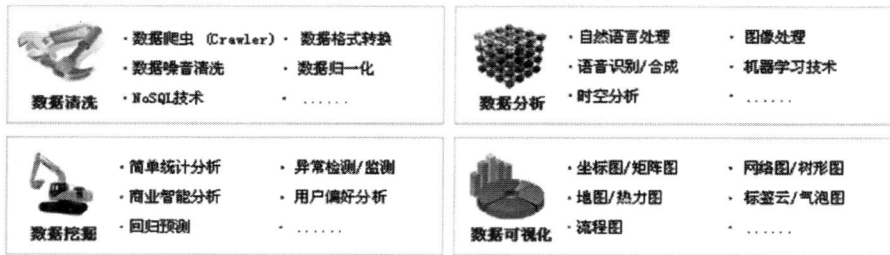

图4-16　平台数据采集与处理

通过分析收集的游客数据，利用协同过滤、内容相似计算、图片相似计算等算法，通过综合分析海量用户的各种历史数据，计算出每个用户对每个景区的偏好。通过统计分析历年林区景区游客人数的统计数据，发现其与天气、季节、节假日、生态种类等关联关系，基于机器学习、人工智能等方式统计分析林业景区系统中节点与链接的关系，根据用户的偏好，为用户推荐合适的生态旅游景区。

2. 可视化呈现。系统界面包括前端界面、后台业务逻辑和景区预测分析指数。用户打开页面后，在地图上展示本周推荐的最佳的生态旅游景点和路线。用户可选择本季度、本月最佳旅游路线，也可根据需要输入时间，系统自动显示最佳路线。点击线路，平台显示景点主题指数、天气预报、酒店信息、航空火车等衣食住行信息，供用户选择。用户使用服务结束，可以根据体验对此次服务进行评价，其结果会输入到大数据分析模型，优化平台的服务。

后台业务逻辑使用并行分析和挖掘技术，通过对采集到的海量数据智能化分析与挖掘，为客户提供真正有价值的数据资源。运用大数据准确分析不同客源地游客的需求，针对不同需求进行精准营销，吸引更多游客旅游。使用成熟的 Web 服务技术，构建可视化的业务服务内容，为前端界面提供数据资源。景区预测分析指数包括景区旅游主体指数、景区节日拥堵指数等。主要包括对林业大数据分析后，与游客兴趣密切相关的归一化数据指标。

3. 景区旅游主题指数。由于我国林业相关的生态旅游景区数量繁多，各类森林旅游景区总数达到 8000 处，构建起以森林公园为主体，湿地公园、自然保护区旅游小区、森林植物园（树木园）、林业观光园等各具特色的旅游资源。每种旅游资源都各具特色。从游客角度来看，这些具有不同特色的林业生态景区形成了不同旅游主题：登山、采摘、独行、避暑、活动等。通过景区的相关数据（历史人流、天气、特色景色时间分布等）数据挖掘，为游客提供相关的旅游指数，方便游客选择。

平台的各项指数要充分考虑感性与理性、自然与人文、正常与异常的数据联系，将收集到的上述各种数据，经过平台的大数据算法进行分析和预测，才能充分体现用户的需求，提供良好的用户体验。

4. 景区节日拥挤指数。通过景区的相关数据（实时流量、天气、活动等）数据挖掘，为游客提供相关的旅游景区拥挤指数，方便旅客选择目的地。

5. 景区关联信息挖掘。由于丰富的生态旅游资源周围常常相对应着人文生态资源、丰富地域特色文化、特产，在对游客引导的同时，将景区周围相关的信息挖掘后推送给游客，将更丰富游客的旅程安排。包括：景区内概况和路线规划、景区外景点智能推送和路径规划、增值服务智能推送等。

6. 异常信息应急处理。异常信息包括自然灾害、黄金周等节假日、传染疾病、犯罪率等数据。其获得途径一般通过互联网搜索获得。通过综合分析这些数据发生时对生态旅游的影响，以及异常信息与正常信息之间的关联关系，发现异常信息影响平台的方式，制定应急处理流程。

三、生态采摘平台（果子熟了）

（一）项目背景

生态采摘是旅游业和林业之间交叉线的产业，是生态旅游中的一种特色服务，是观光旅游的变体。它主要利用林业生产的场地、产品、设备、作业及成果为企业获取收益。观光采摘生态园区的建设和发展反映了工业化、城市化和林业现代化高度发展以后，人类对新时期林业发展的一种探索。通过深度挖掘采摘园特色与当地文化关系和历史文脉的关系；采摘园特色与环境设施的关系；采摘园特色与休闲旅游业发展等方面的关系，把林业景观、林业展示、林果加工与旅游者的广泛参与、体验融为一体，为游客提供以观光采摘为主，兼有塘边垂钓、山林野炊、园艺习作，让游客充分享受田园乐趣，领略浓郁的乡土风情，别具一格的民间文化和地方习俗。生态园不仅在保持和改善生态平衡、净化空气、涵养水源、调节气候等方面有着巨大作用，而且具有协调人与自然体系的功能。

当前中国林业信息化由数字林业跨入了智慧林业的新阶段，将大数据分析应用于生态采摘平台建设之中，为用户提供分析和预测服务，为企业提供决策支持功能，使得林业信息资源得以充分开发利用，实现投入少、消耗少、效益大的最优化战略。

（二）建设目标

通过本项目的实施将有效提升林业领域果实采摘的大数据分析服务能力：

1. 建设"果子熟了"生态采摘服务平台，为用户提供一站式采摘服务，帮助林果生产企业发现客户需求；

2. 广泛收集林业领域应用数据与外部相关数据，研究大数据对林果成熟的关联关系并可视化展示；

3. 选择有代表性的林果生态园，开展"果子熟了"应用示范。

（三）总体设计

1. 平台体系结构。"果子熟了"生态采摘服务平台包括数据采集层、基础设施层、数据处理层和应用服务层（图4-17）。

2. 数据采集层。数据采集层主要是实现"果子熟了"平台的数据采集接口，对数据源进行分类，确定数据采集规范。依据数据源不同，数据采集接口分为三种类型，一是林业数据采集接口，主要采用人工和自动收集的方法收集林业领域积累的历史数据；二是主要收集与平台相关的公共数据，包括地理信息数据、用户浏览记录、用户位置、出行记录、采摘果实种类和数量；三是面向互联网的数据采集，采集天气、交通、酒店、游客流量、旅游数据等信息。

3. 基础设施层。林业领域建设大数据应用需要存储海量数据和并行计算能力的云计算平台，基础实施层基于云计算平台，建设林业数据库和关联关系的外部数据库。大数据对存储技术提出的挑战是多种数据格

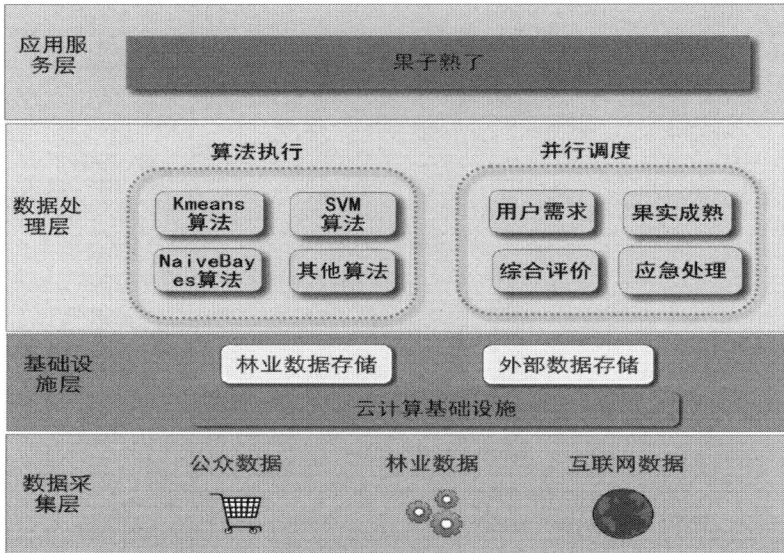

图 4-17 "果子熟了"平台体系结构

式的适应能力。平台大数据包含季节、种植面积、品种、人流量、地理信息等异构数据，要求平台支持文本、语音、图像、视频、流数据等各种异质数据的存储和管理，从而可以支持各种大数据分析应用。

4. 数据处理层。林业大数据应用服务能够真正投入实际应用，需要便捷高效的分析处理海量的结构化与非结构化数据。如何能够构建一个集成化的、可配置扩展的、能够进行数据质量匹配与分析、与底层数据源无关的多源数据挖掘的算法库，将对复杂环境下的数据挖掘与整合非常重要。平台根据具体的需要，建立通用算法库和专业算法库。

5. 应用服务层。应用服务层主要是对各种数据分析结果的综合处理，然后以直观的形式显示给用户。

（四）建设内容

"果子熟了"生态采摘服务平台的建设内容如图所示分为数据采集、业务逻辑、用户界面三个层面（图 4-18）。

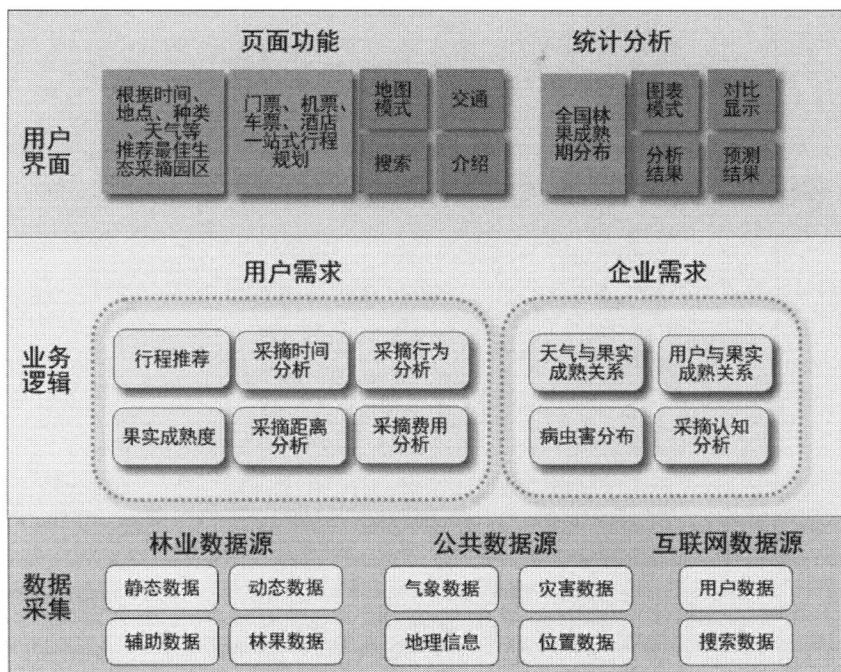

图4-18 "果子熟了"平台建设内容

　　数据采集通过开发采集接口实现对林业数据源、公共数据源和互联网数据源的数据抽取、噪声清洗、数据归一化等操作,完成数据的采集、存储、加载,为大数据分析做好准备工作。

　　业务逻辑主要分为用户对平台的使用需求和企业对平台的使用需求。平台使用大数据分析引擎,根据算法库提供的模型,使用 Hadoop 分布式调度框架,获得用户和企业需要的分析结果。

　　用户界面主要是将大数据分析的结果以可视化的方式呈现给用户。项目采用地图模式直观的显示推荐给用户的采摘行程,以报表模式显示数据挖掘的统计分析结果(图4-19)。

图 4-19　"果子熟了"生态采摘服务平台示意

1. 数据采集。"果子熟了"平台采集的数据包括林业数据、公共数据和互联网数据。

林业数据的数据源主要有生态园数据、林果数据。生态园数据分为静态数据、动态数据和辅助数据。园区静态数据包括名称、位置、自然景观描述、人文历史特色、果木种类、果木历史成熟信息、果木历史采摘记录等。园区动态数据包括实时人流量、园区活动、实时图片、实时视频、果实颜色等。生态园辅助数据包括工作人员对果木成熟的经验、天气影响因素、园区管理数据等。林果数据包括国内所有果木名称、介绍、相关资讯、林果文化、病虫防治、林果成熟过程等。

公共数据包括气象数据、地理信息等。气象数据主要包括温度、湿度、风力、空气质量、灾害预警信息等，可分为历史天气数据、实时天气数据和天气预报，主要用于推测最优采摘时间。地理信息数据包括园区经纬度信息、园区地图、游客位置等数据。

互联网数据包括用户数据和网络搜索数据。用户数据包括用户输入的关键字，用户浏览记录，用户位置，用户评价、历史采摘记录等。网络搜索数据包括采摘攻略、图片、评价、突发事件等数据。

2. 用户需求预测。林业果实采摘生态园数量繁多，从游客角度来看，这些具有不同特色的林业生态园区形成了用户不同的旅游需求。

"果子熟了"应用平台应能够根据用户登录平台后的选择，用户浏览的历史数据，结合林业大数据，为用户推荐适合用户采摘的果实，当前最近的生态园，提供配套的交通、酒店等行程路线规划。用户可根据系统的交互界面，选择自己的旅游线路。

3. 果实成熟度预测。"果子熟了"应用示范平台可根据历史成熟信息、果实颜色、果实口感、相同林果不同产区的果实信息等数据，为用户和企业提供果实成熟预测分析模型，为游客提供全国范围内当前最佳采摘的林果报告。平台每天形成果实成熟时间预测报告和用户需求分析报告结合在一起，可帮助企业为生态园安排最佳的人力、物力，增加企业的果实销售额，提高用户的采摘体验，降低林果过期腐烂造成的经济损失。

4. 综合关联分析。综合评价分析主要通过深入挖掘与林业果实相关联的因素（用户需求、用户行为、天气、病虫害等）来分析"果子熟了"应用示范采集数据存在的规律和趋势。主要从以下几个方面进行分析：

（1）天气变化与林果成熟的关联关系。通过分析历年的各种气候变化与果实最佳成熟时间，通过横向和纵向比较相同果实不同区域的最佳成熟度结果，辅助以生态园员工的经验总结，总结出其存在的内在联系。

（2）用户数据与林果成熟的关联关系。通过互联网收集用户数据对改善大数据分析预测模型，提高服务质量具有重大的作用。用户数据包括用户位置、用户服务时间、用户评价、图片、用户流量等信息。通过分析生态园果实成熟与用户数据的关联关系，及时纠正果实成熟度预测分析报告存在的误差，为生态园果实采摘提供最佳决策模型。

（3）病虫害发生次数与产量的分布。根据历年的病虫害次数统计，从时间分布上分析，分析出我国病虫害年际变化曲线、波动趋势。从空间分布上分析，分析出病虫害次数分布的区域规律。

（4）采摘行为分析。通过对生态园采集的用户采摘行为的数据进行分析，发现用户采摘林果数量、时间、空间之间的关联关系。可用于帮助企业明确用户对不同种类果实的需求，指导企业合理分配果实采摘与初加工的分配比例，增加企业的利润。

（5）采摘认知分析。通过分析互联网数据，可以发现用户对生态园采摘的认知程度，可帮助企业及时增加广告等方式，打开林果销量，预防果实卖不出去导致经济损失。

四、中国林业网络博览会

（一）项目背景

以"发展现代林业，建设生态文明，推动科学发展"为宗旨，基于虚拟现实技术，展示数字林业应用的最新成果，引导林业网络文化发展方向，致力于为林业发展交流搭建一个互动、互通的平台，发挥网络优势，提升我国林业产业实力，通过展览、宣传和推广等多种方式，吸引社会各界广泛参与，推动国内外、行业间、部门间、企业间的交流与合作。

（二）建设思路

中国林业网络博览会作为及时、全面发布林业行业供求信息、项目整合、技术进步和新产品开发的专业平台（博览会），是目前服务于林业终端用户及相关产业、报道国内外最新动态的专业性权威行业网站，用户覆盖林业相关用户的中高管理层、技术人员以及生产厂商的中高管理层，其专业性和权威性得到了业内的一致认可。

（三）总体设计

1. 系统总体框架（图4-20）。

2. 功能设计。中国林业网络博览会基于虚拟现实、内容管理系统运行，实现五类信息的发布浏览检索：新闻资讯、供应商、产品、客户；网站信息采用系统采集和网络采编人员结合的方式，实现信息的连续获取，保证信息的及时性，有效性，以及数量和质量；提供整合的B2B站内通讯系统，实现网站用户和客服人员或者供应商之间的沟

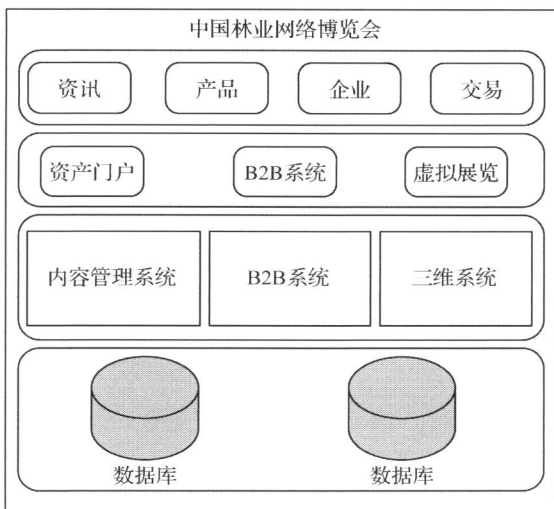

图4-20　总体框架

通，商机洽谈，实现交易；主要栏目设置：行业资讯、供求信息、产品(三维产品展示，结合网络博览会)、公司、展会(网络博览会)、技术、人才、会员，栏目设置可在后期做适当调整，内容管理系统提供了网站全部资讯的发布、编辑等管理；为 VIP 用户提供工程项目、产品、客户资料方面的消息浏览(图4-21)。

图4-21　中国林业网络博览会

（四）建设内容

1. 内容管理系统。内容管理系统提供对网站所有发布内容的集中管理，包括首页、栏目设定、新闻采编等；其中通过新闻采集系统，可以实现对指定的各个相关网站内容的实时监控和内容自动采集。

2. B2B 电子商务系统。基于林业行业资源的在线电子商务系统，提供各个用户关注的相关信息发布浏览检索服务，包括供应商数据库、产品数据库、买方数据库等；通过在线短消息系统提供产品的询盘/复盘功能。

3. 网络博览会系统。网络博览会系统通过制作展览的相关三维数据，实现在线的展览漫游和交互，将行业林业展览打造为永不落幕的网络博览会，构建厂家的网络品牌展示中心，用户可以看见企业的展位和展品，也可以交互的试用展品，或者浏览产品的更详细资料。

4. 产品展示位置管理系统。产品展示位置是本系统在各个页面适当位置提供的企业产品展示区域，可以按需要按时间放置相关企业的产品图片、文字等，用户点击后可进入该企业或者产品的详细介绍页面，产品展示管理系统处理本网站所有产品展示区域中图片、文字放置的发布管理，以及产品展示效果监控等。

5. 站内搜索引擎。站内搜索引擎提供本网站所有信息的综合检索，为用户查找信息提供最直接，便利的操作方式。

6. 会员管理系统。会员管理系统提供用户注册、登录、资料维护等功能；全站统一用户架构，单点登录，对会员、高级会员进行相关管理；用户根据注册情况分为一般用户，高级会员。一般用户可以分为企业用户和个人用户。会员后台管理分为基本信息管理、信息发布管理、产品展示申请、商业信息管理、企业展台。根据会员的级别的不同可以拥有的功能也不同。

第五章
试点示范

第一节　建设体系

为充分发挥先进典型的示范引领作用，全面加快林业信息化建设步伐，大力提升现代林业科学发展管理水平，按照全国林业厅局长会议、全国林业信息化工作会议有关要求，国家林业局于 2009 年起，分别组织开展了两批全国林业局信息化示范省、市、县建设和一批全国林业信息化示范基地建设，确定了 12 个示范省、36 个示范市、65 个示范县和 25 个示范基地，明确了各示范单位的示范主题，以此建立一批水平先进、成效显著、影响力大的示范点，辐射带动全国林业信息化工作。

一、示范省建设

2009 年，国家林业局组织开展首批全国林业信息化示范省（自治区、直辖市）建设工作，经各地申报、国家林业局初评审、现场复审和最终综合评定等环节，国家林业局确定辽宁、福建、湖南、吉林为第一批全国林业信息化示范省，辽宁省林业厅、福建省林业厅、湖南省林业厅、吉林森工集团分别为示范省实施单位，示范主题分别是为

"外网建设，基础平台建设"、"在线行政审批，省市县乡四级联网协同办公"、"资源整合，内网建设"、"三网融合，电子商务"。

在第一批林业信息化示范省建设成绩斐然、带动作用明显的基础上，2011年5月，国家林业局确定了北京、山西、内蒙古、江西、山东、河南、广东、陕西为第二批全国林业信息化示范省，明确了各自的示范主题(表5-1)。

表5-1　全国林业信息化示范省名单

序号	示范省名称	实施单位	示范主题
1	辽宁省	辽宁省林业厅	外网建设，基础平台建设
2	福建省	福建省林业厅	在线行政审批、省市县乡四级联动协同办公
3	湖南省	湖南省林业厅	资源整合，内网建设
4	吉林省	吉林森工集团	"三网融合"，电子商务
5	北京市	北京市园林绿化局	网格化管理及统一数据库建设
6	山西省	山西省林业厅	森林远程视频监控和集体林权信息采集管理系统建设
7	内蒙古	内蒙古自治区林业厅	信息化技术在林业主题业务管理中的应用
8	江西省	江西省林业厅	林权交易电子商务平台建设
9	山东省	山东省林业厅	市县林政资源管理和基本建设投资项目动态跟踪系统建设
10	河南省	河南省林业厅	基于空间数据分析技术的营造林管理系统和林业综合执法管理平台建设
11	广东省	广东省林业厅	核心业务系统建设
12	陕西省	陕西省林业厅	省市县三级林业电子政务建设

按照点面结合、各具特色、分期分批、可上可下等原则，通过两批全国林业信息化示范省建设，逐步形成了全国林业信息化示范省建设体系。每个示范省按照示范主题进行重点攻关，尽快推出国际先进、国内领先的示范成果，推动全国林业信息化建设又好又快发展。

二、示范市建设

2013 年和 2015 年，为充分发挥先进典型的示范引领作用，深入辐射带动全国林业信息化工作，国家林业局分别组织开展了第一批、第二批全国林业信息化市建设工作，经过材料初审、现场调研和综合评定，国家林业局确定河北省张家口市等共计 35 个单位为全国林业信息化示范市（表 5-2）。加上 2011 年确定的沈阳市，共计 36 个市。

表 5-2　全国林业信息化示范市名单

序号	示范市名称	实施单位	示范主题	批次
1	沈阳市	沈阳市林业局	终端入户辐射带动信息服务	
2	河北张家口市	张家口市林业局	林业空间信息管理服务系统	第一批
3	山西临汾市	临汾市林业局	远程监控系统	第一批
4	内蒙古鄂尔多斯市	鄂尔多斯市林业局	数字林业核心平台	第一批
5	辽宁本溪市	本溪市林业局	掌上林业应用系统	第一批
6	辽宁阜新市	阜新市林业局	行政审批系统	第一批
7	吉林延边朝鲜族自治州	延边州林业管理局	林业综合办公平台	第一批
8	黑龙江佳木斯市	佳木斯市林业局	森林防火预防扑救决策系统	第一批
9	浙江杭州市	杭州市林业水利局	森林防控体系	第一批
10	浙江湖州市	湖州市林业局	林业电子政务平台	第一批
11	安徽合肥市	合肥市林业和园林局	森林资源管理地理信息系统	第一批
12	安徽黄山市	黄山市林业局	林权交易信息平台	第一批
13	江西吉安市	吉安市林业局	森林防火信息系统	第一批
14	山东济南市	济南市林业局	林业电子政务建设	第一批
15	山东济宁市	济宁市林业局	林业网站集群系统	第一批
16	河南新乡市	新乡市林业局	森林资源数据库系统	第一批
17	湖北襄阳市	襄阳市林业局	市级内网和基础平台建设	第一批

（续）

序号	示范市名称	实施单位	示范主题	批次
18	湖北荆门市	荆门市林业局	林政管理系统	第一批
19	湖南娄底市	娄底市林业局	资源整合和综合办公平台建设	第一批
20	湖南湘西土家族苗族自治州	湘西土家族苗族自治州林业局	林权数据库系统	第一批
21	广东东莞市	东莞市林业局	基于云计算的林业基础数据共享平台	第一批
22	广西南宁市	南宁市林业局	市级森林病虫害防治系统	第一批
23	四川甘孜藏族自治州	甘孜藏族自治州林业局	信息化在森林防火方面的应用	第一批
24	云南临沧市	临沧市林业局	数字林业建设	第一批
25	甘肃张掖市	张掖市林业局	门户网站建设	第一批
26	青海西宁市	西宁市林业局	信息技术在林业主体业务中的应用	第一批
27	内蒙古呼伦贝尔市	呼伦贝尔市林业局	智能林业服务平台建设示范	第二批
28	黑龙江黑河市	黑河市林业局	数据共享云平台应用示范	第二批
29	山东淄博市	淄博市林业局	互联共享信息服务体系建设示范	第二批
30	湖北咸宁市	咸宁市林业局	森林防火视频智能分析平台建设示范	第二批
31	湖南衡阳市	衡阳市林业局	卫星遥感防火指挥系统建设示范	第二批
32	广东广州市	广州市林业和园林局	智慧绿化平台建设示范	第二批
33	广西梧州市	梧州市林业局	综合办公云平台建设示范	第二批
34	四川广安市	广安市林业局	智能应急指挥系统建设示范	第二批
35	贵州贵阳市	贵阳市林业绿化局	生态云计算平台建设示范	第二批
36	甘肃武威市	武威市林业局	地理信息大数据处理系统建设示范	第二批

三、示范县建设

2013 年和 2015 年，为充分发挥先进典型的示范引领作用，深入辐射带动全国林业信息化工作，国家林业局分别组织开展了第一批、第二批全国林业信息化县建设工作，经过材料初审、现场调研和综合评定，确定天津蓟县等共计 65 个单位为全国林业信息化示范县（表 5-3）。

表 5-3 全国林业信息化示范县名单

序号	示范县名称	实施单位	示范主题	批次
1	北京西城区	西城区园林绿化局	园林植物条码化管理	第一批
2	天津蓟县	蓟县林业局	退耕还林管理系统	第一批
3	河北塞罕坝机械林场	河北省塞罕坝机械林场	森林防火火源监控系统	第一批
4	内蒙古林西县	林西县林业局	门户网站建设	第一批
5	内蒙古东胜区	鄂尔多斯市东胜区林业局	数字林业核心平台	第一批
6	辽宁本溪县	本溪满族自治县林业局	掌上林业应用	第一批
7	辽宁桓仁县	桓仁满族自治县林业局	林业综合服务平台	第一批
8	辽宁省实验林场	辽宁省实验林场	林火视频智能监控系统	第一批
9	吉林通化县	通化县林业局	林权管理信息系统	第一批
10	吉林蛟河林业实验区	蛟河林业试验区管理局	营造林工程管理系统	第一批
11	吉林龙湾国际级自然保护区	龙湾国家级自然保护区管理局	生态旅游管理系统	第一批
12	黑龙江嘉荫县	嘉荫县林业局	智能办公系统	第一批
13	浙江龙泉市	龙泉市林业局	林业基础信息库平台	第一批
14	浙江安吉县	安吉县林业局	国家、省、市、县四级数据交换系统	第一批
15	浙江庆元县	庆元县林业局	森林资源价值动态评估模型	第一批

（续）

序号	示范县名称	实施单位	示范主题	批次
16	安徽石台县	石台县林业局	整合资源搭建信息网络	第一批
17	安徽滁州市南谯区	滁州市南谯区林业局	林业政务公开	第一批
18	安徽望江县	望江县林业局	电子政务网建设	第一批
19	福建延平区	南平市延平区林业局	"三防"监管一体化信息平台	第一批
20	福建沙县	沙县林业局	林业行政许可系统	第一批
21	江西遂川县	遂川县林业局	森林防火指挥中心建设	第一批
22	江西安福县	安福县林业局	林权地理信息系统	第一批
23	江西靖安县	靖安县林业局	林区警务信息平台	第一批
24	山东郯城县	郯城县林业局	网上办案系统	第一批
25	山东沂源县	沂源县林业局	林业行政案件管理信息化	第一批
26	河南嵩县	嵩县林业局	无纸化办公	第一批
27	湖北潜江市	潜江市林业局	服务林农林企信息化系统	第一批
28	湖北谷城县	谷城县林业局	森林资源地理信息系统	第一批
29	湖南隆回县	隆回县林业局	林地测土配方系统	第一批
30	湖南常宁市	常宁市林业局	林权数据库管理系统	第一批
31	湖南新化县	新化县林业局	生态公益林管理系统	第一批
32	广西融水县	融水苗族自治县林业局	林政综合信息管理系统	第一批
33	重庆永川区	永川区林业局	数字林业系统	第一批
34	重庆武隆县	武隆县林业局	林业综合服务平台	第一批
35	四川温江区	成都市温江区花卉园林局	林业花木信息化体系	第一批
36	四川剑阁县	剑阁县林业和园林局	县乡两级林业信息网络平台	第一批
37	四川北川县	北川羌族自治县林业局	林火及野生动物智能监测应急指挥系统	第一批
38	云南石林县	石林彝族自治县农林局	林权宗地管理地理信息系统	第一批

（续）

序号	示范县名称	实施单位	示范主题	批次
39	云南腾冲县	腾冲县林业局	森林资源管理	第一批
40	陕西城固县	城固县林业局	集体林权信息采集管理系统	第一批
41	陕西石泉县	石泉县林业局	综合办公服务系统和行政审批系统	第一批
42	甘肃祁连山国家级自然保护区	祁连山国家级自然保护区管理局	森林资源数据库建设	第一批
43	甘肃兴隆山国家级自然保护区	兴隆山国家级自然保护区管理局	森林防火地理信息系统和林业资源管理平台	第一批
44	青海大通县	大通县林业局	林业信息化管理体系	第一批
45	宁夏青铜峡市	青铜峡市林业局	数字林业平台	第一批
46	新疆阜康市	阜康市林业局	电子政务平台	第一批
47	吉林森工松江河林业局	吉林森工集团松江河林业有限公司	企业综合管理网络平台	第一批
48	龙江森工柴河林业局	柴河林业局	社会管理服务信息化系统	第一批
49	龙江森工友好林业局	友好林业局	森林信息化生态保护	第一批
50	大兴安岭塔河县	塔河县林业局	数字林业信息系统平台应用及推广	第一批
51	内蒙古多伦县	多伦县林业局	智慧林业建设示范	第二批
52	辽宁昌图县	昌图县林业局	林业智能服务体系建设示范	第二批
53	吉林蛟河市	蛟河市林业局	森林资源大数据管理建设示范	第二批
54	吉林抚松县	抚松县林业局	智能植物检疫信息平台建设示范	第二批
55	山东昌邑市	昌邑市林业局	智慧管理平台建设示范	第二批
56	山东利津县	利津县林业局	林业智能管理系统建设示范	第二批

（续）

序号	示范县名称	实施单位	示范主题	批次
57	湖北南漳县	南漳县林业局	森林资源智慧管理应用示范	第二批
58	湖北老河口市	老河口市林业局	数据开放平台建设示范	第二批
59	湖南洞口县	洞口县林业局	林农智能服务平台应用示范	第二批
60	湖南衡东县	衡东县林业局	病虫害自动诊断信息系统建设示范	第二批
61	广西百色市右江区	右江区林业局	智慧林政管理应用示范	第二批
62	四川江油市	江油市林业局	森林资源大数据动态监测示范	第二批
63	四川宝兴县	宝兴县林业局	生态智能监管平台建设示范	第二批
64	龙江森工东方红林业局	龙江森工东方红林业局	野生动物保护监测物联网应用示范	第二批
65	龙江森工迎春林业局	龙江森工迎春林业局	智能林火监控系统应用示范	第二批

四、示范基地建设

2015 年，为将示范作用进一步深入基层，国家林业局组织首批全国林业信息化示范基地建设工作，确定了北京大东流苗圃等 25 个示范基地（表5-4）。

表 5-4　全国林业信息化示范基地名单

序号	示范基地名称	示范主题
1	北京大东流苗圃	智慧苗圃建设示范
2	河北木兰围场国有林场	华北智慧林场建设示范
3	内蒙古贺兰山国家级自然保护区	自然保护区智慧管理建设示范
4	安徽舒城金桥农林科技有限公司	智慧育苗应用示范
5	福建金森林业股份有限公司	智慧林业一体化应用示范

（续）

序号	示范基地名称	示范主题
6	山东日照市国有大沙洼林场	智慧林区建设示范
7	河南二仙坡绿色果业有限公司	智能果园物联网建设示范
8	湖北太子山林场	智慧网络服务平台建设示范
9	湖北荆门市十里牌林场	华中智慧林场建设示范
10	湖南张家界国家森林公园	智慧森林公园建设示范
11	湖南林业种苗中心	林木种苗电子商务平台建设示范
12	广东湛江红树林国家级自然保护区	红树林生态智能监管建设示范
13	广东车八岭国家级自然保护区	智慧感知平台建设示范
14	广西国有高峰林场	华南智慧林场建设示范
15	广西南宁树木园	智慧树木园建设示范
16	四川卧龙国家级自然保护区	智慧卧龙建设示范
17	四川唐家河国家级自然保护区	空天地一体智慧保护建设示范
18	四川攀枝花苏铁国家级自然保护区	智能生态系统建设示范
19	云南昆明市海口林场	智能监控系统建设示范
20	甘肃莲花山国家级自然保护区	森林资源智能监测预警建设示范
21	青海西宁野生动物园	智慧旅游景区示范
22	青海青海湖国家级自然保护区	智慧生态旅游建设示范
23	青海三江源国家级自然保护区	智慧自然保护区建设示范
24	宁夏中宁国际枸杞交易中心	智能商务平台建设示范
25	吉林森工露水河国家森林公园	物联网与移动互联应用示范

第二节　管理体系

一、主要指标

全国林业信息化示范单位的评选和审定，重点依据《全国林业信息化示范单位主要指标》，《主要指标》包括组织机构、建设方案、建设业绩、应用水平、资金投入、社会效益等方面。

（一）全国林业信息化示范省主要指标

1. 有比较健全的组织机构和人员队伍。成立有本省自治区、直辖市林业厅局负责同志任组长、有关负责同志参加的林业信息化工作领导小组，统一领导本省的林业信息化工作。建立有独立的林业信息化建设管理机构，并配备有不少于 5 人的专职工作人员。

2. 有科学先进的示范主题和实施方案。依据《全国林业信息化建设纲要》和《全国林业信息化建设技术指南》等要求，编制出适合本市林业信息化建设的总体规划或实施方案、示范主题鲜明突出、示范内容具有先进性和可操作性、保障措施完善，示范经验具有一定的可推广性。

3. 有比较突出的建设业绩。在"五个统一"的原则下，按照"四横两纵"的框架进行林业信息化建设。建有独立机房、林业信息化建设总体水平较高，建有完善的网络平台、独立的网站、运行效果良好的 OA 系统、应用系统和数据库，在统一平台的基础上进行了数据整合。

4. 有比较良好的应用水平。林业信息化整体应用水平较高，网站政务信息量每年达到 1000 条以上，所建成的应用系统和平台得到充分利用，数据整合程度高，能够起到支持核心业务，服务林业发展大局的作用。

5. 有适应基本要求的资金投入。对林业信息化建设及系统运维有一定比例的投入，对林业信息化资金专款专用，保障应用系统的建设和运行。

6. 有较高的普及程度和社会效益。林业信息化普及程度较高，建立了较为完善的管理体系和运行服务体系，在进行应用系统的推广和使用过程中积累了先进经验，为广大林农群众提供服务。

（二）全国林业信息化示范市主要指标

1. 有比较健全的组织机构和人员队伍。成立有本市林业局主要负责同志任组长、有关负责同志参加的林业信息化工作领导小组，统一领导本市的林业信息化工作。建立有独立的林业信息化建设管理机构，并配备有不少于 3 人的专职工作人员。

2. 有科学先进的示范主题和实施方案。依据《全国林业信息化建设纲要》和《全国林业信息化建设技术指南》等要求，编制出适合本市林业信息化建设的总体规划或实施方案、示范主题鲜明突出、示范内容具有先进性和可操作性、保障措施完善，示范经验具有一定的可推广性。

3. 有比较突出的建设业绩。在"五个统一"的原则下，按照"四横两纵"的框架进行林业信息化建设。建有独立机房、林业信息化建设总体水平较高，建有完善的网络平台、独立的网站、运行效果良好的 OA 系统、应用系统和数据库，在统一平台的基础上进行了数据整合。

4. 有比较良好的应用水平。林业信息化整体应用水平较高，网站政务信息量每年达到 1000 条以上，所建成的应用系统和平台得到充分利用，数据整合程度高，能够起到支持核心业务，服务林业发展大局的作用。

5. 有适应基本要求的资金投入。对林业信息化建设及系统运维有一定比例的投入，对林业信息化资金专款专用，保障应用系统的建设和运行。

6. 有较高的普及程度和社会效益。林业信息化普及程度较高，建立了较为完善的管理体系和运行服务体系，在进行应用系统的推广和使用过程中积累了先进经验，为广大林农群众提供服务。

（三）全国林业信息化示范县主要指标

1. 有比较健全的组织机构。林业信息化建设作为一把手工程，县林业局主要负责人亲自部署，亲自检查林业信息化重点工作落实情况。设有承担林业信息化建设的具体职责的科室，配有 2 名以上的专职工作人员。

2. 有科学先进的示范主题和实施方案。依据《全国林业信息化建设纲要》和《全国林业信息化建设技术指南》等要求，编制出适合本市林业信息化建设的总体规划或实施方案、示范主题鲜明突出、示范内容具有先进性和可操作性、保障措施完善，示范经验具有一定的可推广性。

3. 有比较突出的建设业绩。在"五个统一"的原则下，按照"四横两纵"的框架进行林业信息化建设。林业信息化建设总体水平较高，有独立的网站或在省里、市里的网站群里有子站、有运行良好的应用系统，在统一平台的基础上进行了数据整合。

4. 有比较高的应用水平。林业信息化整体应用水平较高，网络平台、网站、应用系统、数据库等得到充分利用，数据整合程度高，能够起到支持核心业务，服务林业发展大局的作用。

5. 有一定比例的信息化投资。对林业信息化建设及系统运维有一定比例的投入，对林业信息化资金专款专用，保障应用系统的建设和运行。

6. 信息化普及程度高，取得一定的社会效益。林业信息化普及程度较高，建立了较为完善的管理体系和运行服务体系，在进行应用系统的推广和使用过程中积累了先进经验，为广大林农群众提供服务。

（四）全国林业信息化示范基地主要指标

1. 有明确的组织管理体系。示范基地建设面向森林公园、国有林场、种苗基地、自然保护区等基层单位，单位主要负责人亲自部署，亲自检查林业信息化重点工作落实情况。设有承担林业信息化建设具体职责的部门，有专职人员负责林业信息化工作。

2. 有科学先进的示范主题和实施方案。依据《全国林业信息化建设纲要》和《全国林业信息化建设技术指南》、《中国智慧林业发展指导意见》等要求，编制出适合示范基地林业信息化建设的总体规划或实施方案，示范主题要以新一代信息技术（云计算、物联网、移动互联、大数据等）在林业的应用为特征，示范内容具有实用性和可操作性，保障措施完善，示范经验具有一定的可推广性。

3. 有比较突出的建设业绩。在"五个统一"的原则下，按照"四横两纵"的框架进行林业信息化建设。在基础设施、网络建设、网站建设等方面，具有较高的建设水平，在新一代信息技术的应用上具有成型的技术和成果，在智慧林业建设中，取得了一定的成效。（可提供相关证明材料作为附件，如：应用系统建设相关文件、系统功能介绍、验收文件、用户使用证明、表彰奖励证明等）。

4. 有比较良好的应用水平。林业信息化整体应用水平较高，所建成的应用系统和平台得到充分利用，数据整合程度高，能够起到支持核心业务，服务生态林业民生林业的作用。

5. 有适应基本要求的资金投入。对林业信息化建设及系统运维有一定比例的投入，对林业信息化资金专款专用，保障应用系统的建设和运行。

6. 有较高的普及程度和社会效益。林业信息化普及程度较高，建立了较为完善的管理体系和运行服务体系，在进行应用系统的推广和使用过程中积累了先进经验，为广大林农群众提供服务。

二、评选流程

（一）初审

全国各省级主管部门按照国家林业局有关要求，结合当地林业信息化建设实际，组织推荐本省示范单位并组织有关申报材料。国家林业局信息办按照《主要指标》和《评分细则》，对各单位报送材料进行初步审核，通知有关单位补正材料并询问申报材料有关问题等。

（二）复审

国家林业局信息办组织有关专家对初审情况进行审核把关，组织现场调查，综合评选有基础、有特点、有创新的示范单位，形成复审意见。

（三）终验

国家林业局信息办组织专家评审会，对申报材料再次审核并现场打分，根据打分情况形成终验意见。

（四）报批

将终验结果及有关情况形成签报汇报国家林业局领导及有关部门审定，最终将评定结果成文印发。

三、示范申报

全国林业信息化示范单位申报需组织有关申报材料，包括本单位信息化建设总体情况、示范项目实施方案（建设方案）等，并填报《全国林业信息化示范单位申请表》。

四、示范验收

按照国家林业局有关要求，全国林业信息化示范单位开展后需按期组织示范验收，验收主要内容包括以下内容。

1. 示范单位总体情况，包括各示范单位组织机构、总体规划、建设业绩、投资渠道、科技支撑、管理制度建设等。

2. 信息化建设基本情况，包括基础设施建设、应用系统建设、网站建设、数据库建设、信息安全建设等。

3. 示范项目建设情况，包括示范项目进展、项目运行管理、技术特点、实施情况、应用情况等。

第三节　应用案例

一、"互联网 +"林业示范应用

（一）互联网 + 测土配方

1. 基本情况。湖南省林地测土配方信息系统的示范推广，被列为2015～2016 年度"互联网 +"现代农业行动重点工作之一，该系统由湖南省林业厅自 2008 年起开展建设，依托湖南林业基础地理数据库系统，整合湖南省林业已取得的千余项科技成果和全省土壤普查成果，通过全面系统地研究湖南林地立地条件、土壤养分与肥力，摸清全省1.949 亿亩林地的立地条件和土壤肥力，将全省 1400 多万个林地小班数据与森林资源数据、林权数据等融合，采集、编制和录入包括立地因子、土壤肥力和气象气候因子 8000 多万个以及用"最通俗易懂的语言，最简单易行的技术"撰写的湖南 85 个主要造林适生树种栽培技术。

2. 主要做法。湖南省是我国首批林业信息化示范省，长期以来，湖南省林业厅高度重视林业信息化工作，将其作为一把手工程，取得了包含湖南省林地测土配方信息系统在内的多项建设成果，为引领全国林业信息化发展起到了突出的带头示范作用，为建设林业现代化做出了重要贡献。其主要建设内容如下：

（1）夯实基础，建立测土配方系统。着力抓了三项基础性工作：一是测土建库。综合运用"3S"、大数据、云平台、移动互联网等技术，完成了湖南省林地测土配方信息系统硬件平台的搭建和软件开发工作。二是配方建档。利用湖南省林业取得的 1000 多项科技成果，组织林业专家及管理人员，根据湖南八大土类适宜种植的主要造林树种、优材更替树种、无节良材树种和经济效益好的树种。三是网络延伸。

2013 年湖南省林业厅通过互联网、移动互联网、云计算等技术，林农只要通过电脑、手机输入自家身份证号或林权证号，就可查询相关测土配方和林权的信息(5-1)。

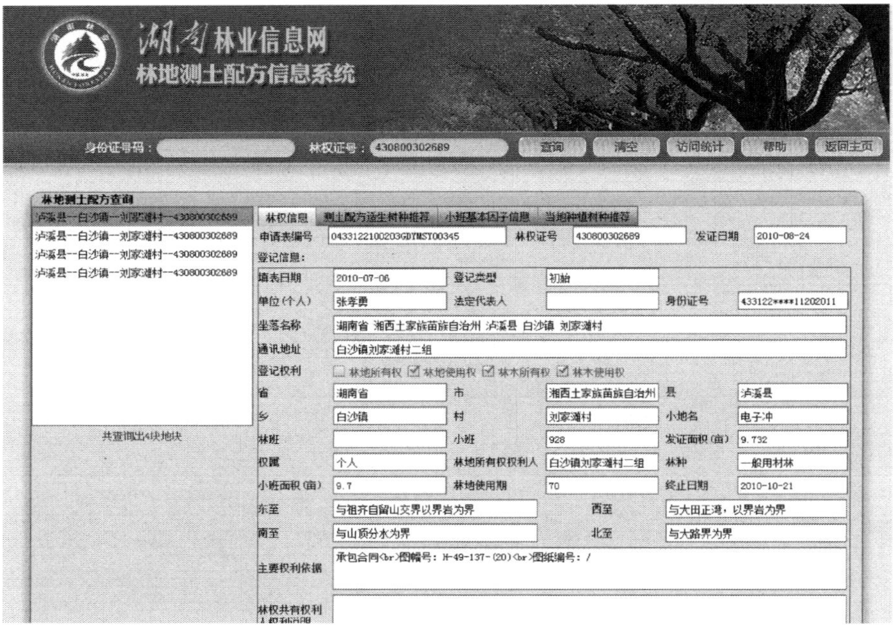

图 5-1　湖南省林地测土配方信息系统

　　(2)注重质量，技术体系日趋完善。湖南省林业厅共组织 1328 个数据核查组、调动 6000 多名技术人员，核查了 1400 多万个小班、8000 多万个立地因子和土壤肥力因子、重新进行土壤采样分析小班 15 万余个。依托中央财政林业科技推广示范资金项目在汨罗、南县建立了 1000 亩湿地松、国外松配方施肥示范林，研制和生产了 200 吨配方肥，进行了林地施肥和林木生产量调研，取得了较好的示范效果。

　　(3)深化服务，富民效益逐步显现。系统投入运行以后，深刻地改变了林农植树造林模式，展示出强大的适用性和生命力。一是林木生长更快。据统计，实行测土配方后，同样的土壤，同样的树木可提前 3 至 5 年成材，生长率提高了 10% 以上。二是林农收入更多。目前湖南省每亩山林的年经营收入仅为228元，测土配方通过有效指导林农科学种植，可让广大林农的林地收入逐年上跳。三是造林质量更好。依托林地测土配方信息系统，大规模造林能迅速完成土质分析、树种选择，作业设计和方案实施更加科学，造林质量更有保障。

（4）强化保障，运行机制更加健全。一是研发主要造林树种测土配方定量施肥技术研究及配套专家咨询子系统。结合已有研究基础，组织专家团队持续开展了油茶、毛竹、杉木、杨树、光皮树、闽楠、板栗、枣树等9个树种测土配方定量施肥技术研究，有效地推动了林业测土配方精准施肥。二是开展了林地土壤测试中心（站）建设。为确保系统数据的准确性、时效性，逐步有序推进林地土样采集分析化验工作，及时更新系统林地小班土壤肥力因子数据，以准确的实时数据科学指导造林。三是加强系统维护。湖南省林业厅每年根据工作需要开展技术培训，各级林业部门也逐级组织培训。

3. 经验效果。林地测土配方系统被广大林农称为民本工程、德政工程，得到了国家林业局和湖南省委、省政府的高度肯定，中组部称赞此项工作是真正把"创先争优"落实到了工作实际中，使林农看到了"创先争优"活动的实效。中央电视台《新闻联播》、人民日报、新华社、中国林业网、中国绿色时报、湖南卫视等对此作了相关报道。境内外媒体评价"林地测土配方系统是林农身边的专家"、"湖南林农种植进入了E时代"、"湖南林业把科学发展观落实到了山头地块"，其影响远远超出了单纯的技术范畴（图5-2）。

（1）高规格考核。2010年，湖南省政府把"测土配方推广使用率"纳入对各市州政府"湘林杯"林业建设目标管理考核内容，明确要求各地使用率达70%以上。受此推动，全省各市州林业局均成立专门领导小组，逐级召开专题会议，层层落实工作经费，有力保障了项目顺利实施。

（2）大力度培训。湖南省林业厅先后组织召开了6次专题研讨会、

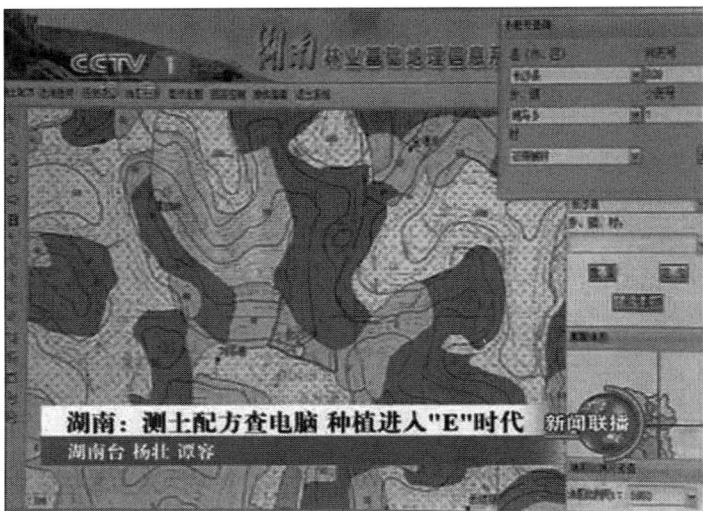

图 5-2　中央电视台新闻联播报道："湖南林农种树进入了 E 时代"

5 次工作会，编发了 9 期工作简报。各市州、县市区林业局先后举办了 400 多期培训班，使广大林业基层技术人员了解掌握系统使用技术，为系统的推广应用奠定良好基础。

（3）大范围宣传。通过组织现场观摩、印发宣传册、进行实地指导、开展科技下乡及采取广播、电视、报刊、网络等多种媒体宣传方式，广泛推广林地测土配方信息系统的作用与用途，将林地测土配方知识传递到千家万户，使广大林农及涉林人员逐步了解、接受并使用系统。

（二）互联网 + 林权一卡通

1. 基本情况。"林权一卡通"系统推广被列为 2015—2016 年度"互联网 +"现代农业行动重点工作之一，是现代林业管理的一项重要基础工作。浙江省龙泉市林业局作为首批全国林业信息化示范县之一，以"林权一卡通"启动了益民服务模式。自 2006 年起，龙泉市林业局组织开展"林权一卡通"建设，经充分调研和多次专家论证，开发和升级林权管理信息系统、林木采伐管理信息系统、林地征占用管理信息系统等14个应用系统，整合山林权属、林木资源、古树名木、生态林、野生动物、野生植物、林副产品、林木采伐、营造林、林地管理、森林消防、行政处罚、加工运输等业务，利用4张底图和71个图层叠加，集成"龙泉市林业信息集成系统"，即"林权一卡通"（图5-3）。

图5-3　林权信息卡

2. 主要做法。龙泉市林业局取得了包含"林权一卡通"在内的多项建设成果，为引领全国林业信息化发展起到了突出的带头示范作用，为建设林业现代化做出了重要贡献。主要建设内容如下：

（1）切实加强组织领导，精心部署实施。一是成立组织机构。龙泉市政府专门成立以市长为组长、分管市长为副组长、各相关部门负责人为成员的工作领导小组和办事机构，确保此项工作落到实处。二是开展动员部署。组织召开各乡镇（街道）主要领导和分管领导、林业工作站长和地籍勘界技术人员动员培训会和"乡、村、组"三级动员会，全面部署林权地籍勘界、林权一卡通发放等工作。三是组建专业队伍。全面开展林权地籍勘界、技术培训等工作，确保"林权一卡通"工作顺利实施。四是实行督导机制。专门组织人员收集汇整工作进度报告和分阶段开展专题会议，对发现的问题及时协调解决，总结成功经验，下发给各个单位、工作组，确保项目整体进度稳步推进。

（2）积极搭建服务平台，完善体制机制。一是建立信息平台。建

213

立了集林权登记、林权档案、信息发布等 6 大板块和林权初始登记与变更登记、林权证生成与打印、林权档案管理与信息查询等 10 多种功能为一体的"市、乡、村"三级林权管理信息系统平台。二是构建交易平台。依托林权管理信息平台，建立了市、乡、村三级林权流转交易服务平台和跨区域网上林权交易平台。三是创新服务平台。汇同金融机构推出林农小额循环、林权直接抵押、流转证抵押、公益林信托、公益林补偿金质押等多种贷款业务，为林业发展注入"金融活水"。四是完善体制平台。制定出台了林权流转奖励、林权抵押小额贷款贴息等政策，充实"林权一卡通"模式安全有序协调发展。

（3）广泛深入开展调查，确保信息准确。一是勘界调查。以山林延包工作的林权证数据资料为依据，分步开展林权所有权实地勘界、农户承包权实地勘界、森林资源资产调查与记录等工作，确保了林权一卡通信息的精准度。二是核对建档。由乡镇（街道）林业工作站将山场地块的林权证号、地名、权属、四至等林权因子与村和户主底卡资料进行三方核对，确保信息准确。三是评估建库。将勘界调查获得的森林资源资产资料、权属资料和经营资料以及所处市场行情、政策等因素进行综合考虑，统一建立农户森林资源资产信息数据库。四是制卡授信。依托林权信息、森林资源资产信息数据库，建立农户林权及森林资源资产电子档案，汇同金融部门向第三方提供资金支持或信用保证。

（4）扎实开展林权宣传，培育用卡环境。一是多种媒体形式。制作宣传标语、宣传片、传单等宣传资料，借助林业杂志、林业网站、农民信箱、电视、广播等媒介多形式开展广泛宣传，传递林业改革正能量。二是宣传手册。制作了便携、美观、通俗易懂的产品政策宣传手册，方便领取阅读。三是热线电话。随时接受政策咨询，深入细致的向广大群众解答"林权一卡通"的有关政策和规定。四是宣传小组。组织专业人员深入到基层一线，确保相关人员了解政策、熟悉业务流程，为林权信息化工作全面推广打下良好基础。

3. 经验效果。

（1）推进"三权分置"机制，促进林权流转提质增效。"林权一卡通"的实施，"互联网＋农村金融"机制的形成，促进了林权向林业专业合作社、家庭林场、股份制公司及经营大户流转，并推进林权"三权分置"，将林地所有权、承包权和经营权分离，有效激活了林权价值，提高了林地经营水平。

（2）简化资产评估手续，推进林权抵押贷款增量扩面。依托"互联网＋数据平台"，搭建了林权综合管理信息平台、林权交易平台、林权社会化服务平台等，建立了"在线评估、一户一卡、随用随贷"的运行机制，实现了林贷办理时间从"十天半月"缩短到"当天来回"，降低了银行、金融机构的金融风险，形成了"管理在中心，服务在基层"的高效运转模式。

（3）保障林农合法权益，维护林区社会和谐稳定。利用林权信息"数据库"和"一卡通"，建立了木材采伐、林地征占用、森林防火、病虫害防治、行政处罚等 14 个管理系统，明确山林产权，减少山林纠纷、森林火灾等事件的发生，全市实现了 398.5 万亩林地林木火灾保险全覆盖，提高了森林资源管理效率，有效地保障了林农权益，维护了林区和谐稳定。

（4）规范林权档案管理，创新现代化林业管理新模式。基于云服务模式，依托信息化基础设施、电子政务建设，建立了"图、表、册"一致的林权地籍信息管理系统，达到了技术标准统一、信息平台统一、资源评估统一，实现了林业资源管理和林权价值评估的数字化、可视化、精准化管理新模式，降低了行政管理成本，提高了工作效率。

二、林业云示范应用

（一）贵阳生态云计算平台

1. 基本情况。贵阳市是第二批全国林业信息化示范市，是西南地区重要的交通、通信枢纽，是国家首个森林城市、全国生态文明示范城市、国家创新型城市、西部地区高新技术产业重要基地、区域性商贸物流会展中心。贵阳市以创新驱动为抓手发展大数据产业，借助"云上贵州"打造云服务平台，贵阳市林业信息化建设着眼融入，为推进云服务平台建设奠定了基础。

2. 主要做法。充分发挥生态气候条件、要素保障能力、产业配套基础三大优势，抢抓三大运营商数据中心落户贵安新区、产业资源持续导入中关村贵阳科技园平台建设、国家信息产业政策环境利好三大机遇，以发展大数据、构建云服务平台为引领，带动贵阳产业结构升级和发展，推动生态文明示范城市建设。发展大数据（云服务）产业，主要从建立大数据中心、发展云服务产业、服务外包产业、打造"高端产品"制造基地、建设智慧城市五大领域着力，实施五大工程。

（1）实施"强基工程"。以获批创建"宽带中国"示范城市为契机，纵深推进"三网融合"，打造"无线宽带城市"，推动在主城区和中关村贵阳科技园核心区建设公共无线网络，形成宽带、融合、泛在的贵阳市信息化基础设施，构建云服务公共服务平台，为云服务产业发展消除网间通信瓶颈、奠定通信网络基础。

（2）实施"筑云工程"。落实贵州省委、省政府政务云、工业云、旅游云、环保云等"7+N"云工程。围绕大数据发展，全力推进电子政务、智能交通、智慧物流、智慧旅游、工业、电子商务、食品安全等"七朵云"建设。建设惠普·贵州国际金贸云基地和全国首个大数据（云服务）交易市场，形成大数据（云服务）产业集群（图5-4）。

（3）实施"声谷工程"。以网络呼叫中心为重要切入点，与中国呼叫中心及 BPO 服务外包联盟全面合作，发展服务外包产业。

（4）实施"智端工程"。建设宽带资本云计算设备生产基地；建设高端制造产业园（基地）；承接智能终端及其配套产业区域转移项目，带动其配套产业链整体入驻贵阳。

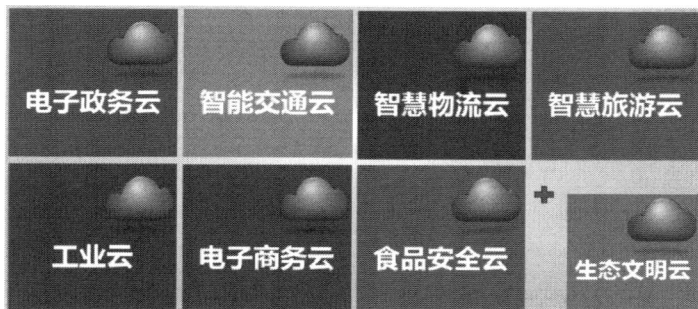

图 5-4　贵阳"7＋N"云工程

（5）实施"掘金工程"。实施智慧贵阳、政务大数据开放、工业大数据智造、民生大数据分析利用等项目，统筹推进智慧城管、智慧旅游、智慧交通、智慧环保、市民一卡通、物联网应用示范等智慧城市项目建设，加快公共服务领域的信息开放与共享，以应用市场吸引产业投资，用数据资产自身价值来构建产业生态链，带动大数据（云服务）产业发展。

3. 经验效果。从 2010 年开始，贵阳市以顶层设计、基础设施建设、数据整合、系统应用为重点，取得了一系列建设成果，为发展云服务奠定了基础。

（1）科学规划设计。结合国内外信息化发展趋势，根据《全国林业信息化建设纲要》、《全国林业信息化建设指南》和《贵阳智慧城市建设纲要》，编制了《贵阳市林业信息化建设规划（2013—2020 年）》，从标准规范建设、数据库建设、应用系统建设、支撑系统建设、基础设施建设、安全体系建设、运行维护体系建设、人才队伍建设等方面，为全市林业信息化建设提供科学规划和依据。

（2）强化基础设施。建设"两个中心"，为融入大数据、云服务预留了端口。一是建设标准的信息化数据中心机房，配备了机柜、服务器、磁盘阵列、防火墙、防病毒系统、路由器、交换机等设备，满足了业务系统运行需求。二是建设资源监测中心平台大屏幕展示系统，重点森林资源保护区域视频监控系统，用于辅助森林资源管理数据分析工作，森林防火决策等。

（3）注重数据整合。通过对林业数据的梳理、加工、整合、入库等处理流程，按照存储模式、专业类别、业务类别，将数据分为基础地理数据、遥感影像数据、林业业务数据及非空间数据等类别，并据此对数据资源进行整合并建立数据库，完成林业公共基础地理信息数据库和二类调查、林地落界、公益林、林权宗地等林业业务数据库的建设。

（4）着眼系统应用。"一个平台十二个业务子系统"的建设涵盖了森林资源管理的主要业务，为森林资源管理提供方便，减轻了工作压力，提高了工作效率。主要建设内容包含：森林生态监测管理信息系统、湿地资源监测管理信息系统、林业有害生物防治管理与应急系统、野生动物疫源疫病监测管理系统、林业产业服务管理信息系统、生物多样性管理信息系统、林业综合决策支持系统、营造林信息管理平台、林业综合应用支撑平台和林业数据共享服务平台，以及升级计算存储、网络互联、系统安全等支撑环境，全面形成覆盖林业工作的信息化管理和应用支撑体系，实现林业生态的云服务管理。

（二）广州智慧绿化云平台

1. 基本情况。广州市是全国林业信息化第二批示范市，2011—2014年，建设广州绿化平台，形成全市林业园林行业的"大数据、大服务"综合信息管理平台。为实现林业园林精细化、智能化管理打下了良好的基础。

2. 建设内容。通过建设覆盖全市11个区的广州数字绿化平台，形成1个信息共享平台、1个专题数据中心、19个业务子系统，实现森林资源、园林绿化、生态保护各类业务的统一数据资源中心和统一平台办理（图5-5）。

图 5-5　广州数字绿化平台

（1）以精准数据采集为基础，建设林业园林专题数据库。一是园林绿地数据采集。对全市 11 个区的公园绿地、道路绿地、单位附属绿地、居住区绿地的面积、权属、空间定位、植物种类、植物数量、生长状况、养护单位，以及大树、古树名木等进行调查以及数据整理入库工作，建成全市园林绿化图文一体的电子档案。二是森林资源二类小班电子图更新。以遥感影像及 5m 等高线等数据为基础，以 2009—2011 年森林资源小班档案和各区县/林场收集地籍变更档案、采伐证等图文资料为更新依据，对森林资源二类清查小班空间数据进行更新、标准化、合并、勾绘等处理，形成全市 440 万亩森林资源地籍小班图及存档图。三是三维景观建模、重点景观 360 度实景拍摄。基于 1:500 地形图，结合现场建筑纹理信息采集，制作广州市中心城区 285 平方千米区域的三维精细模型、285 座人行天桥与立交桥绿化三维模型、重点绿化景观 360 度实景，包括古树名木、园林绿化精品工程、绿道以及公园景区景点等共计 1600 个点、400 千米移动 360 度实景数据。

（2）以林业业务重构为主线，建设业务管理系统。平台将林业园林主要业务分为园林绿化管理、森林资源管理和生态资源保护三大部分，经过业务重构、流程重组和数据整合，满足了标准模型分布式、标准化和可扩展性的要求。重组涉及流程136条，开发业务管理系统19个，包括森林资源管理系统、林政资源管理系统、园林绿化管理系统、公园景区管理系统，行政审批电子监察系统、森林防火管理系统、有害生物管理系统等。

（3）以多维基础数据为根本，建设数字绿化平台。广州绿化平台以多比例尺地形图，多精度影像，地势图，全景图、不同精度三维模型为基础，以园林绿地数据、森林资源数据、生态保护数据以及各林业园林业务管理流程为引擎，以多维定制系统为平台，统一定制完成了1个数据中心、1个共享平台、19个业务管理子系统。采用"微内核＋插件＋单点登录"的方式，建立完全分布和松散耦合的系统结构模式，实现业务任意定制、扩展和协同办公以及方便、快捷的图文一体化管理平台。建成了覆盖园林绿地、公园、古树名木、行道树、森林资源、森林防火、野生动植物等共11类专题57个图层的广州绿化"一张图"。

（4）以大数据挖掘为突破口，创新林业园林管理新模式。一是在精准绿地数据采集的基础上，利用实景影像、高清视频监控系统解决部分城市绿地临占审批、行道树迁移等园林绿化审批事项必须到现场核实的难题，提高了审批效率。二是在原有森林资源二类清查数据的基础上，利用多年度高清影像数据的对比，实现森林资源的动态监测，准确了解林地的动态变化，及时发现破坏林地、毁林种果、滥砍滥伐现象，保护林地安全。三是利用数字高清视频监控数据实现了公园进园人数的自动统计、人员聚集和闯入危险地带的自动报警、可疑人员的自动跟踪以及园林绿化应急管理等功能，提高公园景区的管理水平。四是利用森林防火视频监控、林火卫星监控、卫星通信指挥车实现森林火灾的快速监测、林火扑救的辅助决策。五是利用800M数字对讲系统GPS定位跟踪功能实现森林火灾扑火人员的安全监测、护林员护林路线管理等。

3. 经验效果。自2012年8月上线试运行以来，广州绿化平台月均业务办理量近1200多件，系统用户包括市、11个区及镇（街）林业园林管理部门工作人员近5000多名，逐步构建起功能齐备、互通共享、高效便捷、稳定安全的林业园林信息化体系。顺应大数据时代发展趋势、加强共享与集中的云平台建设、强化智能感知技术研究，加强行业应用创新，带动城市绿化管理模式的进一步创新，逐步实现决策科学化、管理智能化、监督透明化和服务便捷化，大力提升林业园林行业的行政效能。

（三）东莞云数据共享平台

1. 基本情况。东莞市作为全国首批林业信息化示范市，紧紧围绕国家林业局、省林业厅要求，结合建设"智慧东莞"的实际需要，以建设"东莞林业智慧云"为主题，科学制定规划方案，开拓进取，强化服务职能，不断完善基础设施建设，林业信息化水平显著提高。

2. 主要做法。

（1）建立和健全全市各级林业信息化组织管理机构。成立了由市林业局主要领导担任组长的信息化工作领导小组，明确职责、人员和经费，形成市、镇及森林公园两级林业信息化组织体系，充分发挥林业信息化工作领导小组的重要作用。建立全市林业信息化考核制度，成立考核小组，考核各单位的信息化建设成效，及时表彰信息化建设优秀单位，推广先进经验，加快信息化建设。

（2）加大林业信息化资金投入力度。积极争取将林业信息化建设纳入市信息化总体规划，在财政部门设立林业信息化建设专项，形成长期稳定的投资渠道。坚持"建、管、用"并重，在建设、管理、应用推广和运行维护等方面建立一套健全的机制，为林业信息化的可持续发展提供保障。

（3）加快林业信息化人才队伍建设。加强林业信息化人才队伍的培养和专业培训，努力打造知识化、专业化的技术管理队伍。促进高技术人才的合理有序流动，吸引高素质的信息技术和管理人才。建立吸引人才、留住人才的激励机制和用人机制，造就一支规模和结构能够适应林业管理现代化需要的信息技术队伍。

（4）开展林业信息技术产品研发与应用推广。在林业信息化关键技术创新的基础上，积极鼓励和推动林业信息技术领域的产学研结合，加快林业信息技术成果转化和信息产品研发，通过政策引导和资金扶持，加快信息技术产品的推广应用，促进林业信息化建设。

3. 经验效果。通过实施林业信息化示范市建设，改变传统手工处理数据的模式，大大提高数据的利用率，提供更准确、更科学的信息来满足森林资源动态监测和经营管理的需要，有效地提高林业行业的建设和管理水平。通过实施林业信息化的各项软硬件建设，大大地提高工作效率，为市民提供高效快捷的服务，有效地提高林业行业的服务水平，有效地提升林业的行业地位和知名度。

（1）东莞智慧林业云正式启动。在深入开展调研的基础上，选取"云计算"在林业中较为迫切需要的项目，组织专家编制《东莞市智慧林业云建设方案与投资概算》，并通过了市发改局组织的专家评审。"智慧林业云"项目建设，综合运用云计算、互联网、地理信息系统、遥感、3G、卫星导航等先进技术，全面规划布局、建设发展及深化提升（图5-6）。

（2）林业信息应用系统初步建立。建立了林权管理地理信息系统、林地地籍管理信息系统、古树名木管理信息系统、林业局办公自动化系统、林业局行政审批电子监察系统、森林防火视频会议系统、生态公益林地理信息系统、森林公园资源管理系统、林科园植被管理信息系统、森林分局警综系统、森林资源档案管理系统、林业局行政审批系统、林业局档案管理系统、古树名木管理系统、森林公园治安与防火监控系统、市林业局官方网站、官方微博"东莞林业"。

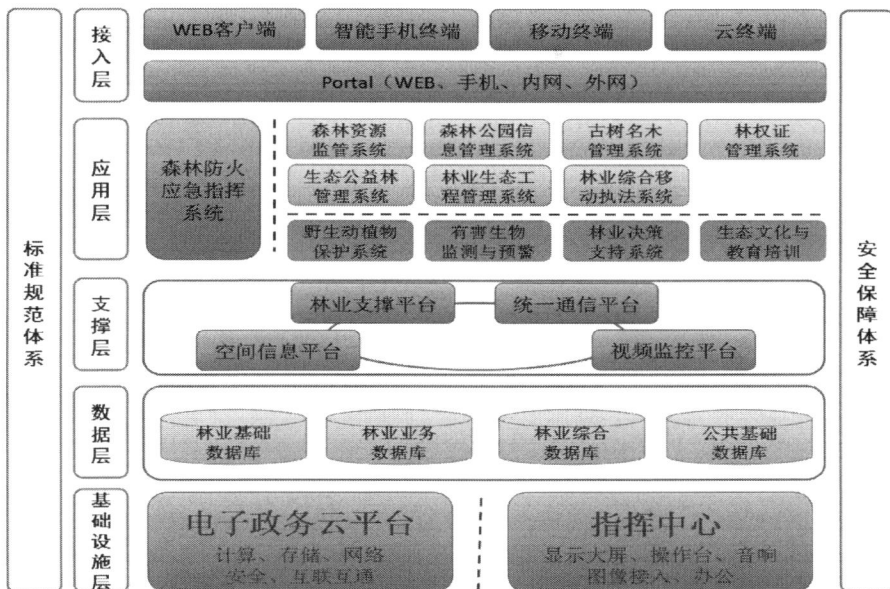

图5-6 东莞市智慧林业云整体架构

（3）林业数据库不断完善。建成森林资源档案数据库、林权地理信息数据库、林地地籍数据库、古树名木数据库、林业公文审批数据库、行政审批电子监察数据库、生态公益林数据库、森林公园基础数据库、林业植被数据库、森林公安综合信息数据库等，并每年不断更新完善。

三、林业物联网示范应用

（一）北京西城园林植物条码管理

1. 基本情况。北京市西城区是首批全国林业信息化示范县，按照全国林业信息化示范建设的要求，围绕示范主题积极开展示范建设，项目建设不断推进，系统已逐步实现了数据精准高效采集、树木全生命周期跟踪管理、绿化资讯便捷查询等功能，有效地促进了西城区的绿化管理及科普推广，为西城区绿化建设的科学决策提供了重要依据，推动绿化管理工作向规范化、系统化、专业化方向进一步发展（图5-7）。

图 5-7　北京市西城区条码化管理系统界面

2. 主要做法。

（1）建立了植物病虫害监测管理机制。使用园林条码管理系统对美国白蛾的发现时间、发现地点等情况进行记录，根据记录的结果对美国白蛾的发生情况进行统计、对比分析，为今后的病虫害发展趋势提供科学的数据依据。

（2）实现了古树精细化管理。2013 年将现有古树信息录入管理系统，对全区所有古树进行信息化、精细化管理，古树日常养护、复壮、保护等工作信息按时录入管理系统，使古树的管理在信息化、规范化方面上升一个台阶。

（3）完成了绿地确权。2013 年完成了牛街、白纸坊、广安门内三个试点街道内孤植树基础信息的普查与地图定位以及查询模块和统计分析模块等建设内容。应用空间数据库技术、空间信息可视化技术、网络地理信息系统技术，各类专题数据以及其他丰富的多媒体信息，实现了西城园林植物古树的空间化发布，实现了园林孤植树资源数据空间化、可视化管理，提供了相应的查询工具，做到了"数字准、职责清、情况明、效率高",为科学决策提供准确依据。

3. 经验效果。

(1)建立了完善的网络机房和数据库。目前已完成数据库部分和地理信息系统部分初步搭建和部分树木的上图展示工作,并请专业人员进行测试,进行系统升级。不断完善,充实数据库,进行古树名木的挂牌、上图工作。在充分利用网络和数据资源基础上,通过机制与技术创新,推行网格化管理,提升园林绿化行业信息化建设和应用水平。

(2)建立网络平台。新的西城区园林绿化局网站设有政务公开、政务公告、科普栏目、公园介绍、服务承诺、公共服务、政民互动、工作动态、群植绿化等栏目。从而整合政务服务资源,构建"上下联动、层次清晰、运行顺畅、就近覆盖"的行政服务网络。努力建设"以社会需求为导向、以网络技术为支撑、以为民服务为目的,集行政审批、社会管理、公共服务、效能监察于一体的新型行政服务中心。"

(3)进行信息网络全局覆盖。人手一台计算机,设有专职网络管理员,随时更新网络,完善信息化建设标准体系,保证信息化管理的规范化、便民化、高效化、精细化。

(4)推进信息公开。坚持"真实公正、注重实效、有利于监督"的原则,对公开信息进行了全面梳理,进一步明确了公开的标准,调整了园林绿化局的办事指南、办事程序,办事依据、办事期限,做到公开办事随时可信息查询。在日常工作中建立并完善了政务信息的审核、签批制度和监督体制,做到信息公开管理有计划、有审核、有签批、有备案。

(二)福建金森智慧林业一体化应用示范

1. 基本情况。福建金森林业股份有限公司是全国林业信息化示范基地,作为国家发展改革委授牌 4G 智慧林业的首个应用示范单位,于 2012 年 6 月在深交所上市,是全国首家纯林业种植型上市公司,是全国最大规模单细胞种苗繁育中心,是全国最大规模新品种、标准化紫薇产业园，也是我国南方面积最大商品林国际森林认证单位。

2. 主要做法。应用物联网技术在森林气象监测、林区智能烟火识别、单兵系统、苗圃智能化管理、无人飞行器森林资源航拍等方面取得了良好成效。

（1）森林气象监测。在火险监控区域内布置野外气象监测点，实时动态采集、处理和存储温度、湿度、气压、风向、风速等气象数据，将林区风速、风向、雨量、空气湿度、相对湿度等多个气象要素进行全天候现场监测采集。实时将前端现场气象数据和视频图像传输到指挥中心，由计算机自动计算出当时的森林火险等级，及时地发出火险预警，有效地预防森林火灾的发生。

（2）林区智能烟火识别。通过对经营区内安装高清可见光和红外摄像仪，配合云台自动调节，不同角度地对拍摄范围内的林区进行实时动态监控，将传统的林区由护林人员监管看护，转换成智能设备监看。通过安装在不同点位的高清可见光和红外摄像仪，实时全天候24小时监测森林火情，实现林火自动检测、识别和报警监测，立即通过系统报警平台为指挥中心及时提供现场信息，使指挥中心值守人员在第一时间通过智能监控系统迅速判断，做出相关的应急处理措施。

（3）北斗系统应用。运用移动互联网核心技术，在传输层采用目前最为先进成熟的 TD-LTE 技术或者微波技术，融合了先进的语音编解码、视频编解码、SIP 软交换、北斗卫星、移动数据采集、实时互交通信、融合通信等技术，实现了对护林员的多媒体可视化集群调度指挥、位置跟踪、轨迹回放、"三防"取证（防火、防病虫害、防盗伐盗猎）、巡检巡视、移动办公等多种应用功能。具有技术先进、运行高效、稳定耐用、可靠实用的优点。系统可将伐区调查设计、营造林工程质量验收等所有外业工作阳光化、透明化；实时记录和传输工作流程、调查路线和调查数据等信息，并进行数字化处理与存档；配合地理信息系统，呈现林地三维立体图像，进行伐区木材生产作业和迹地更新造林设计。为公司决策、管理、监督提供了第一手客观依据(图5-8)。

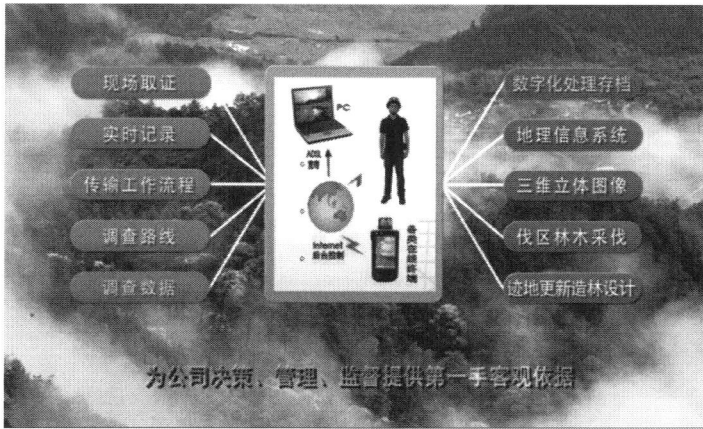

图5-8　福建金森北斗系统运用

(4)苗圃智能化管理。对公司紫薇园实时图像与视频监控，可任意调取一路视频图像，实时监控紫薇园苗木的墒情、营养状况，可直观反映苗木的生长长势，也可以侧面反映出苗木生长的整体状态及营养水平。利用传感器对苗圃进行全面有效监管，根据传感器获取的紫薇生长环境信息，实现所有监测点信息的获取、管理、动态显示和分析处理以直观的图表和曲线的方式显示，根据以上各类信息的反馈对苗圃苗木进行自动灌溉。智慧苗圃能实现苗木生长环境状况的实时、动态监测和管理，对苗木的生长情况进行预测和模拟，从而达到科学的培育苗木资源的目的(图5-9)。

(5)无人飞行器森林资源航拍系统。运用无人飞行器，通过北斗卫星精确定位，进行360度无"死角"高清航拍，消除了过去人工调查无法直视的"盲区与死角"，实现了地空双控立体成像，提高了各项工艺调查精度，使森林资源资产并购、伐区木材产销招投标过程更具直观性和真实性。

(6)大数据平台的开发与服务。福建金森与高校合作开发大数据平台，系统建成后可提供切合实际应用的浏览查询、辅助分析等功能，

图 5-9　苗圃智能化管理

使取得不同权限的用户可以在系统中查询到相关的森林资源信息，具体可以落实到指定的小班、指定的山头地块，根据工作需要进行数据的统计分析、林业专题图制作。

3. 经验成效。

（1）经济效益和带动辐射作用不断加强。一是信息化措施应用促进了"公司＋合作社＋农户"的经营模式推广，加快了扶贫开发，同步增加了相关农户和公司的收入，同时提升了生态环境质量；二是 4G 技术应用于资源调查评估、造林验收、苗木管理、巡山护林、防火防病虫害等领域，提升了公司风险防控能力；三是大数据平台技术与政府共享，提高业务运行效率、加强行业监管、提高宏观调控能力，降低业务成本；四是有效带动了智慧林业的推广，并为推广提供了有效的参考模式，同时有利于 TD-LTE 相关领域的产业化发展。

（2）实现了智能化管理和一体化服务。带动精细林业发展，改变过去粗放型管理为智能化的科学管理，提高林业生产和管理的稳定性和可控度，科学有效地保护、利用、发展林业这一可持续再生资源。

促进管理科学化，建立林业数据库系统和林业决策支撑系统、数据采集系统及传输系统为主体的现代科技应用，对森林资源、林业生产状况、林业灾害等进行有效的测报以建立空间决策支持系统，实现了智能化管理和一体化服务。

（3）积累新技术应用经验，起示范带动作用。福建金森在信息化建设中开发了软硬件应用平台，整合智能苗圃、森林资源管理大数据平台、林区智能管理系统、森林资源并购评审等数据资源所涉及的关键技术都是林业领域的行业发展瓶颈技术，通过示范项目，将推动整个行业的信息化技术发展。

（三）二仙坡智能果园物联网

1. 基本情况。河南二仙坡绿色果业有限公司是全国林业信息化示范基地，始终把林业信息化建设作为基地建设的重要抓手。2011年，公司在三门峡市林业局、三门峡市林业和园林局、陕县联通公司的大力支持下，建起"三门峡林业信息化物联网示范基地"。2012年，实现3000亩成龄果树的自动化灌溉，基本实现了"将现代信息技术广泛应用在林业的产前、产中、产后各个环节，快速、有效地改造和提升传统林业，推动林业现代化进程"的目标。

2. 主要做法。

（1）加大投资，逐步完善物联网信息化技术改造。为保证二仙坡绿色果业基地的持续发展，在生产建设投资十分困难的情况下，挤出400余万元资金，用于物联网信息化技术投资。一是投资200余万元，建起节水灌溉自动化控制系统。共建设无线信号发射接收塔12座，自动加压控制泵房9座，改造节水灌溉管道4000余米和电脑信号传输操作台。二是搞好信息自动化记载数据的更新和修正工作，为正确指导生产提供有效数据。三是增加网上销售信息的应用。有效实现"气象监测有数据，农田灌溉有依据，进入市场知行情，自动控制省人力"。为绿色苹果基地"标准化生产、规模化经营、商品化处理、品牌化销售和产业化经营"目标的实现铺平了道路。

（2）用数字化指导林业标准化，用标准化促进林业现代化。一是小气候监测的数据是指导果园管理的重要手段。在果园土壤湿度低于25%的情况下，技术人员下达全园实施节水灌溉的指令，当大气湿度低于70%时，技术人员同样操纵控制系统，用小微喷的方式增加果园大气湿度。二是通过物联网，发布苹果销售信息。二仙坡是栖霞苹果电子销售豫西总代理，通过增加信息自动检测设备，通过互联网及时准确地把绿色果业基地和绿色果业专业合作社的信息发布出去，有效促进果业销售工作。三是物联网动态检测系统，可反映整个果园的实时管理。物联网再连接互联网后，身在全球有互联网的地方，都能看到基地果园管理情况，有利于网上销售、果树认养。四是搭建产品安全信息检测查询平台。公司产品注册了二维码，果园管理过程在互联网页上随时可以查询，为苹果销售打通了通道（图5-10）。

图5-10　节水灌溉自动化控制系统

3. 经验效果。

（1）信息化建设是企业做大做强的重要抓手。为顺应市场和新技术发展需求，二仙坡绿色果业有限公司立足长远发展的高度，把信息化建设作为企业做大做强的重要抓手。一是充分认识信息技术的先导作用，把物联网作为提供农产品供需的分析系统，市场价格的预测系统和农田决策的指挥系统。二是把信息工作作为林业生产过程中提高农产品产量和品质，降低生产成本，提高生产效益的技术支撑。三是把信息技术作为农产品销售的交流平台。苹果销售必须掌握市场供需状况和价格走势，没有信息技术支撑，将使企业限于"增产不增收"和"卖难"尴尬局面。

（2）先进的管理经验是新技术成功的关键。引进富硒、SOD 苹果生产新技术，聘请河南农业大学果树专家为技术顾问，从技术培训、果园管理、病虫害防治等方面提供指导，为苹果产业向高层次发展注入了新的活力。

（3）让每个人都掌握新技术是产业发展的法宝。为促进林果产业持续健康发展，实现果农增收致富，多次举办林果技术培训班，周边地区林果种植大户、园艺部门的工作人员、林业工作站站长等人员积极参与培训。为帮助果农增强果树管理和果树栽植能力，培训期间还组织学员们实地参观了二仙坡林果基地示范区，学习和掌握当地林果基地管理方法和规范、科学的果树栽植技术。

四、林业大数据示范应用

（一）老河口数据开放平台

1. 基本情况。湖北省老河口市林业局是第二批全国林业信息化示范县，老河口市始终把林业信息化建设作为实现林业治理能力和治理体系现代化的重要抓手，立足基层林业工作，加快信息资源整合，全力推进"林业一张图"建设，实现业务互联互通和信息资源共享交换，形成涵盖全业务、一体化、智能化的林业资源监测体系，极大地提升了林业资源监管水平。

2. 主要做法。

（1）整合资源数据，奠定林业大数据基础。整合以"三个系统一个多样性"为核心的林业资源数据，打破行业内部数据壁垒，以大数据技术、GIS 技术等现代信息技术为支撑，统一标准规范，对林业资源数据进行整合，建设林业基础数据库，实现"一张图、一套数"。完善公共基础数据库，融合森林资源核心数据，建设林业资源"一张图"。

（2）建设开放平台，推进信息资源共享。整合各类林业业务应用系统，推进跨部门业务协同，数据资源共享，林业 GIS 服务公用，强化林业资源数据的采集、更新、共享，提升林业大数据支撑和服务能力。强化标准体系建设和应用，完善和健全林业大数据支撑平台，全面构建林业数据资源管理平台，建设林业地理信息公共服务平台。

（3）完善业务系统，打造智慧监测体系。老河口市以林业资源"一张图"为基础，依托林业大数据支撑平台、林业资源管理平台、林业 GIS 公共服务平台，以数据的采集加工、管理、更新、应用为主线，以大数据、GIS 技术和物联网等信息技术为支撑，加强核心业务系统的开发，不断完善林业感知体系，打造林业资源智慧化监测体系，实现对林业资源的有效监管。不断完善智慧林业感知体系，建设智慧林业监测系统，完善生态林业管理体系（图 5-11）。

3. 经验效果。

（1）把握信息化发展趋势，明确示范建设方向。随着云计算、物联网、移动互联网、大数据等新一代信息技术的快速发展及广泛应用，湖北林业按照智慧林业建设要求，遵循"五个统一"的建设原则，坚持"平台上移、应用下移"的发展思路，率先在老河口市试点应用，启动了"森林资源管理系统基础平台"项目，以林业资源监管业务应用为重点，开展了林业资源基础数据融合工作，建立资源动态监测体系，在

图 5-11　老河口市林业 GIS 公共服务平台

林业资源整合、业务模式创新、综合服务体系构建等方面取得了较大突破，为湖北智慧林业建设树立典型。

（2）结合现状需求，确立建设思路。老河口市以全国林业信息化建设示范县和智慧城市试点市为契机，以云计算、物联网、移动互联网、大数据等新一代信息技术为支撑，以林业资源动态监测为目标，林业资源数据整合为突破口，按照林业智慧建设总体架构，着力打造林业资源智慧监测体系，实现对"三个系统一个多样性"林业资源数量和质量及其动态变化进行有效监管，为强化林业资源管理，守住"生态红线"，全面掌握全市林业发展趋势，正确制定和调整林业方针政策，科学编制林业发展规划与国民经济和社会发展规划等提供依据。

（3）加快建设步伐，服务林业发展。以老河口市林业资源基础数据为本底，整合造林管理、公益林区划界定、森林采伐管理、森林灾害防治、林地保护管理、林业重点工程管理、湿地公园、沙化治理管理、古木名木管理等业务数据，开展林业资源大数据分析，形成"林业一张图"。强化标准体系建设和应用推广，以统一的标准规范数据采集、融合、管理、更新和应用。建设林业立体感知、管理协同高效、服务内外一体化的林业资源智慧监测体系，服务林业发展。

（二）江油资源大数据动态监测

1. 基本情况。江油市林业局作为全国林业信息化示范县之一，按照《中国智慧林业发展指导意见》，江油市利用灾后资金投入，建设了大数据时代的森林资源监管体系。森林资源管理活动具备数据量大、数据关联紧密、数据变化随时发生等特点，建设包括森林资源数据整合、森林资源精细化动态监测、森林资源突发事件监管、森林资源经营决策、森林资源历史变迁、具有生命的森林资源一张图等，实现了智能化的森林资源智慧感知。

2. 主要做法。

（1）利用大数据技术建立森林资源共享平台。对多维度森林资源数据按照大数据的管理思想进行重新组织和梳理，实现江油市森林资源共享，重点整合了四类数据：一是按时态分，包括历史资源数据、变化资源数据和现实资源数据；二是按格式分，包括栅格数据、矢量数据、属性数据、多媒体数据和电子档案数据；三是按业务分，包括服务类数据、管理类数据、业务专题数据和基础数据；四是按内容分，包括基础地理、林业地理和森林资源。主要工作是对这四类数据进行了收集、整理、分析、存储，建立了森林资源数据共享平台，为精细化业务办理、宏观数据管理、便捷化信息服务奠定了坚实基础。

（2）利用大数据技术完成森林资源精细化动态监测。一是利用大数据挖掘和分析技术，智能优化和调整自然生长模型，结合业务活动开展实现森林资源动态更新；二是利用 GIS 空间分析技术，以二类调查数据为基础结合基础地理数据和 GPS 采集数据，智能完成地形地貌的提取，建立满足拓扑完整要求的空间图形，有效防止了森林资源破碎化经营。通过样地建立，利用树高曲线模型、立木蓄积计算规则实现精确的林分蓄积量调查，便捷高效完成森林资源监测工作，为林权管理、森林案件、森林灾害等林业活动提供数据支撑(图 5-12)。

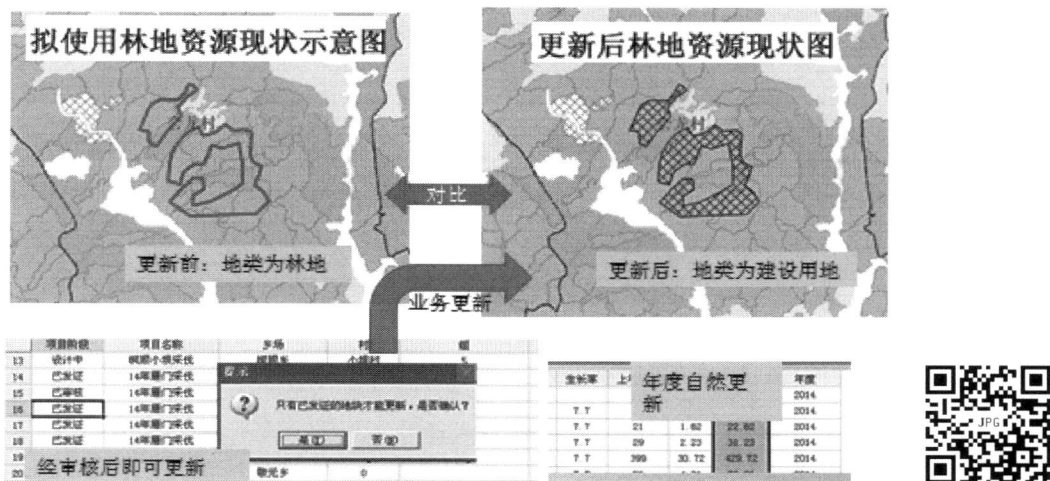

图 5-12　森林资源数据的及时更新

(3)利用大数据和智能监测技术建立突发事件监管体系。森林资源突发事件主要包括森林案件和森林灾害两大类,为了对突发事件做到"事前预防、事中管控、事后评估",建立了以大数据和智能监测技术为基础的突发事件监管体系。利用大数据技术分析重点资源和案发热区的分布,为高效林政执法提供手段;利用监控摄像头、无线网络等物联网技术覆盖重点林区实现智能化监控;利用智能移动终端开展案件调查、灾损评估、现场处罚,建立了可追溯的森林案件档案。

应对森林火灾,利用大数据技术进行火险分析预警,利用远程监控实现烟火智能识别,结合护林防火基础设施完成应急指挥调度,利用火灾蔓延分析技术实现火灾有效扑救。应对森林病虫害,建立了林业有害生物监测网络和监测预警体系,利用大数据分析技术结合林业有害生物发生特点建立了预测预报模型,对林业有害生物发生期、发生量、发生范围进行了有效预测;为林业有害生物防治提供了决策手段;为林农提供了病虫害防治技术服务。

(4)利用大数据技术建立森林资源经营决策和林产交易系统。为了达到森林资源健康可持续发展，实现生态效益和经济效益的协调统一，以生态保护为目标并利用大数据技术分析林业产业发展趋势、市场经济效益，建立了森林资源经营决策和林产交易系统。实现了林农增收、林业增效。解决了林子造在哪里，木材如何经营，林业产业如何规划和布局的问题。通过科学的森林经营方案的编制，为林下种植、林下养殖、野生动物经营等促进林业特色经济发展提供决策。

（5）利用大数据技术完成掌握森林资源历史变迁。通过掌握森林资源变化的原因和规律，准确地建立各种林业数据模型，提升林业科技含量，利用大数据技术结合 TGIS 技术，总结出了基于大数据支持下的时空立方体、快照序列、基态修正和时空复合等四种时态数据模型，有效的完成了对森林资源数据的采集、存储、管理、分析与显示地理实体随时间变化的信息。

（6）利用大数据技术实现林业资源一张图。林业资源一张图是森林资源利用现状、遥感监测、林地变更调查以及基础地理等多源信息的集合，与森林资源的规划、审批、补充、开发、执法等行政监管行为叠加，共同构建统一的综合监管平台，实现森林资源开发利用的"网上管、地上查"，从而实现资源动态监管的目标。利用大数据技术结合 3S 技术再现了森林资源的历史、变更、现状及预测，让"死图"变"活图"，精准化感知森林资源的"脉搏"。

（三）安吉国家、省、市、县四级数据交换

1. 基本情况。浙江省安吉县是首批全国林业信息化示范县。安吉林业信息化工作紧紧围绕林业中心工作，按照"加快林业信息化，带动林业现代化"的总体要求，在各级党委、政府的大力支持下，不断加强组织领导，加大经费投入，强化基础建设，建有独立机房、完善的网络平台和运行效果良好的应用系统和数据库，在统一平台的基础上进行数据整合，数据覆盖范围达到95%。

2. 主要做法。

（1）开发了应用系统。包括生态公益林地籍管理信息系统；公益林护林员考勤系统；森林灾害远程视频预警监控系统；林业有害生物监测预警综合信息系统；林业有害生物检疫御灾系统；木材采伐系统；征占用林地管理信息系统；林权监管系统；行政许可系统；行政处罚系统；数字城市建设试点森林资源管理信息系统；全国木材运输管理系统；全国林木行政执法人员管理系统。

（2）开发了协同办公OA系统。开发有发文管理、收文管理、档案管理、会议管理、车辆管理、值班管理、领导日程、内部邮件、通知公告、短信应用等功能。协同办公OA系统通过对接省林业统一用户管理平台和省林业公文数据交换平台，与省厅办公系统进行了整合，实现了国家—省—市—县四级公文数据的数字化流转和统一用户管理，2014年初还作为试点单位应用了浙江省林业厅的电子签章功能。于2009年对安吉林业网重新改建，与省林业网实现了网站群管理。

（3）建立林业基础数据库系统。包括二类资源调查森林资源数据库、林权监管数据库、征占用林地数据库、古树名木数据库、生态公益林数据库、林业有害生物检疫数据库、林业行政许可数据库、林业行政执法数据库、公文数据库和政务信息数据库，并正在依托数字城市建设试点森林资源管理信息系统项目开展1∶2000的地理信息空间数据库系统建设。

（4）进行数据整合。在政务数据方面，依托省林业统一用户管理平台和省林业公文数据交换平台，实现了政务工作的平台统一，也实现了与上级林业机关政务数据的整合和流程统一；在业务数据方面，通过应用系统的数据同步功能，实现了省厅与县局之间业务的数据的共享。

（5）建立信息安全保障。为了合理地解决网络开放性与安全性之间的矛盾，参照电子政务信息安全等级保护要求，在电子政务系统信息畅通的基础上，有效阻止非法访问和攻击对系统的破坏。具体到技术层面，除了传统的防病毒、防火墙等安全措施以外，还通过以下手段来实现电子政务特殊安全需求：通过安全岛来实现内外网间信息的过滤和两个网络间的物理隔离；基于802、1x协议，加强网络域的控制，只有经过认证的设备可以访问网络，并且能明确地限定其访问范围；利用统一平台建立可信统一的时间源；基于Ipsec实现信息传递过程中的加密；操作正版软件，并利用漏洞扫描工具定期检查系统漏洞和配置更改情况，实现操作系统的安全性；依托浙江省林业厅实现数据备份与容灾（图5-13）。

3. 经验效果。

（1）建设意义重大。建设林业信息化示范县是推进智慧林业建设

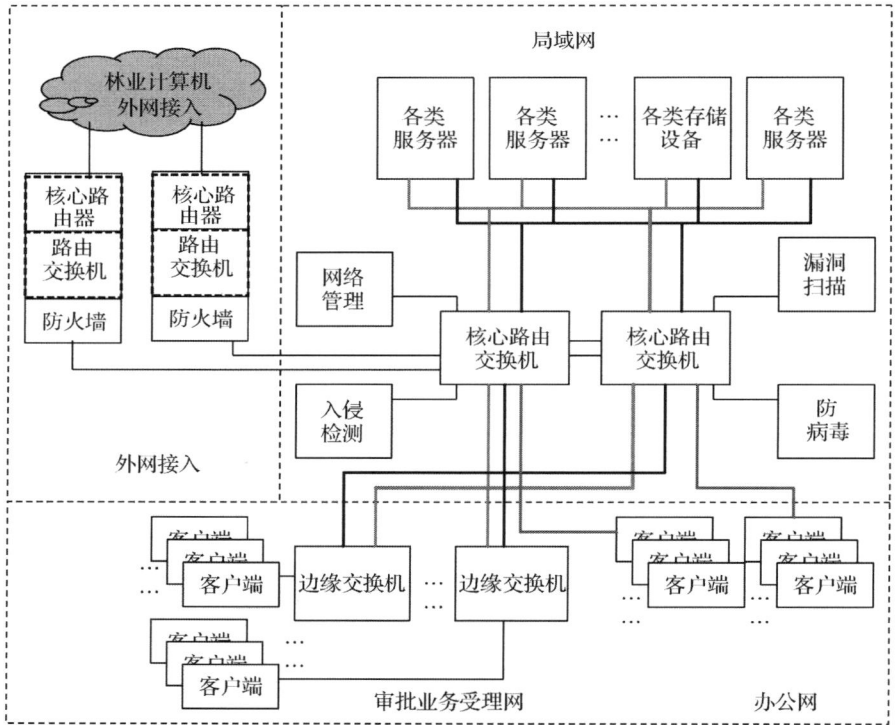

图5-13　浙江省林业电子政务专网和各级林业机关局域网连接拓扑图

的重大举措和重要组成部分，强化了信息交流，增强了政务能力。

（2）解决思想认识上的问题。信息化示范县建设绝对不是走过场、做表面文章，而是提高信息交流能力、提高林业信息化程度、提高林业现代化的实实在在措施。示范建设可以促进资源的合理利用，推动工作的全面前行。

（3）建好了信息基础网络。利用省林业电子政务数据中心和省电子政务专网 VPN2 建设了县林业电子政务和业务应用专网。在使用原县政府办公 OA 基础上开发了符合本局需要的协同办公 OA 系统，开发有发文管理、收文管理、档案管理、会议管理、车辆管理、值班管理、领导日程、内部邮件、通知公告、短信应用等功能。逐步养成良好的使用习惯，提高了办公效率。

（4）促进了信息的收集、发布、交流。作为信息化建设示范县，必须做到能够正常运作，且兄弟单位可复制、借鉴。建立健全各项规章制度，规范信息化建设的行为，以保证信息化建设能够健康、文明地运作。解决好维保问题。包括电脑软件和硬件的日常维护，软件的杀毒、升级等。

五、智慧林业示范应用

（一）四川智慧卧龙

1. 基本情况。四川省卧龙自然保护区是全国林业信息化示范基地之一，卧龙以"立足实际，统一规划，紧密融合，资源共享，稳定安全"为指导，以实现卧龙智慧化管理为目标，运用物联网、云计算、大数据等新一代先进的信息化技术，建成了信息技术全面融合的"智慧卧龙"统一平台，基本实现了卧龙大熊猫保护、科研、社区发展的信息化、智慧化管理。

2. 主要做法。

（1）统一平台筑基础，集中数据促应用。2012 年，卧龙建成了"一张网"+"两中心"+"大系统"的数据中心和网络基础硬件平台，为卧龙各管理机构及保护站点的互联互通，业务数据的落地生根、交互使用奠定了硬件基础，为各项业务系统的全面融合、信息资源共享应用提供了强有力的保障。建成天地物联"一张网"。采用光纤传输和微波传输相结合的"天地一体"物联网技术，搭建统一网络基础平台，将分布在保护区超过 300km 地域内的各办公机构和保护站点"一网打尽"，打破了信息交互传输的壁垒。建立应用灾备"两中心"。即卧龙数据中心和异地备灾中心。为了实现业务系统的高效应用，通过采用虚拟化、云计算的服务器部署方案和基于 SAN 的备份技术，建设了集中统一的机房，形成了"一体化、网络化、服务化、智能化、高可信"的卧龙数据中心。整合系统"大统一"。利用网络及应用服务平台的开放性和可扩展性，集中整合保护区各行业的信息化系统，最大化地发挥信息化基础设施的作用(图 5-14)。

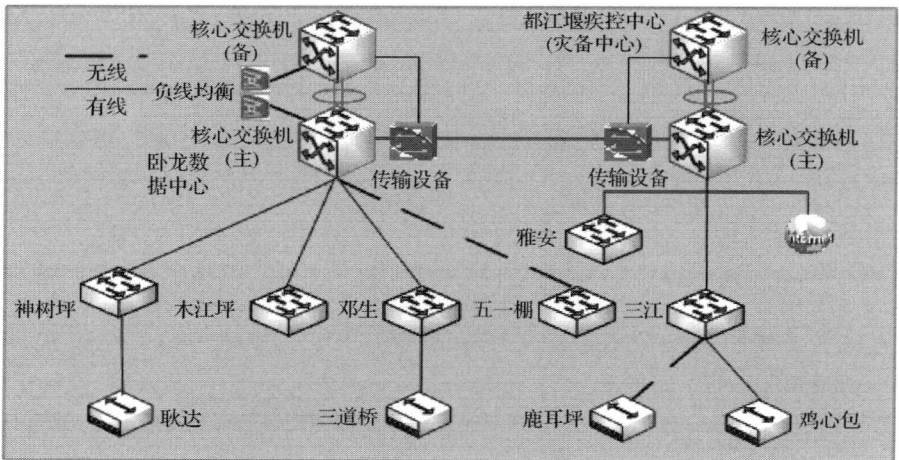

图 5-14　卧龙天地物联"一张网"

(2)深广结合突重点，智慧管理促发展。卧龙智慧管理以深化大熊猫保护中心工作为重点，建成了集政务管理、监测保护、科研教育、公众服务、数据集成、安全保障等为一体的智慧化"大熊猫科研与保护平台"。定制建成了野外数据采集与巡护信息系统，实现了数据的实时传递，巡护路径和巡护信息的获取与保存，以及数据的无缝集成和可视化展现。借助视频监控系统，记录大熊猫各个周期行为，进行大熊猫繁殖各阶段和行为的分析与判断。通过大熊猫分布记录管理、大熊猫饲养记录管理、大熊猫繁殖记录管理、大熊猫野外培训和放归记录管理5个子系统的数据采集，并在此数据库上进行统计分析，得出宝贵的大熊猫科学数据。建立大熊猫定位跟踪系统，采用"GPS+北斗"实时三维导航与定位技术，通过 ISM 频段无线传输，使科研人员足不出户就能开展野化培训大熊猫个体研究，提高了工作效率。

视频监控全方位，实时采。野外监控探头主要承担森林防火、野生动物监测、栖息地保护管理监测等任务。监控信息管理系统由分布在野外的50个监控探头及相应的软件体系构成，采用 NVR 统一接入和存储视频资源，满足不同需求和类型的视频接入。监控信息管理系统集信息采集、信息存储、业务管理、数据共享和信息服务为一体，实现了实时共享监控信息资源、监测数据采集、统计、分析、查询和报告等功能，并能够对采集到的有价值的视频资源进行提取和管理。卧龙已利用监控信息管理系统，监测到水鹿、扭角羚、苏门羚等大熊猫伴生动物百余次，为大熊猫栖息地的监测和保护提供了基础数据。

可视展现一张图，更直观。卧龙的可视化展现系统是一套基于基础地理信息、大熊猫野外定位跟踪信息、网络视频信息、野外巡护信息等基础信息，集二维三维于一体的多角度多元化的大熊猫科研与保护展示平台。通过数据资源的提取和转化，使工作人员能以最快最直观的方式熟悉业务管理、提高决策分析水平，为保护区的建设和发展服务。

（3）互联网＋创品牌，熊猫频道"网"全球。2014年初，卧龙与央视网合作，联手打造内容更丰富的"熊猫频道"，为宣传卧龙和聚焦大熊猫品牌构建了互联网传播平台，为卧龙以大熊猫保护为主的各项社会事业与互联网深度融合缔造了纽带。

世界看熊猫。将圈养大熊猫和偏远的野外大熊猫栖息地进行实况直播，是卧龙顺应信息化发展趋势，也是践行"互联网＋"行动的具体体现。"熊猫频道"开通以来，221个国家和地区上亿人观看了"熊猫频道"，在近亿人次的访问量中，超过80％的网友对卧龙给予了高度评价，同时，借助"熊猫频道"网络平台，卧龙也吸引了CNN、BBC、路透社、美联社等国际主流媒体的广泛关注。

产品销全球。卧龙与央视网"熊猫频道"共同建设"熊猫商城"，将卧龙大熊猫栖息地的生态产品，进一步推动移动互联网、云计算、大数据、物联网等新技术与卧龙大熊猫保护事业的融合应用，促进卧龙电子商务建设与发展，实现信息产业与保护区发展的生态融合。

智慧生态游。以保护区生态旅游转型和突破发展为契机，整合资源，利用云计算、物联网、移动通信等多种先进技术，着力建设和发展卧龙智慧生态旅游，构建智慧生态旅游体系，探索智慧生态旅游模式，拓展旅游生态链，带动区域经济发展，创建优质的生态旅游环境和提升服务品质，不断促进卧龙生态、社会、经济的可持续、跨越式发展。

（二）舒城金桥智慧育苗

1. 基本情况。安徽舒城金桥农林科技有限公司是全国林业信息化示范基地，是安徽省林业产业化龙头企业。公司现有试验、示范基地6处，分布于安徽省舒城县、全椒县、合肥市、巢湖市、湖北省荆门市，现有主要产业：油茶基地生产、观赏树木种苗、经济林种苗等。经过近几年的创新发展，公司在信息化技术应用方面取得了长足进步。

2. 主要做法。舒城金桥智慧温室系统是一套基于物联网的温室环境与灌溉调控的智能网络系统，该系统从设备和育苗栽培技术的结合点入手，以达到提高设施育苗的智能化水平，提高单位产量产值，节能降耗，减少设施运行成本。通过运用温室智能栽培育苗技术、环境调控技术和灌溉一体化灌溉技术，采用专家系统、决策辅助系统，建立智能栽培育苗知识库，设计智能环境与灌溉一体化调控计算机系统。系统特点有：一是系统性能好、自动化程度最高的温室控制系统，达到育苗生产的高产节能、全自动化、智能化；二是长达 12 年的全国范围内林业育苗栽培经验与数据库数据积累；三是系统内嵌自主知识产权的智慧育苗栽培模型与环境灌溉精准调控算法；四是高效节水灌溉和精准调控；五是自动诊断病虫害，辅助提出防治措施，有效预防病虫害；六是提高温室生产管理水平，投运该系统可增产 20% 以上；七是高可靠性工业化基础的系统硬件平台与系列产品。

现场操作人员在使用了智慧温室环境与灌溉调控系统后，可以通过软件观看到现代农业园区的总体概貌，了解连栋温室的小气候环境，掌握连栋温室种苗的灌溉情况和需水量，把温室的人工化操作变成了自动化操作，不仅省时省人，更是提高了育苗的生产效率，提升种苗品质（图 5-15）。

图 5-15　现场监控子平台示意

3. 经验效果。

（1）智能栽培与环境调控子系统。该子系统采用智能环境调控技术，按照温室小气候环境需求，进行自动调控温室的天窗、侧窗、帘幕、风机、湿帘泵等执行机构。通过对能量模型和林业种苗生长模型的研究和应用，采用先进的节能技术，最大限度的节能，始终维持精确合理的温室温度，避免超限使用能源，节省开支。并结合智能栽培技术和农艺专家系统，传感器自动采集生物信息和环境信息，计算机系统根据设施种苗在可控环境中的生长响应来调整设施环境，从而达到苗木生长所需的小气候环境要求，提高了作物产量和品质。

（2）节水灌溉调控子系统。该子系统采用节水灌溉技术，按照林业育苗生长需求，进行全生育期需求设计，把水分定量、定时，按比例直接提供给种苗。通过控制室内计算机能够设置灌溉定额、灌溉起始时间、灌溉区域等参数，自动控制灌溉首部，进行自动灌溉。舒城金桥现代农业园区在使用了该子系统后，产生了显著的实施效果：一是节水。节水灌溉技术可减少水分的下渗和蒸发，提高水分利用率，节水率达 30% 左右；二是改善温室小气候环境。采用灌溉一体化技术，一是明显降低了棚内空气湿度；二是保持棚内温度；三是增强微生物活性，有利于增强土壤微生物活性，促进种苗对水分的吸收等；三是减轻病虫害发生。空气湿度的降低，在很大程度上抑制了作物病害的发生，减少了农药的投入和防治病害的劳力投入；四是增加产量，改善品质。节水灌溉技术可促进育苗产量提高和产品质量的改善，设施栽培育苗增产 17%～30%；五是提高经济效益。节水灌溉技术经济效益包括增产、改善品质获得效益和节省投入的效益。

（3）移动监控子平台对种苗生产的实施效果。通过移动手机监控现场，授权用户其一温室现状查询，可以通过手机查询温室现状，如林业育苗温室的温度、湿度、天窗开度、室外气象等；其二现场报警通知，当温室发生紧急情况，该模块会自动报警，把报警信息发送到相关人员手机上，严重报警会拨打电话通知，防止了因特殊原因造成温室恶劣环境和灌溉过量或少灌而导致育苗产量低下，品质受损，蒙受巨大经济损失。该子系统投运以来，方便现场操作人员随时随地了解园区的温室小气候环境和灌溉情况，实时跟踪育苗的生长状况。

（三）大东流智慧苗圃

1. 基本情况。北京市大东流苗圃是全国林业信息化示范基地之一，位于昌平区小汤山镇大东流村南，占地约2400亩，是国家级苗木示范基地。为实现建设全面示范的现代化苗圃，促进苗木生产部门与苗木使用部门的信息资源共享，加强苗圃对重点绿化任务、重点绿化工程支撑能力，实现苗圃苗木横成排、竖成行，标准化、规范化地块建设，及苗木从采购、入库、管理、销售一体化管理，从2012年开始，苗圃开展了苗木管理系统建设工作。

2. 主要做法。在北京市园林绿化局信息中心的帮助与支持下，经过长期的认真调研和分析后，结合大东流苗圃苗木管理的实际需求，成功将二维码技术引入到了苗圃苗木管理工作中。具体做法是：为每株树木配置一个二维码标签，同时在后台布设一个WEB网站，使管理人员通过扫描二维码，便可记录和查看树木的养护情况，公众也可以通过扫描二维码，实时了解每棵树木的详细信息。随着二维码标签技术的不断推广与应用，我们还研制了二维码和RFID相结合的树木标签，实现苗圃苗木身份认证、产销一体化管理，做到苗木来源、管理过程及销售情况可追溯，从而达到了智慧化管理的目的。

苗木管理系统以空间数据库为基础，通过接口调用全市航片数据，实现底图数据每年自动更新。并在底图数据的基础上，全面实现苗圃规划、地块、子地块、苗木专题数据，整地、浇水、施肥等各类业务数据的建库，完成从数据采集、管理、入库、更新为一体的数据库建设机制，完成苗圃苗木信息资源整合，实现每棵重点苗木都能在地图上定位和查询。系统完成了北京市大东流苗圃苗木采、购、销一体化管理，并结合苗圃日常办公等工作，形成了集成化程度高的统一应用平台，实现苗圃管理工作网络化、可视化、信息化的现代化管理水平（图5-16）。

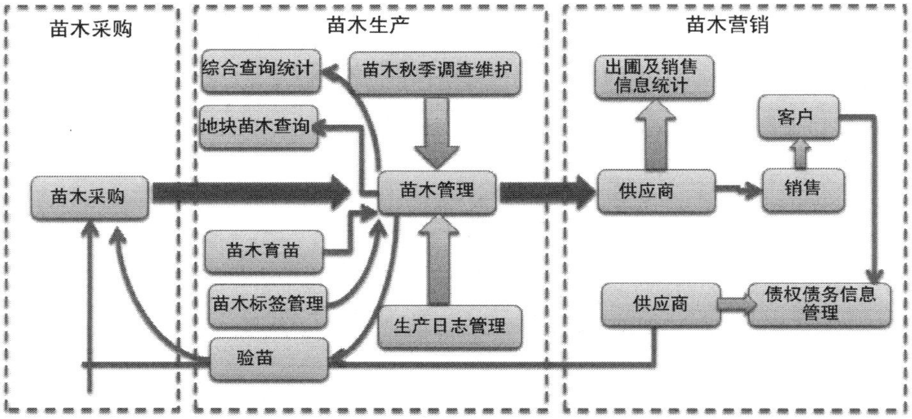

图 5-16　苗木采、购、销一体化管理

3. 经验效果。苗木管理系统应用后，在标准规范的前提下，将苗圃日常管理、苗木采购销及行政办公等工作通过统一的接口接入到市级平台，实现各类资源的互联互通和资源共享，解决苗圃"信息孤岛"的问题。通过对苗圃数据整合、处理、入库，实现苗圃苗木管理工作由传统模式向规范化、精细化管理转变。在苗圃苗木上挂接了苗木二维码，为苗木建立了身份证，实现了苗木来源、管理生长过程的可追溯管理。管理人员不需要专门设备，通过自带手机扫描二维码，便可记录和查看树木的养护情况。公众也可以通过扫描二维码，实时了解每棵树木的详细信息。

该系统的运行使用对苗圃管理发挥了重要作用。一是项目实施使苗圃苗木核心工作的管理方式发生根本性转变。二是通过系统的精细化管理，推动业务的规范化与精细化管理。三是通过系统的实施实现了苗圃苗木身份认证、产销一体化管理，并且通过水文、气象数据的实进收集，掌握红树林生态系统变化规律，为管理提供科学依据。四是建立了问题快速处理机制，进一步提高了苗圃管理的效率，减少了业务工作重叠，提高苗圃决策的科学性，并为其他业务系统的搭建建立了基础平台，减少以后在系统建设上的投入。五是通过对苗圃业务信息的综合分析和挖掘，有助于利用现有资源，实现苗圃业务与相关地理信息有效结合，为苗圃业务管理及各级领导决策提供支持。六是有利于提高苗圃的对外服务能力。七是符合全国数字化苗圃的发展趋势。

种苗产业是技术密集型的产业，种苗科技含量的高低是林业整体发展水平的重要标志，在很大程度上决定着林业三大效益的发挥。基于此需求，需要提供强大的信息化支撑体系，将国内外先进技术及时推送至苗圃产业，依靠科学技术不断提高种苗的科技含量，促进林木种苗发展。

第六章
经验借鉴

当前，全球信息技术呈加速发展趋势，信息技术在国民经济中的地位日益突出，信息资源也日益成为重要的生产要素。近年来，智慧城市、信息产业、信息惠民等一系列信息化建设战略应运而生，这些新理念、新思路必将为全国林业信息化项目建设提供大量可参考可借鉴的经验。本章重点针对国内外智慧城市、信息产业、信息惠民等方面的方针政策、建设情况及成效经验等做介绍。

第一节　智慧城市

我国正处于城镇化加速发展的时期，为解决城市发展难题，实现城市可持续发展，建设智慧城市已成为当今世界城市发展不可逆转的历史潮流。智慧城市就是运用信息和通信技术手段感测、分析、整合城市运行核心系统的各项关键信息，从而对包括民生、环保、公共安全、城市服务、工商业活动在内的各种需求做出智能响应。其实质是利用先进的信息技术，实现城市智慧式管理和运行，进而为城市中的人创造更美好的生活，促进城市的和谐、可持续成长。智慧城市的建设在国内外许多地区已经展开，并取得了一系列成果。

一、我国智慧城市主要政策

（一）我国智慧城市发展背景

国家政策引导奠定了智慧城市国家战略地位。随着智慧城市越来越多得到关注，党和国家对建设智慧城市也提出了具体要求和工作部署。

2014年3月党中央、国务院印发《国家新型城镇化规划（2014—2020年）》，明确提出"推进智慧城市建设"，要求"统筹城市发展的物质资源、信息资源和智力资源利用，推动物联网、云计算、大数据等新一代信息技术创新应用，实现与城市经济社会发展深度融合。"，促进"城市规划管理信息化、基础设施智能化、公共服务便捷化、产业发展现代化、社会治理精细化"。同年8月，国家发展改革委等八部门联合印发《关于促进智慧城市健康发展的指导意见》，进一步对智慧城市建设的指导思想、工作任务、保障措施等提出具体要求，引导智慧城市建设有序推进。

2015年3月25日，国务院发布《关于落实〈政府工作报告〉重点工作部门分工的意见（国发〔2015〕14号）》，提出"发展智慧城市，保护和传承历史、地域文化。加强城市供水供气供电、公交和防洪防涝设施等建设。坚决治理污染、拥堵等城市病，让出行更方便、环境更宜居。"并明确由住房城乡建设部为首的12个部委局负责落实。智慧城市建设进入了一个新的阶段。

新时期智慧城市建设更加注重几个方面。一是强调生态发展，避免对土地、水等资源的浪费；避免生态破坏和环境污染；避免城市病和城市安全产生问题。二是强调文化承传，避免千城一貌，并强化自然景观和文化传承的特色保护，发展城市文化个性；强调人的城镇化，人的精神修养的提升，文化品质的提升。体现"望得见山、看得见水、记得住乡愁"。三是强调整合，包括组织平台资源的整合、技术支撑平台资源的整合。四是保障安全，既包括软性的安全，也包括硬性的基础设施的安全等。

（二）九大政策引领智慧城市建设

近年来，我国智慧城市建设在国家政策的强力推动下有了长足发展，涵盖中国制造2025、智慧医疗、智慧交通、互联网、大数据、云计算等等，发布了众多智慧城市建设顶层设计，有力地推动了我国智慧城市建设。

1. 智慧旅游。2015年1月10日，国家旅游局印发的《关于促进智慧旅游发展的指导意见》提出，到2016年，建设一批智慧旅游景区、智慧旅游企业和智慧旅游城市，建成国家智慧旅游公共服务网络和平台。

2. 云计算创新发展。2015年1月31日，国务院印发了《关于促进云计算创新发展培育信息产业新业态的意见》，要求到2017年，云计算在重点领域的应用得到深化，产业链条基本健全，带动相关产业快速发展。

3. 智慧医疗。2015年3月30日，国务院办公厅正式印发《全国医疗卫生服务体系规划纲要（2015—2020年）》显示，未来5年，我国将开展健康中国云服务计划，积极应用移动互联网、物联网、云计算、可穿戴设备等新技术，推动惠及全民的健康信息服务和智慧医疗服务，推动健康大数据的应用，逐步转变服务模式，提高服务能力和管理水平。

4. 智慧交通。2015年5月5日，交通部正式发布《关于促进交通一卡通健康发展加快实现互联互通的指导意见》，确定近期目标为优化和完善交通一卡通互联互通顶层设计，统一行业技术标准，建立全国安全、高效、分级的清分结算体系，建立较为完备的行业监管制度体系，到2020年基本实现各大城市群跨市域、跨省域的交通一卡通互联互通。

5. 地理信息。2015 年 5 月 7 日，国家测绘地理信息局印发《关于推进数字城市向智慧城市转型升级有关工作的通知》，为测绘地理信息部门如何在智慧城市建设中发挥基础性、先行性作用，如何推动智慧城市健康发展提出指导意见。

6. 网络安全。2015 年 5 月 19 日，国家互联网信息办公室发布《关于加强党政部门云计算服务网络安全管理的意见》，进一步明确党政部门云计算服务网络安全管理的基本要求，即安全管理责任不变，数据归属关系不变，安全管理标准不变，敏感信息不出境。

7. "互联网＋"。2015 年 7 月 4 日，国务院进一步发布《关于积极推进"互联网＋"行动的指导意见》，确立了五项基本原则：即坚持开放共享、坚持融合创新、坚持变革转型、坚持引领跨越、坚持安全有序。提出到 2025 年，"互联网＋"新经济形态初步形成，"互联网＋"成为我国经济社会创新发展的重要驱动力量。

8. 智能电网。2015 年 7 月 6 日，国家发展改革委、国家能源局联合印发《关于促进智能电网发展的指导意见》指出，到 2020 年，初步建成安全可靠、开放兼容、双向互动、高效经济、清洁环保的智能电网体系，满足电源开发和用户需求，全面支撑现代能源体系建设，推动我国能源生产和消费革命；带动战略性新兴产业发展，形成有国际竞争力的智能电网装备体系。

9. 大数据。2015 年 9 月 5 日，国务院发布《国务院关于印发促进大数据发展行动纲要的通知》，把大数据确定为国家基础性战略资源。推动大数据发展和应用在未来 5～10 年逐步实现如下目标：打造精准治理、多方协作的社会治理新模式；建立运行平稳、安全高效的经济运行新机制；构建以人为本、惠及全民的民生服务新体系；开启大众创业、万众创新的创新驱动新格局；培育高端智能、新兴繁荣的产业发展新生态。

二、我国智慧城市建设情况

(一)智慧北京

随着物联网、云计算、移动互联网等新兴技术的不断成熟,各种信息化手段不断渗入城市建设、社会管理与服务之中,使城市智慧程度越来越高。

北京作为首善之区,信息化基础设施比较完善,在住建部开展的智慧城市试点中,北京东城区、朝阳区等试点单位,以问题为导向,探寻出独具特色的智慧应用之路。为探寻这些试点的特点,记者走访了北京市住房和城乡建设委员会科技处副处长宛春。

2012年3月7日,北京市人民政府以京政发〔2012〕7号印发《智慧北京行动纲要》。该《纲要》分指导思想和发展目标、城市智能运行行动计划、市民数字生活行动计划、企业网络运营行动计划、政府整合服务行动计划、信息基础设施提升行动计划、智慧共用平台建设行动计划、应用与产业对接行动计划、发展环境创新行动计划、组织实施十部分。

截至2015年底,全市共建成1672个星级智慧社区,占全市社区总数的58%,超额完成"十二五"期间建成1500个智慧社区的规划目标。目前,全市星级智慧社区共覆盖全市366万户、969万居民。预计2016年将推进约500个智慧社区的新建工作和400个左右已建成星级智慧社区的升星工作。

1. 七大要素实现"五化"。星级智慧社区在文化教育、卫生计生、养老助残、生活服务等多方面都为居民提供了不少便利。除了智慧养老之外,社区里的交通综合管理系统、安防系统、定位系统等智慧终端也提高了街道和社区的治理效率。比如,一旦居民家中发生破门破窗事件,智慧安防系统将自动向设定人发送警报,增强了辖区居民的安全感。

北京市经济和信息化委员会相关负责人介绍,《智慧北京行动纲要》提出,在"十二五"期间建成1500个智慧社区,按照"便民、惠民、利民"的原则,建成智慧社区基础设施网络、智能高效便民的服务体系、安全高效的社区管理服务体系,实现社区居民"吃、住、行、游、购、娱、健"生活七大要素的数字化、网络化、智能化、互动化和协同化。

2. 城市智能运行行动计划。

(1)城市人口精准管理。以居住证为载体建立全市联网、部门联动的实有人口信息系统,加强人口信息的采集、共享和利用,有效提高人口管理的信息化和精细化水平。提高人群流动感知能力,服务交通管理、社会治安、公共安全预警、突发事件应急等城市运行保障活动。建立人口宏观决策支撑服务体系,服务城市人口、产业空间、交通设施、能源资源等规划决策。

(2)交通智能管理服务。建设全路网智能监控体系,完善交通智能控制体系,推动各类交通信息共享,开展与周边地区的协调联动,实现联动管理。提升车辆的智能化水平,推广车辆智能终端、不停车收费系统(ETC)、"电子绿标"等智能化应用,加强营运车辆的智能化管理和调度。加强交通信息服务,在公共收费停车区域(场)推广停车电子计费系统,以多种方式为出行者提供全面及时的出行服务信息。

(3)资源和生态环境智能监控。建设智能城市生命线管理体系,推广智能电表、智能水表、智能燃气表和供热计量器具,形成智能的电力、水资源和燃气等控制网络。完善节能监测体系,实现对工业、交通及大型公共建筑、公共机构等主要用能行业(领域)及场所、单位的能耗监测。建设智能的土地、环境和生态监管体系,实现对全市土地利用、生态环境、重点污染源、地质资源和灾害、垃圾处理等领域的动态监测。

(4)城市安全智能保障。建设城市安全视频监控网络,基本覆盖政治中心区、轨道交通、地面公交、在建工地、餐饮企业、地下空间、公园等重点公共场所。建设社会服务管理网格，基本覆盖全市的人、地、物、事和组织。建设安全生产智能监管网络，覆盖煤矿、非煤矿山、危险化学品、烟花爆竹及规模以上工业企业等重点行业（领域）生产经营单位。建设食品、药品安全监管和追溯体系，逐步实现药品全品种全过程电子监管以及重点食品、问题药品的可追溯。完善智能应急响应体系，支撑社会公共安全、公共卫生安全、食品安全、生产安全、消防安全、森林防火、防汛抗旱、抢险救险等领域的快速响应。加强网络安全保障能力建设，维护网络秩序。

3. 市民数字生活行动计划。

（1）提供方便获取的社会公共服务。推广"市民卡"（包括社保卡和实名交通卡等），使市民能持卡享受医疗、就业、养老、消费支付等社会服务。加强网络化基本公共服务，推广电子病历和居民健康档案，提供基于网络的预约挂号、双向转诊等服务，实现城镇基本医疗保险和新型农村合作医疗患者持卡就医、实时结算，建设保障性住房网上服务系统，完善用人单位、劳动力、服务机构三方便利的"一站式"网络就业服务体系。加强基层信息化服务，完善96156社区服务平台、221信息平台、农村信息管理系统等信息系统，促进教育、医疗、就业、社保、优抚安置等基本公共服务城乡一体化。

（2）使人人享有数字化便捷生活。引导数字化生活，推广移动办公，发展在线教育和学习，促进数字消费，推动"三网融合"业务全面进入家庭。建设智慧社区（村），提供智能社区服务，完善面向老年人和特殊人群的数字便捷服务。发展智慧旅游文化服务，开展公园和风景名胜区智能化管理试点示范，促进旅游电子商务，加快图书馆、博物馆、美术馆、档案馆等文化资源的数字化进程。

4. 政府整合服务行动计划。

（1）以市民需求为中心整合服务。建设公共集成服务体系，以市民需求为中心，提高首都之窗网站群、政务服务中心、政府服务热线等多渠道、多层级联动集成服务能力。推动电子公共服务向基层延伸，使居民可以在社区(村)、街道(乡镇)基层服务站点办理劳动就业、社会保险、社会救助、社会福利等各种便民服务事项。

(2)以信息化为手段支撑科学管理。建设多级政府决策服务体系。提高党委、人大、政府、政协、法院、检察院等机关内部管理信息化水平。提高对政府机关的监察、审计和绩效考核信息化水平。

5. 信息基础设施提升行动计划。

(1)完善高速泛在的信息网络。建设"无线城市"，形成覆盖全部平原地区的高速无线网络，开展新一代宽带无线网络试点。建设城乡一体的高性能光纤网络，实现光纤到企入户，覆盖全市各社区(村)。加快有线电视高清交互改造，推进"三网融合"。进一步提升政务信息网络的性能，有效利用卫星通讯技术保障应急指挥，加快建设政务和公共服务高清视频传输网络。

(2)统筹建设全市政务信息基础设施。建设全市统一的传感终端网络、政务物联数据专网、无线宽带专网及物联网安全保障体系。建设一流的数据中心。统筹建设全市便民服务终端网络，整合部署社区、公共场所、办公楼宇的信息屏、"缴费通"等服务终端。

(二)智慧上海

上海市智慧城市建设工作以需求为先，惠民为本；创新驱动，深化应用；强化安全，保障有力；政府引导，企业主体为原则，以构建起便捷高效的信息感知和智能应用体系为重点，以高速泛在的下一代城市信息基础设施体系、绿色高端的新一代信息技术产业体系、自主可靠的网络安全保障体系为支撑的智慧城市体系框架，智慧城市建设成为上海提升国际竞争力和城市软实力的强大支撑和重要基础，上海信息化整体水平继续保持国内领先，率先迈入国际先进行列，实现以下发展目标。

1. 信息化应用水平和效益显著提升。智慧生活初具雏形，信息化应用有效促进信息消费，基于网络的智能化医疗、教育、交通、养老等公共服务基本涵盖全体市民。智慧经济蓬勃发展，信息技术引领带动新技术、新产业、新模式、新业态（以下简称"四新"）发展，信息化与工业化融合指数达到 86.5，电子商务交易额达到 2 万亿元。智慧城管不断深化，基于网格化的城市综合管理平台基本覆盖全市域。智慧政务取得突破，信息化助力政府改革创新的效应不断凸显，电子政务建设管理模式进步显著。智慧城市区域示范效应明显，形成一批示范性智慧社区、智慧村庄、智慧商圈、智慧园区、智慧新城。

2. 下一代城市信息基础设施服务能级显著提升。全面建成宽带城市，光纤宽带网络基本覆盖全市域，家庭光纤入户率达到 60%，家庭光纤用户平均互联网接入带宽达到 40 兆比特/秒，下一代广播电视网（NGB）覆盖 600 万户家庭，涵盖城镇化地区。全面建成无线城市，第三代移动通信（3G）和第四代移动通信（4G）用户普及率达到 70%，4G 网络基本覆盖全市域，公共场所无线局域网（WLAN）布局进一步优化，无线接入点突破 20 万个。功能设施进一步完善，全市互联网数据中心机架数突破 5 万架。国际网络出口、本地网络网间交换能力显著提升，网络就绪度指数明显提高。

3. 新一代信息技术产业创新发展能力显著提升。集成电路、高端软件等领域自主创新能力大幅提升。在大数据、云计算、物联网、移动互联网等领域培育一批新模式、新业态企业。上海基本成为国内新一代信息技术创新引领区和产业集聚区、信息服务业发展高地。新一代信息技术产业总规模达到 1 万亿元，占信息产业比重超过 70%，从业人员超过 80 万人，信息服务业经营收入达到 6800 亿元，增加值占全市国内生产总值比重超过 7%。

4. 网络安全综合保障能力显著提升。重点领域安全监管、城域网监测预警、网络安全应急处置、网络空间综合治理能力明显增强，重点区域、重点单位网络安全防护水平有效提升，市民网络安全意识普遍提高，网络安全技术产业健康有序发展，智慧城市网络安全态势总体可信、可靠、可控。

任务概要：将信息感知和智能应用作为发展重点，着力实施智慧化引领的"活力上海"（LIVED）五大行动：着眼城市宜居（livable），营造普惠化的智慧生活；着眼产业创新（innovative），发展高端化的智慧经济；着眼运行可靠（viable），完善精细化的智慧城管；着眼透明高效（efficient），建设一体化的智慧政务；着眼区域（district）示范，围绕社区、村庄、商圈、园区、新城，打造智慧城市新地标。强化智慧城市三大支撑体系：下一代城市信息基础设施体系重点推进宽带城市、无线城市、功能性设施、通信枢纽、下一代互联网等重点专项建设；新一代信息技术产业体系重点发展集成电路、新型显示、高端软件等核心基础产业，推动新一代移动通信、下一代互联网核心设备和智能终端研发及产业化，促进云计算、大数据、物联网等研发和示范应用，提升网络视听、数字内容等信息服务能力，加快重要基础设施智能化改造；网络安全保障体系重点提升网络安全技术防范、基础支撑和综合治理能力，强化网络安全监管和应急处置，完善安全可信网络环境建设。

三、国外智慧城市建设

（一）新加坡的"智慧国"计划

新加坡致力于打造"智慧国"，建设覆盖全岛的数据收集、连接和分析基础设施和操作系统，以提供更好的公共服务。近期，新加坡政府公布了"智慧国家2025"的10年计划。这份计划是之前"智能城市2015"计划的升级版。

1. 政府提供一站式在线服务。新加坡在信息技术发展和应用方面一直都处于世界领先地位。30多年前，新加坡就不断推出国家层面的通讯产业发展规划。根据埃森哲咨询公司 2014 年的研究，新加坡在"电子政务"方面排名世界第一；在"最佳互联国家"评估方面，世界经济论坛发布的《2014 全球信息技术报告》将新加坡排在第二位。调查显示，新加坡公民对目前电子政务的满意度为 96%，企业的满意度为 93%。日本早稻田大学 2014 年的一项电子政务调查指出，"新加坡近 98% 的公共服务已经同时通过在线方式提供，其中大部分都是民众需要办理的事务"。

2. 良好的产业基础。新加坡在信息技术发展和应用方面一直都处于世界领先地位。据埃森哲咨询公司最新的研究报告显示，新加坡在电子政务方面排名世界第一；世界经济论坛发布的《2014 全球信息技术报告》也将新加坡排在"最佳互联国家"第二位。来自新加坡资讯通信发展管理局提供给本报的数据显示，2013 年，新加坡的信息技术产业产值为 148.1 亿新元，年增长率高达 44.6%，其中，出口占 72.7%。来自新加坡统计局提供的数据显示，2013 年，新加坡金融业增加值占国民生产总值的比重达 12.2%（其中，银行业增加值占金融业增加值的比重为 46.7%），新加坡所管理的全球财富规模高达 2.1 万亿美元，仅次于纽约和瑞士，名列全球前三。

3. 充足的人才储备和专门的管理机构。新加坡是东南亚国家科教事业最为发达的国家，它的经济竞争力在世界上连续四年排名第一，把培养学生的"创新意识"、发展信息技术教育列为教育改革的重点。新加坡政府在创新技术和高科技领域广纳海外人才，组建了一支由海内外精英组成的一流科技队伍，还鼓励企业朝科技和创新领域进军，将新加坡发展成亚太地区信息技术的中枢。在新加坡智能城市建设和智慧国家建设中，新加坡资讯通信发展管理局（IDA）作为政府首席信息官，负责政府资讯通信总体规划，为政府制定 IT 标准、政策、指导方针和实施流程的监督，并且对重要资讯通信基础设施进行安全管理。

4. 健全的法律体系。在注重信息化建设的同时，新加坡政府也十分重视法律法规体系的建设，先后出台了《滥用计算机法》和《电子交易法》及相关指南。《滥用计算机法》于1993年出台，1998年进行了修订。该法的出台一是为了应付日益严重的计算机犯罪及其严重后果，对其加重处罚。二是予以补充以适应电子商务发展的需要。与该法配套，政府制定了《信息安全指南》和《电子认证安全指南》。《电子交易法》为电子交易提供了一个法律构架，将得到各国承认和有效解决电子纠纷。

5. 智慧国家建设目标。为把新加坡打造成为"智慧国"，新加坡政府将构建"智慧国平台"，建设覆盖全岛数据收集、连接和分析的基础设施与操作系统，根据所获数据预测公民需求，提供更好的公共服务。预先根据交通情况预测塞车路段，利用电眼来观察环境的清洁，使用无人驾驶车辆提供短程载送服务等。智慧国理念的核心可以用三个C来概括：连接（connect）、收集（collect）和理解（comprehend）。"连接"的目标是提供一个安全、高速、经济且具有扩展性的全国通讯基础设施，"收集"则是指通过遍布全国的传感器网络获取更理想的实时数据，并对重要的传感器数据进行匿名化保护、管理以及适当进行分享。"理解"是通过收集来的数据尤其是实时数据建立面向公众的有效共享机制，通过对数据户进行分析，以更好地预测民众的需求，提供更好的服务。

（二）韩国的"U-City"计划

U-City就是将IT的基建、技术和各类服务应用于住宅、交通出行、卫生保健、安全保卫和娱乐等诸多构成城市基本需求的要素中，以此所构筑的智能化、未来型的尖端城市。City是英文"城市"，U是英文"Ubiquitous"的第一个字母，这个单词的意思是"普遍存在、无所不在的"。目前，一些高科技发达国家如美、日、韩等已在一些城市和地区建设U-City，并取得了显著成效。

2004年，韩国政府推出了U－KOREA（U-韩国）发展战略，经过多年的实践，韩国一些城市已进入 U-City 时代。韩国的 U-KOREA 战略的核心是"U-IT839"计划。该计划的主要内容是融合了数字多媒体广播、数字电视和网络电视的 8 项服务；包含下一代互联网协议、宽带聚网，以及软件基础设施的 3 项基础设施；把移动通信和远程信息服务结合起来的 9 项技术创新产品。为推动 U-City 计划顺利落实，韩国信息通信部确立了首尔、釜山、仁川等地区为示范区。

U-City 的发展分为互联阶段、丰富阶段和智能阶段。互联阶段偏重信息基础设施建设，如无线网络、传感器安装；丰富阶段偏重服务，即提供无所不在的服务；智能阶段偏重管控一体化。目前，韩国的 U-City 已逐步进入智能阶段。即利用无线传感器网络，达到对城市设施、安全、交通、环境等的智能化管理和控制。

在市政设施管理方面，管理人员利用无线传感器网络可随时掌握道路、停车场、地下管网等设施的运行状态。韩国大城市供水系统管道漏水率为 10%，而每减少 1% 的漏水率，一年就可节约 40 万美元。利用无线传感器网络管理系统，可以实时监测城市水流量、水压和水质；在城市安全方面，利用红外摄像机和无线传感器网络，在监测火灾时，可突破人类视野限制，提高火灾监测自动化水平。当住宅或办公楼遇到险情，监控中心可以监测事发现场，通过广播、短信公布险情。儿童走失和老年人外出遇险是人们普遍关心的大问题。在 U-City 试点城市的街头都安装了智能视频监控系统，即可监控街道，又能进行人脸识别；在环境方面，市民可以实时查询气象、交通和传染病疫情等方面的信息，系统向市民提供"出行指南"。环境系统还可根据空气可吸入颗粒物浓度，自动开启道路洒水系统；交通出行系统包括公交信息、公共停车信息、智能交通信号控制、集成控制中心组成。乘客可以随时看到车辆到达时间，智能交通信号控制系统根据车辆数来决定红绿灯时间。驾车的市民可通过公共停车信息系统了解附近停车位信息。若您想到某地，交通系统还可根据交通情况推荐一条最优线路，并给市民实时导航；在城市生活方面，一些城市街道两边安装了包括街灯、视频监控探头、网络摄像头、触摸屏、安全灯、对话机等的"媒体柱"。"媒体柱"具有上网、拍照、充电、玩电子游戏等娱乐功能，还可以进行电子投票。

U-City 是城市发展的蓝本，但需要经济社会的全面发展作为支撑。目前，许多发达国家都在全力进行战略布局，以抢占新一轮信息产业制高点，U-City 代表着这一趋势。U-City 能给我们提供快捷的交通、舒适的居所、安定的生活环境、稳定的设施管理，以及便捷的保健福利等，可以全面提升生活质量。在相当长的阶段，世界各国之间，乃至一个国家不同地区之间在发展 U-City 方面的差距还会很大，但它为城市的未来指引着方向。

（三）阿姆斯特丹智能城市建设

阿姆斯特丹（Amsterdam）是荷兰王国的首都，荷兰最大的城市和第二大港口，人口约 71 万。同时是荷兰最大的工业城市和经济中心，拥有 7700 余家工业企业。阿姆斯特丹是荷兰第二大港，港口完全实现了现代化，港内外交通运输十分发达。阿姆斯特丹智能城市建设的主题是可持续化发展，其目标是到 2025 年，相比 1990 年减少温室气体排放量 40%。

1. 可持续性生活。阿姆斯特丹总共 40 多万户家庭，占据了全国二氧化碳排放量的三分之一。Geuzenveld 项目的主要内容是为超过 700 多户家庭安装智能电表和能源反馈显示设备。West Orange 项目中，500 户家庭将试验性地安装使用一种新型能源管理系统。通过这一系统，居民可以在某一间房间了解整个屋子的能源使用量。

2. 可持续工作。阿姆斯特丹全城汇集了许多大大小小的公司，从小商铺到跨国公司，从运河边的老房子到钢筋玻璃的办公大楼。ITO Tower 大厦是智能大厦项目的试验性、示范性工程。智能大厦的概念就是在未给大厦的办公和住宿功能带来负面影响的前提下，将能源消耗减小到最低程度。

3. 可持续性交通项目。Energy Dock 项目通过在阿姆斯特丹港口的73 个靠岸电站中配备 154 个电源接入口，便于游船与货船充电。船长通过电话输入个人账号，可以与靠岸电站取得连接，收费则自动从船舶账号上扣除。

4. 可持续性公共空间。Utrechtse 街道是位于阿姆斯特丹市中心的一条具有代表性的街道。2009 年 6 月 5 日，气候街道项目(The Climate Street)启动。整个项目涉及三个方面：一是后勤部门利用电动汽车搬运垃圾，货物集中运送至一个中心点，随后由电动汽车转送到各家商户。二是公共空间中街道照明采用节能灯，深夜无人时灯光自动减弱；环保电车站的灯利用太阳能发光，此外太阳能 BigBelly 垃圾箱配备了内置垃圾压缩设备，使得垃圾箱空间回收率提高五倍。三是商户安装智能电表，能源可视屏则可以反馈能源消耗情况，基于智能电表提供的信息向商户提供个人节能建议。

阿姆斯特丹智慧城市建设正在进行之中，效果非常显著，目前项目已经扩展到 18 个。2010 年 11 月，阿姆斯特丹又启动了五个项目，包括：ZonSpots：在露天工作场所的阿姆斯特丹公民可以利用太阳能和 WiFi；the Zuidas Solar Challenge：在 3000 个建筑物屋顶上安装太阳能电池板；在线能源监测项目；智能电动车充电项目；游泳池节能项目。阿姆斯特丹的智慧城市建设计划，只有持续，没有结束。

第二节　信息产业

世界范围内的信息技术突飞猛进，以物联网、云计算、大数据和移动互联网为代表的新一代信息技术，催生了一大批新应用、新业态、新产业和新的生产方式、管理方式，引领全球新一轮技术创新，不断激发新的消费需求，持续影响着经济社会变革。伴随着我国经济发展重心的转移，以信息化为主导的新兴产业和服务业迅速上升为国家的重点战略产业，正在成为驱动新一轮经济增长的"生力军"，成为产业结构调整的"正能量"。必须抓住新一代信息技术产业的发展机遇，加快信息化建设和信息产业发展，形成经济社会发展的新引擎、新动力。

一、基础设施服务

过去十年，互联网的发展颠覆了世界的方方面面。基于 IP 网络的各种业务和应用迅速改造了金融、商务、物流……社会各行业都加速架构在移动网和互联网之上，而产业互联网大潮的到来，更使互联网下沉为各行各业都能调用的基础设施。

面对互联网成为共用基础设施的趋势，传统的基础网络正在面临严峻挑战。现有的网络因其设计复杂、开放性不足、调整效率低等原因，已经无法适应下一代互联网对基础网络设施提出的更简单、更开放、更灵活、更广泛的要求，亟待认真思考和重新审视，构建适应万物互联、智能化社会的新一代的互联网基础设施。

(一) 网络基础设施的业务运营主体正在发生变化

互联网企业已经成为基础网络设施之上业务和流量的事实主导者。2013 年 8 月，Google 宕机 5 分钟，使得全球互联网整体流量大跌40%，而在几分钟后，Google 服务全线恢复，全球流量又暴涨了50%。互联网企业所提供的服务对流量的影响已经展示了这种控制权的变化。在移动互联网时代，运营商被管道化和边缘化，价值重新分配，互联网企业正在成为价值链的主要部分。新的价值链主导者有着和传统电信运营商不同的特征。互联网讲究快速创新，更愿意通过与产业链上下游开放合作的方式，快速提供整合的业务方案来保持创新的速度。

(二) 新一代互联网基础设施的架构和内涵

随着互联网成为推动全社会产业再造和转型的重要力量，其基础设施不仅仅是网络，而是"网络＋云资源＋公共平台"的综合体，提供的服务也不限于通信传输，而是实现人、机、物泛在互联，提供"资源＋通信＋信息应用"的综合服务。基础网络也不再是以传统硬件为主、设备种类繁多的电信网络，而是软件化集约控制、设备通用化和标准化的智能网络。新一代互联网基础设施提供商不再限于电信运营商，还包括互联网企业和大型企业集团。新一代互联网基础设施不仅提供端到端的连接功能，而且其计算、控制和感知功能大大增强，将提供宽带和泛在的网络连接、智能化的运营、平台化的网络云服务（即一体化的"网络＋云资源＋公共平台"服务）。

（三）宽带和泛在连接是新一代互联网基础设施的基础

宽带和泛在的网络连接将促使新一代互联网上各种应用/服务的广泛普及和易于获取，也是新一代互联网基础设施的基础。

宽带化主要体现在两个方面：一是4G/5G等移动宽带与光宽带的部署和普及，提供超高速宽带服务；二是网络承载的高清语音、视频与富媒体等宽带内容占比高，不再是简单的语音和短信业务。超高速宽带网络为云服务的应用和普及提供了基础，4G/5G或者FTTH的宽带网络为"云"和"端"之间的通信提供保障；云数据中心的跨域部署与灵活调度需要骨干网络的提速和更广泛的覆盖。

（四）智能化运营是新一代互联网基础设施的核心突破

新一代互联网基础设施的智能化运营主要体现在以下四个方面：一是软件定义的网络；二是云资源的智能调度；三是生态化的演进；四是大数据的深度应用。

1. 软件定义的网络。摩尔定律引发的IT计算能力指数级的提升、器件的微型化和高密度集成发展为网络设备融入了更多计算、存储功能，降低了对硬件的要求并逐步实现硬件的通用化和标准化，减少了网络设备的种类和数量。网络设备的IT化发展促使网络控制功能与转发功能分离，控制功能由逻辑集中的软件系统来完成，通过软件定义策略和配置来改变网络的属性和能力，大大增强网络的智能性和灵活性，从而可以将现有分段管理、分域运营模式逐步演进为集中化运营方式，实现一个"轻量级、易调度、可重构、随需而变"的网络。整个网络如同业务平台，能够集约运营管理、能力开放共享、软件模块升级、资源可视化和产品化，从某种角度讲，网络即平台。

2. 云资源的智能调度。云计算作为新兴的 IT 技术与交付方式，为各种业务/应用提供集约、虚拟化、可管可控的计算和存储资源，改变了网络流量模型，是新一代互联网基础设施的流量超级出入口。云资源池包括 IDC 内部、IDC 之间和 IDC 跨域的高速网络互连，未来将提供跨地区、多数据中心统一协作的资源池服务。根据业务及用户需求实现动态分配、迁移等智能调度，高效地支持业务/应用的弹性扩展和就近服务。

3. 生态化的演进。新一代互联网基础设施会更加强调客户的参与，不断从客户、应用中得到反馈去循环改进。它不再是一个事先确定好的、标准的、封闭的体系，而是由电信运营商、互联网公司和厂商、客户等共同参与完成，不断优化的学习型服务设施。它会根据互联网业务"随需而配，随需而建"，在适应业务过程中不断完善和动态沉浮。新一代互联网基础设施成功的关键是聚集上下游合作伙伴与用户形成有人气的生态系统，并面向客户和业务快速迭代，实现开发运营服务一体化发展。

4. 大数据的深度应用。基于云计算的大数据平台将网络、终端和应用等平台产生的数据进行汇聚分析，可推断、感知和预测未来，促使智能决策应用迎来突破。对于普通消费者，既生活在消费互联网世界，也生活在产业互联网、服务互联网的世界，还生活在现实物理世界，大数据是打通这些"世界"的桥梁。新一代互联网基础设施是一个生态系统，大数据则是这个生态系统的神经细胞。

（五）平台化的网络云服务是新一代互联网基础设施的突出特征

目前互联网基础设施中网络、云资源、公共平台三部分是分开运营的，而在新一代互联网基础设施架构下，不同服务提供主体和各部分之间将呈现协同开放、合作共赢的局面。平台化的网络云服务为上层消费互联网/产业互联网等提供完整的应用生态服务，包括通信联接、应用托管、网络资源调度、应用分发、公共能力、运营分析等，并形成"前向＋后向"的经营模式，跨专业协同、跨行业合作将成为常态。以智能CDN为例，未来的智能CDN平台节点能根据业务热点预测、用户分布拓扑进行内容的智能推送，并下沉至网络边缘（如基站、网关等）就近为用户服务，而网络为CDN节点动态地调整带宽资源，云资源池根据CDN节点的业务迁移而动态迁移计算、存储等虚拟服务资源。

网络的宽带连接、QoS、安全、大数据等能力通过公共平台形成能力产品，并与业务结合，对最终用户提供可感知的体验服务（QoE，Quality of Experience）。过去服务质量QoS主要是强调网络连接的分级保障，而在新一代互联网基础设施中，更强调用户QoE。用户体验包含网络连接的分级、云资源池的处理分级、用户服务体验等，这需要业务与网络之间实时互动、动态调配资源并一体化协作。

二、云平台服务

（一）政务云案例——山东东营黄河三角洲云计算中心

1. 背景介绍。山东省东营市地处国家"十一五"计划着力打造的黄河三角洲"高效生态经济区"核心地带，拥有丰富的石油资源和生态资源，发展目标是努力把东营市打造成"数字之城，石油之城，生态之城"，在东营市建设高端产业区和软件园区对黄河三角洲开发建设将发挥重要的示范、带动和辐射作用。

为推动高端产业和现代服务业的快速发展，东营市积极推进软件园区的建设，以信息服务为主导力量，同时优化整合技术、人力资源等产业，聚集国内外市场资源，引进和培育信息服务业的知名企业，以东营软件园为中心，逐步形成黄河三角洲多软件园协作的平台，实现优势互补，资源共享，从而建立各个区域的多园区的协作开发，实现各个应用的互相促进与发展，建立省市级的软件发展联盟，形成一个以软件园为中心的信息产业生态发展环境。

2. 建设方案。由于黄河三角洲云计算公共服务平台不仅是要为东营软件园企业提供软件升发测试服务，也是东营市的软件发展的核心计算服务平台，在未来还将作为黄河三角洲区域的公共服务平台，成为拉动黄河三角洲的先进技术的推动力，因此，方案建设内容是在建立云计算架构的同时建立云计算中心平台，再依据项目分期建设的原则，先建立一个基于云计算架构的开发测试公共服务平台。其中云计算中心平台还要为将来更多的服务平台建立可扩展的基础。

黄河三角洲云计算中心平台。黄河三角洲云计算中心平台是开发测试服务平台和未来的各种电子政务、数字化城市、公共医疗、企业OA服务等应用服务的部署平台；还可作为山东省内各个计算中心的上级管理、监控、调度和软件资产管理节点，完成全省运算能力、IT资产等资源的统一调度和统一管理，真正实现全省信息资源的共享。其主要功能包括以下几项。

未来作为黄河三角洲内各个云计算中心的上级管理节点、监控节点、调度节点和软件资产管理节点，真正实现全省一盘棋。黄河三角洲云计算管理中心可以对其区域内的闲置软件资产进行临时的租借调用，并且在使用完毕后释放对此软件资产的占用。

开发测试公共服务平台。开发测试公共服务平台的目的是建设一套符合国际标准的软件应用交付平台。此平台一方面可以为企业和园区提供软件设计、编程和测试的实际操作平台；另一方面，将成为对外统一的软件服务界面，在东营软件园的管理下，完成各个软件园区企业之间的协作开发，使遍布在山东省各个地市的软件园区有机地结合在一起，着力打造软件开发的航母。

（二）教育云案例——广州区域教育

1. 背景介绍。广州市下辖 10 区 2 县级市，全市有 1600 余所公立中小学，156 万中小学生。其中不仅有执信中学、广雅中学、培正中学这样坐落在越秀区、荔湾区的百年名校，也有坐落在从化山区、增城乡镇的农村学校。如何才能让它们获得平等的教育资源，这是摆在广州市教育主管部门面前的一个课题。广州市教育局因此在 2011 年 4 月启动了"依托教育信息化促进区域教育均衡发展"国家教育体制改革项目，提出了"3 年左右的时间，缩小城乡教育的'数字鸿沟'"的总体目标，及基本实现"资源全覆盖，服务全覆盖"的教育信息化应用体系等 4 大具体目标。

解决硬件上的资源问题，城乡间的教育信息化不平衡依然很严重，因为优质的教育信息化资源集中在中心城区的学校，仅仅靠 Email、U 盘这些碎片式的手段，无法有效传播到更大的区域，难以在广州市教育系统的大范围内共享，自然也无法实现广州市教育局"促进区域教育均衡发展"的目标。

广州市教育局需要比 PC 机成本低得多的终端去为巨大的 PC 机投资减负，还要建设一个信息资源总量达 80TB，涵盖广州全市各级各类教育、多层次、多功能的"标准、开放、交互、协作、共建、共享"的数字教育公共服务平台——广州"数字教育城"。广州市教育局当然很清楚面临的种种困难，但他们依然只给自己 3 年时间去实现目标，是云计算的全新信息化架构，给了他们信心。

2. 建设方案。华为公司的"教育云"解决方案为广州市教育局提供了教育云平台，实现了全市教育资源共享，通过广州教育城域网，把中心城区的百年名校与偏远的乡村中学接入到同一个教育资源平台中，首先在信息流上做到了从化、增城的孩子们也能共享华师附中、执信中学的优质教学资源，具备了教育均衡发展的条件。

另外，用瘦客户机替代传统 PC，不仅大幅度降低了终端成本，令中国教育界看到了解决长期困扰乡村学校电脑普及问题的曙光，而且也大大扩展了教学终端的范围，为最基础的教学办公，以及多媒体教学、3D课件教学、高清视频教学、移动教学等各种不同场景提供了多种形态的终端，满足不同条件用户的教育资源需求。

（三）农业云案例——相思葡萄的"智能农业监控系统"

1. 背景介绍。地处中国南疆的广西，是适宜葡萄生长的特殊区域，依靠独特的"一年两收"技术，即使在寒冷的冬天，人们依旧可以品尝到新鲜的优质葡萄。然而，要掌握好"一年两收"的种植技术可不简单，因为生产管理人员需要在葡萄生长过程中及时准确地掌握周边环境温度、湿度、光照强度等环境变化信息，并对高温、低温、高湿、弱光等特殊情况进行及时处理。在广西众多的葡萄种植企业中，南宁相思葡萄农业科技有限公司正是其中的佼佼者之一。公司的宗旨是打造广西最好最大的精品葡萄观光果园，引领全民健康、时尚的葡萄观光采摘消费，全面带动广西精品葡萄产业的发展。相思葡萄目前拥有自建葡萄园五处，南宁、武鸣、柳州、海南、桂林，共占地面积500多亩。相思葡萄以"技术至上"为理念，积极与全国各地高校、实验室学习交流，并且于2012年正式在各大园区投入使用慧云"智能农业监控系统"，充分利用"物联网、云计算、移动互联网"等技术升级传统葡萄种植技术，保证葡萄的品质。

2. 建设方案。慧云智能农业监控系统立足现代农业，融入国际领先的"物联网、移动互联网、云计算"技术，借助个人电脑、智能手机，实现对农业生产现场气象、土壤、水源环境的实时监测，并对大棚、温室的灌溉、通风、降温、增温等农业设施实现远程自动化控制。结合视频直播、智能预警等强大功能，系统可帮助广大农业工作者随时随地掌握农作物生长状况及环境变化趋势，为用户提供一套高效便捷、功能强大的农业监控解决方案。系统包括监控中心、报表中心、任务中心。

视频图像实时监控。可通过360度视频监控设备以及高清照相机对农业生产现场进行实时监控，对作物生长情况进行远程查看。同时可根据设定，对视频进行录像，随时回放。

远程自动控制。采用全智能化设计的远程控制系统，用户设定监控条件后，可完全自动化运行，远程控制生产现场的各种农用设施和农机设备，快速实现自动化灌溉，以及智能化温室大棚建设。

智能自动报警。根据作物种植所需环境条件，对系统进行预警设置。一旦有异常情况发生，系统将自动向管理员手机发送警报，如高温预警、低温预警、高湿预警等。预警条件触发后，系统可自动对农业生产现场的设备进行自动控制以处理异常情况，或由管理员干预解除异常。

三、数据处理服务

（一）医疗行业大数据应用案例

Seton Healthcare 是采用 IBM 最新沃森技术医疗保健内容分析预测的首个客户。该技术允许企业找到大量病人相关的临床医疗信息，通过大数据处理，更好地分析病人的信息。

在加拿大多伦多的一家医院，针对早产婴儿，每秒钟有超过3000次的数据读取。通过这些数据分析，医院能够提前知道哪些早产儿出现问题并且有针对性地采取措施，避免早产婴儿夭折。它让更多的创业者更方便地开发产品，比如通过社交网络来收集数据的健康类 APP。也许未来数年后，它们搜集的数据能让医生给你的诊断变得更为精确，比方说不是通用的成人每日三次一次一片，而是检测到你的血液中药剂已经代谢完成会自动提醒你再次服药。

Express Scripts 就是这么一家处方药管理服务公司，目前它正在通过一些复杂模型来检测虚假药品，这些模型还能及时提醒人们何时应该停止用药。Express Scripts 能够解决该问题的原因在于所有有关数据。因为它每年管理着 1.4 亿处方，覆盖了一亿美国人和 65000 家药店，虽然该公司是能够识别潜在问题的信号模式，但它也使用数据来尝试解决某些情况下之前曾经发现的问题。

（二）保险行业大数据应用案例

保险行业并非技术创新的指示灯，然而 MetLife 保险公司已经投资 3 亿美金建立一个新式系统，其中的第一款产品是一个基于 MongoDB 的应用程序，它将所有客户信息放在同一个地方。

MongoDB 汇聚了来自 70 多个遗留系统的数据，并将它合并成一个单一的记录。它运行在两个数据中心的 6 个服务器上，目前存储了 24TB 的数据。这包括 MetLife 的全部美国客户，尽管它的目标是扩大它的国际客户和多种语言，同时也可能创建一个面向客户的版本。它的更新几乎是实时的，当新客户的数据输入时，就好像 Facebook 墙一样。

大多数疾病可以通过药物来达到治疗效果，但如何让医生和病人能够专注参加一两个可以真正改善病人健康状况的干预项目却极具挑战。安泰保险目前正尝试通过大数据达到此目的。

安泰保险为了帮助改善代谢综合症患者的预测，从千名患者中选择 102 个完成实验。在一个独立的实验室工作内，通过患者的一系列代谢综合症的检测试验结果，在连续三年内，扫描 600000 个化验结果和 18 万索赔事件。将最后的结果组成一个高度个性化的治疗方案，以评估患者的危险因素和重点治疗方案。这样，医生可以通过食用他汀类药物及减重 5 磅等建议而减少未来 10 年内 50% 的发病率。或者通过你目前体内高于 20% 的含糖量，而建议你降低体内甘油三酯总量。

（三）职业篮球赛大数据应用案例

专业篮球队会通过搜集大量数据来分析赛事情况，然而他们还在为这些数据的整理和实际意义而发愁。通过分析这些数据，可否找到两三个制胜法宝，或者至少能保证球队获得高分；Krossover 公司正致力于此。

在每场比赛过后，教练只需要上传比赛视频。接下来，来自 Krossover 团队的大学生将会对其分解。等到第二天教练再看昨晚的比赛时，他只需检查任何他想要的——数据统计、比赛中的个人表现、比赛反应等等。通过分析比赛视频，毫不夸张地分析所有的可量化的数据。

（四）能源行业大数据应用案例

智能电网现在欧洲已经做到了终端，也就是所谓的智能电表。在德国，为了鼓励利用太阳能，会在家庭安装太阳能，除了卖电给你，当你的太阳能有多余电的时候还可以买回来。通过电网收集每隔五分钟或十分钟收集一次数据，收集来的这些数据可以用来预测客户的用电习惯等，从而推断出在未来 2~3 个月时间里，整个电网大概需要多少电。有了这个预测后，就可以向发电或者供电企业购买一定数量的电。因为电有点像期货一样，如果提前买就会比较便宜，买现货就比较贵。通过这个预测后，可以降低采购成本。

维斯塔斯风力系统，依靠的是 BigInsights 软件和 IBM 超级计算机，然后对气象数据进行分析，找出安装风力涡轮机和整个风电场最佳的地点。利用大数据，以往需要数周的分析工作，现在仅需要不足 1 小时便可完成。

（五）公路交通大数据应用案例

在洛杉矶开过车的人一定都经历过那里噩梦般的交通拥堵情况。目前政府在 I-10 和 I-110 州际公路上建立了一条收费的快速通道。政府可通过大数据引导驾驶人员在该通道上的行驶情况，保证交通畅通。

施乐是参与此次项目的公司，它的抗拥塞项目，包括用 ExpressLanes、动态定价，上升的需求等等以维持某种秩序的想法。施乐公司的首席技术执行官 Natesh Manikoth 表示，如果司机支付给驾驶热车道（高占用收费系统），他必须保证车速每小时 45 英里左右。如果交通开始拥堵，私家汽车的支付价格将上升，以减少他们进入，而将车道用于高占用率的车辆，例如公共汽车和大巴车。

施乐还有另一个项目在洛杉矶称为 ExpressPark，目标是让人们知道他们何时即将离开房子，在哪能找到停车场和花费金额。不仅要确保定价，同时更要确保数据实时到达用户手中。例如，应当提前40分钟告知用户停车位置。

（六）零售业大数据应用案例

"我们的某个客户，是一家领先的专业时装零售商，通过当地的百货商店、网络及其邮购目录业务为客户提供服务。公司希望向客户提供差异化服务，如何定位公司的差异化，他们通过从 Twitter 和 Facebook 上收集社交信息，更深入的理解化妆品的营销模式，随后他们认识到必须保留两类有价值的客户：高消费者和高影响者。希望通过接受免费化妆服务，让用户进行口碑宣传，这是交易数据与交互数据的完美结合，为业务挑战提供了解决方案。"Informatica 的技术帮助这家零售商用社交平台上的数据充实了客户主数据，使他的业务服务更具有目标性。

零售企业也监控客户的店内走动情况以及与商品的互动。它们将这些数据与交易记录相结合来展开分析，从而在销售哪些商品、如何摆放货品以及何时调整售价上给出意见，此类方法已经帮助某领先零售企业减少了17%的存货，同时在保持市场份额的前提下，增加了高利润率自有品牌商品的比例。

（七）总统竞选大数据应用案例

许多人通过 Facebook 更新个人状态、分享图片以及他们喜欢的内容。奥巴马的总统竞选运动也通过使用社交网络的各种数据功能完成了竞选，他们不仅通过社交网络寻找支持者，而且还通过社交网络召集了一批志愿军。

早在2006年，Facebook 联合创始人，克里斯·休斯就建议扎克伯格在网站上推出相关服务，帮助总统候选人在 Facebook 上建立个人主页，以便他们进行形象推广。2006 年 9 月，Facebook 全面开放，用户数量爆炸式增长，在年底达到 1200 万。这一过程恰好有利地推升了奥巴马的知名度。此后，在克里斯的辅佐下，奥巴马掀起了一系列的网络活动，在 Facebook、MySpace 等社交网站上发表公开演讲、推广施政理念，赢得大量网民支持，募集到 5 亿多美元的竞选经费。

最终，"黑人平民"战胜了实力雄厚的对手，成为美国历史上第一位黑人总统，之后，在第二次的选举中更获得连任。此次选举被认为是美国民主的巨大进步，而互联网则提供了前所未有的实施手段，其中尤以 Facebook 代表的社交网站最为突出，以至于有人戏称之为"Facebook 之选"。

第三节　信息惠民

推动信息惠民建设是当前各地新型城镇化建设的根本目标和城市发展转型升级、促进信息消费的重要抓手，是全面推进民生领域信息化深度应用，加快建设方便快捷、公平普惠、优质高效的公共服务信息体系的重要保证。信息惠民建设全面提升了政府公共服务和社会管理能力，增强了民众安全感和幸福感。信息惠民实践充分利用了互联网等先进信息技术，通过基于统一的信息惠民公共服务平台，打破信息孤岛，推进试点城市建设与社会保障、健康医疗、养老与社区服务等信息惠民具体业务的有机融合。各试点城市把通过互联网与政务服务的有机融合，创新社会管理和公共服务的工作机制和政策环境，为解决制约信息惠民服务的关键问题探索了经验。

一、信息惠民政策

2014 年 1 月 9 日，国家发展改革委等 12 个部委联合印发了《关于加快实施信息惠民工程有关工作的通知》（发改高技〔2014〕46号）。通知指出：我国信息化是在工业化尚未完成、城镇化快速发展的背景下推进的，面临人口多且流动性强、资源相对短缺、城乡发展不平衡、基本公共服务供给不足等客观矛盾。信息惠民工程实施要以解决当前体制机制和传统环境下民生服务的突出难题为核心，改变以往技术导向、项目驱动的信息化建设模式，有效整合孤立、分散的公共服务资源，强化多部门联合监管和协同服务，鼓励市场参与，创新服务模式，拓宽服务渠道，构建方便快捷、公平普惠、优质高效的公共服务信息体系，全面提升各级政府公共服务水平和社会管理能力。

信息惠民工程实施的重点是解决社保、医疗、教育、养老、就业、公共安全、食品药品安全、社区服务、家庭服务等九大领域突出问题，各行业主管部门要发挥业务指导作用，要围绕解决各领域民生服务存在的突出矛盾和制约因素，注重体制机制和政策制度创新，要以推动跨层级、跨部门信息共享和业务协同为抓手，促进公共服务的多方协同合作、资源共享、制度对接。

各地方在实施信息惠民工程中，要注重资源整合，在已有资源基础上集中构建政府公共服务平台，原则上在地市层级建设部署，在街道社区统一应用，要实现基础信息集中采集、多方利用，逐步实现公共服务事项和社会信息服务的全人群覆盖、全天候受理和"一站式"办理。要坚决避免区县以下层级分散建设同类信息平台，避免重复投资、重复建设，避免形成新的信息孤岛。

总体按照"围绕民生，突出重点；统筹发展，分步实施；政府引导，市场主导；试点先行，因地制宜；条块结合，协同共享"的基本原则，通过实施信息惠民工程，实现信息化与民生领域应用的深度融合，进一步发挥信息化对保障和改善民生的支撑性和带动性作用，信息惠民应用取得显著成效。教育、医疗、社保等基本公共服务有效供给逐步增多优化，均等化程度明显增强。养老、就业等公共服务模式不断创新多元，一体化服务能力逐步加强。社会信用、城市和社区管理、食品药品安全监管等社会管理的模式不断创新优化，多部门联合、传统方法与现代手段结合的综合化管理体系初步建立。公共安全、城市管理等科技支撑手段不断升级完善，智能化水平稳步提高。城乡、区域信息基础条件差距逐步缩小，普惠化水平全面提升。教育、医疗、养老、社保等领域新型信息服务更加活跃，信息消费需求进一步释放。

1. 开展信息惠民国家示范省市创建工作。一方面促进信息化优化公共资源配置，创新社会管理和公共服务模式，拓宽公共服务和公众参与渠道，提升公共服务水平和均等普惠程度，提高社会管理效能，促进政务公开和依法行政。另一方面推进民生领域信息化深度应用，培育传统服务业的信息消费新热点，提升消费保障和服务水平，以信息服务促进信息消费。

2. 社会保障信息惠民行动计划。以建立更加便民快捷的一体化社会保障公共服务体系为目标，加快推进社会保障一卡通，到2015年社会保障卡持卡人数达到8亿，推动社会保障卡在人力资源社会保障以及居民健康、惠民待遇发放等公共服务领域的集成应用。建设跨地区医保费用中央和省级结算信息平台，制定跨地区医保联网结算标准规范，在全国范围实现公民的合规异地就医费用医保持卡即时结算。先期在15个省份100个地市开展跨省医保即时结算试点，服务城乡居民超3亿人，跨地区医保即时结算模式和协作机制逐步建立，跨地区一体化服务初见成效。

3. 健康医疗信息惠民行动计划。围绕解决看病就医难题，以便利医疗服务、惠及城乡居民、壮大健康产业为目标，以医疗服务信息标准化、检查检验结果全国互认为基础，推广远程医疗，建立和完善重大公共卫生、传染病等健康信息监测预警体系，促进优质资源共享和卫生服务普惠，建立完善电子病历、电子健康档案，逐步实现全国范围跨机构、跨区域、跨卫生业务的健康信息、就诊信息共享和一卡通用，积极推进应用居民健康卡与社会保障卡、金融 IC 卡、市民服务卡等公共服务卡的应用集成。先期在 15 个省份、45 所大型医院开展示范，逐步建立居民健康医疗信息跨机构、跨区域共享机制，实现就医一卡通。

4. 优质教育信息惠民行动计划。以促进教育公平，提高教育质量，加快缩小区域、城乡、校际之间的教育差距为目标，推进优质教育资源共享，深化信息技术在教育教学中的应用。建设完善教育信息基础设施，缩小中西部地区学校数字鸿沟。建立扩大优质教育资源覆盖面的有效机制，继续推进国家精品开放课程共享，加快建立教育资源公共服务体系。初期在职业教育领域委托有条件的职业院校及相关机构，建设 1 个职业教育数字资源管理中心、20 个开发应用基地和 100 个应用推广试点学校，向职业教育全体学生和社会成员提供开放服务。

5. 养老服务信息惠民行动计划。以满足养老服务需求、释放养老消费潜力、促进养老服务业发展为目标，建立养老服务机构、医疗护理机构等网络互联、信息共享的服务机制，重点推进养老服务机构信息化建设，推广远程健康监测，拓展养老机构专业化服务的惠及面，推进养老、保健、医疗服务一体化发展。先期在 200 个养老服务机构开展试点，大幅提升养老信息服务水平。

6. 就业服务信息惠民行动计划。以建立更加方便快捷、覆盖全国的公共就业信息服务平台为目标，建设高校毕业生、农村转移劳动者、就业困难人员数据库，制定就业信息服务标准，鼓励职业中介机构和相关人力资源服务企业广泛参加，推动就业信息全国联网，面向各类劳动者和用人单位开展政策咨询、信息发布、职业指导、就业失业登记和享受政府网上经办服务，创造平等就业机会，促进社会就业更加充分。

7. 食品药品安全信息惠民行动计划。以形成社会综合治理格局，切实提高食品药品安全保障水平为目标，利用物联网技术、溯源技术、防伪技术、条码技术、云计算等技术，加快食品药品安全信息系统建设，强化食品药品电子追溯，方便信息公开查询。规范互联网食品药品交易行为，试点药品网上阳光直购。

8. 公共安全信息惠民行动计划。在公共安全信息惠民行动计划中先期启动公共安全视频信息应用试点，以构建立体化公共综合防控及社会安全服务为目标，构建跨区域公共安全视频图像信息处理平台，整合各类视频图像信息资源，研究建立公共安全视频信息安全管理、授权共享机制，拓展政府、民众对视频图像信息的综合应用，形成公共安全信息化支撑、服务体系。先期在 4 省（区）20 余城市实现重要公共视频资源共享应用，公共安全跨部门、跨地区视频图像信息采集共享体系逐步健全，立体化综合防控效能显著增强，民众在公共区域安全感、满意度得到提升。

9. 社区服务信息惠民行动计划。以创新基层社会管理方式、增强社区服务群众能力、扩大社会力量参与、完善社区信息消费环境为目标，以社区养老为切入点，推进社区信息化建设。以为公众提供便利化服务为导向，以街道（乡镇）或社区为基本单元，应用城市统一政府公共服务信息平台，避免社区、街道、区（县）单独建设。重点依托城市统一政府公共服务信息平台拓展直接面向社区的信息化应用系统，实现公共服务一站式受理和基础信息资源集中采集，避免重复采集、多头采集。同时，要统筹推进基层一体化公共服务设施建设，积极推进通过服务网站和集中服务大厅为公众提供"一站式"服务，减少各行业、各部门单独建设服务设施，避免重复投资、重复建设。积极吸纳社区志愿服务和商业服务资源，制定系统接入和信息共享标准，优先支持居家和社区养老服务项目，健全社区服务需求表达和反馈机制。先期在 450 个社区开展试点，社区养老服务能力显著增强，公共服务、志愿服务和商业服务衔接配套的社区服务体系初步建立。

10. 家庭服务信息惠民行动计划。以进一步丰富家庭信息服务，促进和引导居民信息消费为目标。建设智慧家庭综合应用平台，整合生活服务信息、公共安全服务信息和新农村综合服务信息等，面向城乡个人和家庭，提供优质、多样、便捷的信息服务。先期在 10 个城市开展智慧家庭信息服务试点，选择 100 万家庭，提供超过 100 项家庭信息服务。

11. 信息惠民综合试点行动计划。依托信息惠民国家示范省市，实施信息惠民综合试点，以创新社会管理、方便百姓服务为目标，统筹建立政府公共服务信息平台。通过政府公共服务信息平台，整合教育、卫生计生、人力资源社会保障、民政、工商、税务等多部门信息资源，发挥企业积极性，引入优质社会服务资源，提供多渠道、多形式的信息服务，满足居民多样化需求，逐步实现公共服务事项和社会信息服务的全人群覆盖、全天候受理和"一站式"办理。促进政府数据对社会公众的开放共享和创新应用，引导带动社会增值开发，促进信息服务业发展，促进信息内容消费。

二、信息惠民工程

（一）"互联网＋"政务

广州市推进"互联网＋政务服务"，实施"一号一窗一网"服务的经验和成效。"互联网＋政务服务"以人本服务为核心，"一号一窗一网"可以理解为"一人一服务一城市"，都体现了服务型社会的政府理念。但从应用模式上看可以更放开，表现形式可以更丰富，广州作为全国信息惠民试点城市之一，探索开展行政审批"集成服务"改革，先行先试推进"社会治理政府公共服务平台"建设，取得了初步的经验和成效。

广州于 2015 年提出了建设社会治理政府公共服务平台的理念，并正在全市推进行政审批"条块结合、四级联动、以区为主、重心下移、集成服务"(以下简称行政审批"集成服务")改革，推广实施"一卡通行(社保卡)、一号接通(12345政府服务热线)、一格管理(网格化服务管理)、一网办事(网上办事)、一窗服务(政务大厅)"的新型社会治理和政府公共服务模式。广州市采用"互联网+"思维推进社会治理政府公共服务平台建设，正是对国家推进"互联网+政务服务"，开展信息惠民试点部署的先行先试，广州"社会治理政府公共服务平台"的设计理念也与国家"一号一窗一网"的实施内涵完全一致。

广州在国家"互联网+政务服务"的背景和框架下，率先推行行政审批"集成服务改革"，推动"一号一窗一网""三个一"政务服务改革创新，开展社会治理政府公共服务平台建设，是整合政务资源，创新服务模式，增强社会治理水平，提升公共服务能力的重要举措，是促进数据共享，消除信息孤岛，增进部门协同，提升审批效率的关键支撑，将为国家推进政务服务改革，开展信息惠民试点，建立政务服务良性运作机制积累重要经验。

1. 积极推进政府部门"一卡通"信息共享。一是积极推进"一卡多用"。目前，广州社保(市民)卡已整合了医疗保险卡、诊疗卡、老人优待卡、社保卡4种卡证应用，使社保卡成为"全市通用"的市民办理政府日常业务、网上办事的身份凭证和获取各类证件信息的"钥匙"。二是不断简化办事流程。2015年年底，广州市民所持有的社保卡已完成包括婚姻状况在内的个人信息录入，可查询和证明到自己的婚姻状况。三是积极开展广州市"一卡通"工作及电子证照系统建设实施工作。加快推进电子证照库建设，推动电子证照系统与部门信息系统及"一窗"综合受理等全市性电子政务公共服务平台对接，逐步实现办事人网上提交电子扫描件即可办事。

2. 全面推行"一窗式"政务服务改革。广州市目前已建立了市、区、街(镇)三级政务服务中心，面向法人服务的市本级行政审批事项已基本进驻市政务服务中心，各区政务服务中心平均办理439个事项，街(镇)政务服务中心可就近办理 56 个事项。

3. 不断优化"一网"办事流程，畅通政务服务渠道。广州市以打造阳光高效的便民惠民服务工程为目标，全力推进网上办事大厅建设。市级网办大厅行政审批事项网上办理率为 99.36%，社会服务事项网上办理率为 91.73%。主要成效和亮点如下：一是办事预约，优化公众出行安排。大力推行网上预约办事，减少公众排队时间和跑腿次数，提高政府部门行政审批办事效率。二是一站办事，形成办事服务攻略。结合入户广州等民生热点问题，整合梳理部门间服务事项前后关联关系，形成链条式服务模式，使群众办事从各部门"多次跑"变为"一次跑"。三是微信服务，随时随地掌上办事。与微信合作，加快整合市、区部门公众号服务功能，方便社会公众随时随地开展掌上办事。四是文件速递，拓展办事服务渠道。积极探索拓展和外延政务服务办事渠道，与 EMS 签署战略合作协议并建设统一的政务服务快递调度平台，试点网上办事快递上门服务。五是主动服务，两个网页提供专属空间。积极开展市民个人网页和企业专属网页建设，延伸网上办事大厅功能，并结合商事登记管理与信息公示平台建设，记录整理企业和个人信用情况。六是解决诉求，整合政府服务热线。广州 12345 热线实现了与市、区、街(镇)三级实体办事大厅和网上办事大厅的功能整合，提高了诉求多渠道服务响应效率。

(二)"互联网 +"教育

目前全国有 14 个集中连片特困地区，592 个国家扶贫开发重点县，7000 多万贫困人口，扶贫任务依然艰巨。将教育扶贫作为扶贫攻坚的优先任务，可以提高人民群众基本文化素质和劳动者技术技能，推进教育强民、技能富民、就业安民，为全面建成小康社会奠定坚实基础。

四川凉山彝族自治州是以彝族为主体的多民族自治州，彝族人口167 万，占总人口的 42.41%，是全国最大的彝族聚居区，也是全国有

14个集中连片特困重点地区之一。彝族是一个拥有悠久历史，有着自己独特的文字和语言的民族，历史上的彝族创造了灿烂的文化。彝族教育历史悠久，起源于生产劳动并随着生产力和生产关系的发展变化而不断丰富和完善。历史上彝族人民没有创办过正规的学校教育，但这不等于彝族没有古代教育。从久远的古代教育到近代的"家支"教育，彝族人民在自身的发展历程中创造了属于自己的灿烂的文化。然而，拥有如此丰富文化的彝族人民大多数现在却处于愚昧贫困之中，当今凉山彝族自治州的教育严重滞后，问题重重，和经济发达地区甚至全国兄弟民族地区相比，差距非常大。

凉山彝族自治州特殊的自然环境对教育现状的影响：一是自然环境险要，学生流失率高。四川凉山彝族地区属于四川横断山脉西南分支，又是云贵高原和青藏高原的过渡地带。境内地貌复杂多样，断裂带纵横交错，山川交横，交通闭塞，村落散居。气候寒冷，条件恶劣。学生和教师在这样艰苦的教学条件下学习和生活非常困难。二是农村教学点问题突出。凉山彝族自治州彝族主要聚居地分布在我国西部高寒地区，由于经济落后且经济环境恶劣，大部分地区实行"一村一校"的格局，农村教学点在凉山彝族自治州是一种非常普遍的教学形式，其问题也比较突出，具体表现在：首先是"开不齐课，开不好课"的问题突出，农村教学点平均每班有1.3名教师。教学点教师普遍是多科教学和全科教学，师资短缺问题严重影响了其教育质量。其次是教师专业水平低。由于凉山彝族地区环境恶劣，条件差，许多内地教师不愿去贫穷落后的凉山地区任教，而且加上本地财力不足，教师还要垫付学生书本费等，本地教师因待遇低转行或流失的情况特别突出。

针对我国凉山彝族自治州连片特困地区教育存在的突出问题，2014至2015年，华中师范大学信息化与基础教育均衡发展协同创新中心在四川省凉山彝族自治州等地进行试点，利用信息化手段，对这些中西部连片特困地区进行精准教育扶贫，改变原来"大水漫灌、一刀切"的方式,对症下药,靶向治疗,目前已经取得了良好的效果。同时,根据华中师范大学信息化与基础教育均衡发展协同创新中心在湖北省咸安区、恩施市、崇阳和来凤等地试点经验,提出通过互联网＋教育的形式,利用信息化手段助推凉山彝族自治州精准教育扶贫,让贫困地区的孩子们接受良好的教育,阻断贫困代际传递,为实现整体脱贫打下坚实的基础。具体的措施和建议如下:

第一,建设农村教学点数字学校,彻底解决凉山彝族自治州农村教学点"开不齐课,开不好课"的现实难题。在凉山彝族自治州,以信息技术为支撑,遵循"基于网络,实体运作,两级管理"的思路,建设农村教学点数字学校。这是由教育局建立和管理的具有独立建制的虚实结合学校,其实体包括所有单独建制的各级各类中小学,再将所有的实体学校分由 N 个中心学校和 M(1-3)个教学点组成的若干个虚拟教学组。

建设"农村教学点数字学校",能让凉山彝族自治州农村教学点获得亟须的优质稀缺课程资源,通过共建共享方式,扩大优质教育资源的覆盖面,实现基础教育资源的合理配置,彻底解决农村教学点"开不齐课,开不好课"的现实难题,以促进县域义务教育均衡发展,让更多农村教学点的孩子和城镇的孩子一样享受到优质的课程资源,不让一个孩子掉队。

第二,建立"亲子桥"和"家校通"系统,加强彝族留守儿童尤其是彝族留守女童和家长的沟通,弥补情感的缺失和保证生命安全。利用信息技术建立家校通和亲子桥,实现家庭与学校的全面、快捷、实时沟通,有效地促进凉山彝族自治州农村留守儿童全面发展。一方面,针对农村教学点留守儿童情感缺失的问题,同当地电信部门密切合作,在农村教学点免费安装可视电话,通过信息技术建立"亲子桥",每周安排两到三次固定时间,让孩子和远在外地打工的父母视频通话,加强情感上的沟通。通过频繁沟通联络感情,增进理解。此外,通过

"亲子桥"，远在外地打工的父母可以定期和农村中小学教师保持联系，及时了解留守儿童学习和生活情况，通过可视化手段有效消除距离感，帮助留守儿童解决学习和成长中的困难。另一方面，针对彝族农村留守儿童尤其是彝族留守女童的安全问题，在凉山彝族自治州在农村中小学积极建设"家校通"系统，实现家庭与学校的全面、快捷、实时沟通，及时了解农村留守儿童的德行、学业、安全和心理健康，有效促进学生的全面发展。还有，家校通还有 GPS 和电话功能，教师和监护人可以随时了解留守儿童的行踪，以便保证他们的安全。

(三)"互联网＋"金融

自 2011 年人民银行发布《关于推进金融 IC 卡应用工作的意见》以来，我国金融 IC 卡应用推广按既定目标有序推进，取得了明显成效。截至今年 8 月底，金融 IC 卡累计发卡 3.4 亿张，比上年末增加 2.1 亿张。存款余额和消费额快速增长，行业应用范围逐渐扩大，已经在社会保障、公共交通、医疗卫生等 7 大类 28 个领域实现了突破。今年 8 月，国务院发布了《关于促进信息消费扩大内需的若干意见》(国发〔2013〕32 号)，明确提出促进信息消费、大力推进金融 IC 卡在公共服务领域的一卡多应用。因此，认真贯彻落实 32 号文件精神，加快推进金融 IC 卡的应用，将成为金融部门和各级政府今后一段时期的重点工作内容之一。

1. 金融 IC 卡平稳迁移，取得积极成效。

(1)促进了国家银行业和信息产业的转型升级。金融 IC 卡迁移及在公共服务领域扩大应用符合国家加快信息产业优化升级、提升公共服务信息化水平的要求。人民银行全面启动金融 IC 卡迁移工作后，有效促进了我国银行业和信息产业转型升级。一是推动金融信息化建设，带动商业银行、银行卡组织在资源整合、流程再造、服务提升等方面进行探索和尝试，为提升我国金融业竞争力和可持续发展注入了活力；二是以芯片化为契机，为推动低能耗、低成本、高产出的信息消费产业发展提供了商机；三是通过银行卡上下游产业的升级，促进信息产业结构调整。

（2）促进了金融创新和城市信息化服务的有机结合。银行卡芯片化迁移不仅是卡片介质的替换，而且是银行卡功能的全"芯"飞跃。金融 IC 卡集金融支付、行业应用、网络通信、智能计算、身份认证等功能于一身，是金融创新和城镇多应用一体化平台。

（3）为公共服务领域的民生应用提供了成熟平台。经过多年的建设，目前我国银行业已建成较成熟的支持全国联网通用的基础设施，其信息化程度在所有与百姓密切相关的行业中居于较高水平。金融 IC 卡作为智能化载体，又具有较强的运算和安全保护能力，既能满足群众越来越多样化的支付需求，也能实现身份标识、信息管理等公共服务功能，具备了有效衔接多行业、各部门、跨渠道的能力。在金融系统扎实的信息化基础上，作为承载公共服务的良好载体，金融 IC 卡试点效果显著，有效提升了公共服务的便利化、信息化和标准化水平。

2. 认清当前金融 IC 卡发展形势。

（1）金融 IC 卡需求是社会化的。银行卡芯片化迁移是经济与社会发展对现代支付手段的客观需求，符合党中央、国务院倡导的民生服务要求。随着我国经济快速发展和生活水平不断改善，人民群众不仅对安全便捷、标准规范的金融支付工具提出广泛需求，而且对多卡合一、金融与公共服务融合的现实需要提出迫切需求。

（2）金融 IC 卡应用是全球化的。我国银行卡芯片化迁移顺应了国际卡组织在全球推行 EMV 芯片迁移计划的大趋势。金融 IC 卡既可以有效防范全球银行卡欺诈风险，又能满足各国银行卡多行业、多功能应用的需求，近年来在全球范围内得到越来越多的关注并呈强劲增长态势。

（3）金融 IC 卡技术是尖端化的。金融 IC 卡是尖端化信息技术和金融服务融合的产物，新技术、新工艺的不断升级推动金融 IC 卡向着安全(security)、平台化(structure)、可配置性(scalable)的"3S"理念设计发展。一是具备全方位的安全体系，从加密算法到卡片封装、交易流程、应用设计等都采用先进技术，具备磁条卡无法比拟的安全性和可靠性；二是采用先进的多应用管理平台技术，具备多应用动态加载和安全隔离的功能；三是采用非接通信技术和智能芯片技术，能够为持卡人提供金融支付、电子票据、身份认证、行业信息管理等综合服务。

（4）金融IC卡发展是产业化的。我国的金融IC卡不仅是金融服务的载体，也是信息服务的综合平台。金融IC卡的推广有效带动了各商业银行及IC卡产业链各方的积极性，促进产业发展和快速升级，对国产芯片的设计、研发和安全检测等都起到了巨大的带动作用。国家有关部门高度重视与金融IC卡发展的相关工作，人民银行与发改委、工信部等相关部委加强合作，支持和引导芯片产业健康发展，推动芯片产业化进程。

3. 下一步做好金融IC卡工作的几点意见。

（1）利国利民，充分发挥金融IC卡的社会资源整合作用。为节约社会整体资源、方便人民群众，避免"一人多卡、一事一卡"，要充分发挥金融IC卡适用性广、创新性强、标准统一的技术优势，以金融标准兼容行业标准，实现金融IC卡跨行业、多领域的支付应用、信息管理、资金监管功能，为公共服务领域和城市信息化建设提供快速、安全、便捷的金融支付服务。

（2）夯实基础，进一步拓展金融IC卡受理渠道。优化受理终端界面程序，加强商户和收银员的培训，不断拓展公共服务行业和小额支付领域非接触受理渠道，积极推动跨行圈存受理，逐步实现自助终端、互联网、手机等新兴渠道支持金融IC卡。

（3）加强合作，以行业协作和小额支付应用推动金融IC卡可持续发展。行业协作和小额支付应用是金融IC卡快速发展的助推器，可以有效节省社会整体资源，降低商业银行发卡成本，方便百姓日常携带和使用。

（4）贴近群众，注重提升金融 IC 卡实际功效。金融 IC 卡具有"高安全、快支付、多应用"的特点，商业银行要充分发挥金融 IC 卡的优越性，注重金融 IC 卡与新兴支付渠道的融合，扩大银行卡服务受众群体，让群众拥有更加安全的支付工具和更加丰富的支付渠道，早日享受到金融 IC 卡带来的便捷、友好的功能，从而调动受理方和持卡人的用卡积极性，实现金融 IC 卡应用的快速普及。

党中央、国务院高度重视产业转型和民生改善，加快促进信息消费是一项既利当前又利长远、既稳增长又调结构的重要举措。我们要紧紧抓住这个历史机遇，按照文件精神和要求，进一步认识推进金融 IC 卡在公共服务领域应用对推动国家产业结构转型升级、改善民生和提高自身竞争力的积极作用，立足开放合作，积极拓展跨领域、多行业应用，为加快实施"信息惠民"工程，提升公共服务便利水平做出贡献。

三、信息惠民城市

（一）深圳市

深圳市于 2015 年 3 月 18 日印发了《深圳市建设信息惠民国家试点城市工作方案（2015—2016）》（深府办〔2015〕7 号）。总体目标是：构建全市统一的电子公共服务体系，充分发挥信息化对保障和改善民生的支撑和引领作用，深化社保、医疗、教育、养老、就业、社区服务等民生领域信息惠民应用，建立诚信社会信息化支撑，创新公共服务多元化供给模式，为社会公众提供个性化、便捷化、均等化的公共服务，使我市公共服务基本达到国际先进城市水平。

以"围绕民生，需求导向；条块结合，协同共享；政府引导，多元共建；集约建设，持续发展"的基本原则，开展如下工作任务。

1. 以服务便利化为目标，构建基于信息共享的电子公共服务体系。

（1）建立统一的电子公共服务门户。以政府在线门户网站、网上办事大厅、社区家园网为基础，整合社保、医疗、教育、公积金、税务、水电气等涉及民生领域公共服务，建立面向个人和企业的统一电子公共服务门户，完成市民个人网页和企业专属网页，实现公共服务一体化、便捷化、个性化。

（2）建立统一的移动互联网信息惠民服务平台。建设统一的移动终端（微信、APP 等）信息发布平台，依托网上办事大厅逐步接入社保、医疗、教育、食品药品、公共安全等领域信息惠民服务办理事项，实现全市信息惠民服务在移动互联网统一发布和在线申办功能。

（3）建设审批服务全业务覆盖、全流程办理的网上办事大厅。按照"以应用促共享，以共享提服务"的原则，依托实体行政服务大厅和全市政务服务体系，建成集信息公开、投资审批、网上办事、政民互动、效能监察于一体的市、区二级互联互通的网上办事大厅。

（4）建立统一的 12345 热线服务平台。实现 12345 一个号码接听全市政务服务热线电话，完成全市政务服务热线的业务和数据整合，建设"统一接听、按责转办、限时办结、统一监督、统一考核"的政务热线服务平台。

（5）探索建设以基本公共服务平台为基础的统一"市民卡"。以"市民卡"为载体，探索建立集政务服务、公共服务、商业服务和个人电子身份识别等多功能于一体的一卡通服务，集成服务资源，便捷百姓生活。

2. 以"织网工程"为龙头，推进多领域信息惠民应用。

（1）推进社会建设"织网工程"。建设全市统一的信息采集系统，整合基层采集队伍，以网格管理员为主体，开展"横到边纵到底"的基础数据采集工作；建设覆盖全市 642 个社区的社区家园网站，提供社区居民网上办事、沟通交流、咨询投诉等服务；建立统一的考核和分拨机制，整合 12345、信访、安监、城管等各条线的事件分拨平台，形成统一处理群众反映诉求的分拨平台；建设全市统一的公共服务资源配置平台，以全市公共信息资源库为基础，通过网格化管理和舆情分析汇集社情民意，借助大数据分析手段，指导基本公共服务体系的完善和服务措施的改进，进一步提升基本公共服务的统筹规划、资源配置、精准服务、绩效评估的能力；建设市决策分析应用支撑平台，为市领导和部门决策提供支撑。

（2）推进社会保障信息惠民。依托全市政务信息共享交换平台，提供单位、个人参保信息和缴费信息的共享服务，推进社会保障卡与其他公共服务卡的应用集成；以服务对象为中心，实现网上服务、自助服务终端、窗口服务的流程标准化和社保业务同城通办；通过与国家、省社保信息平台对接，实现跨省社保就医结算，推进社保异地就医即时结算；优化服务事项办理程序，开展在职人才引进积分入户、中小学生及幼儿园儿童参加基本医疗保险、非在园和非在校少年儿童参加基本医疗保险跨部门信息核验试点，免去申请人提交纸质材料；建设公共就业和职业技能培训信息服务平台，实现就业信息与社保信息对接，精准推送职业技能培训、技能鉴定等信息，开展网络培训服务，创造平等就业机会，促进充分就业。

（3）推进健康医疗信息惠民。建设人口健康数据交换和共享平台，实现市属医院间、市区医院间的检验检查结果互联互通；建设覆盖全市医疗机构的预约挂号平台，患者通过网上预约挂号，按时就诊，方便群众就医，提高医疗服务水平；推进远程医疗咨询业务及双向转诊业务的开展；定期开展医院电子病历应用水平评估考核，督促医院不断提升医疗信息化水平。推进建设公共卫生信息平台，形成指挥协调、预测预报、卫生监督、医疗救治、物资储备等功能为一体、互联互通的公共卫生信息网络；开展以数字化、移动医疗为特征的智慧应用，不断提高医疗服务能力和服务水平，为广大市民提供安全、有效、方便的医疗卫生服务。

(4)推进优质教育信息惠民。建设深圳市网络课堂，为全市中小学生提供在线优质课程视频资源，使学生足不出户就能在家享受优质的视频资源点播服务；建立职业教育、继续教育、社区教育的网络培训及在线教育服务体系，打造"教育无处不在，学习随时随地"的现代化教学模式；优化服务事项办理程序，实现小一和初一学位申请、在园儿童补贴、民办中小学学位补贴等服务事项减免提供纸质材料。建立优质教育共享服务体系，整合社会、学校、教育学者等提供的优质教育资源，建设教育资源公共平台，推进优质教育资源共享，缩小不同学校、不同区域的教学质量差异。

(5)推进养老服务信息惠民。在养老、保健、医疗服务一体化发展的基础上，推进养老服务机构信息化建设，推广远程健康监测，扩大养老机构专业化、信息化服务的惠及面，满足老年人专业化、多样化的居家养老服务信息需求；优化服务事项办理程序，对高龄补贴申请、老年优待证办理等服务办理事项实现就近办理、主动服务。

(6)推进食品药品安全信息惠民。建设食品药品安全信息平台，及时发布食品药品查处通告、行政处罚信息、产品抽验信息、违法广告信息、消费安全警示和社区药店等官方食品药品安全相关信息和科普知识，加强与广大市民的交流，为市民提供全面的食品药品安全监管信息。

(7)推进公共安全信息惠民。建设平安深圳视频监控联网共享平台，通过整合和利用全市现有各类视频监控系统，构建跨区域、跨部门的视频信息采集与监控共享平台，提高公共安全保障水平；实现车驾管35项业务、出入境业务全面网络预约办理，减少群众办事排队时间；实现户政业务主动服务、就近办理，推出户政业务进校园、进社区服务；利用政务信息资源共享优化新生儿出生入户事项等业务流程，免去提交计划生育证明、出生医学证明等材料。

（8）推进社区服务信息惠民。整合社区党建、社区管理、社区自治和社区服务"四位一体"的工作内容，建设全市统一的街道社区公共服务综合信息平台，实行"前台一口受理，后台分工协同"的运作模式；通过共享全市人口、法人公共信息资源库，建立以居民身份证号码、组织机构代码为基础信息索引的街道社区公共服务信息管理机制，实现居民身份证和组织机构代码证的办事"一证通"；优化服务事项办理程序，实现户籍人口最低生活保障等服务办理事项跨部门网上信息核验，免去市民群众提交纸质复印件材料。

（9）推进智能交通信息惠民。持续完善交通在手、易行网、道路交通指数和公共交通指数、交通信息采编等交通信息系统，提升交通频道 FM106.2 资讯质量，为市民出行提供实时交通动态；建设综合交通信息发布系统，发布综合交通出行诱导信息；逐步开放交通数据信息，支持第三方的数据开发利用，提升交通信息服务能力。

（10）推进文体旅游信息惠民。推进文体旅游信息惠民服务平台建设，开放公共文体旅游场馆信息，支持第三方的数据开发利用，及时发布全市公共文体旅游场馆的信息，提供咨询、自助导览、电子地图导航及虚拟展示等信息服务。

（11）推进住房保障信息惠民。建设住房保障统一轮候信息平台，实现安居型商品房和公共租赁住房统一轮候申请；建设住房保障统一房源基础库以及跨市、区、街道各级单位和申请企业的联合应用平台；优化服务事项办理程序，实现住房保障轮候申请、认购、认租，人才住房补助申请等各相关业务的网上办理和信息跨部门核验，减少市民到现场的次数和提交的纸质材料。建设公共租赁住房同城置换平台，提供需求发布、自动撮合、置换管理等信息服务。建设物业监管综合信息系统，提高物业管理信息化、智能化水平；全面推进智慧社区建设，实现政务服务进小区，打造智慧生活社区。

（12）推进气象服务信息惠民。整合应急、三防、气象、国土、海洋、卫生等部门的突发事件预警信息，开发突发事件预警信息发布平台，面向市民及时发布相关信息；完善"我的都市天气"、"深圳天气"和"台风"移动端 APP 和"深圳天气"微信等，完善交通频率和新闻频率直播间气象信息，为市民出行提供定时定点和个性化预报预警服务。开放气象数据，促进跨部门、跨行业、跨地区的信息共享和业务协作，支持第三方的数据开发利用，提升气象信息服务能力。

（13）推进消费维权信息惠民。依托 315 消费网，建设消费维权公共服务平台，为消费者提供便捷的消费者投诉、咨询和消费评价渠道。建立消费信用评价指数，将投诉数据、消费者评价、行业数据、消费调查、商品比较试验、法律点评等信息，与企业、产品进行关联，对商家信用进行分级评价，为消费者提供消费指引信息，促使商家更加重视消费者意见，从而有效保护消费者合法权益，提升商品服务质量。

（14）推进残疾人服务信息惠民。进一步推进政府门户网站、社会公共服务网站的信息无障碍改造，让视、听力残障人能方便、顺畅的获取信息。建设残障人社会保障与服务信息系统，为残障人无障碍获取网络信息资源和信息通讯提供一站式服务；优化服务事项办理程序，开展户籍残疾人"深圳通"乘车卡办理、户籍残疾人公益金扶助申请、残疾人养老保险和医疗保险补贴申请的跨部门信息共享和核验，免去残疾人提供纸质复印件材料。

（二）温州市

为贯彻落实国务院关于促进信息消费、发展战略性新兴产业有关工作部署，稳步推进信息惠民国家试点城市和国家智慧城市试点建设，温州市人民政府制定了《温州市建设信息惠民国家试点城市三年行动计划》，深入推动温州市政务信息资源共享和业务协同，探索信息化优化公共资源配置、创新社会管理和公共服务新模式新机制，促进信息消费。

1. 以信息惠民为契机，完善基础设施。大力推进信息基础设施建设。加快"光网城市"、"无线城市"等工程建设，至 2017 年全市宽带接入网基本实现光纤化，互联网出口带宽达到 3.5T，光纤到户接入能力覆盖所有城市家庭和 95% 农村家庭，固定宽带家庭普及率达到 75%。全面推进三大通信运营企业 4G 通信网络建设，实现全市城区、乡镇和 95% 以上行政村 4G 通信网络覆盖。继续扩大免费 WIFI 覆盖面，实现市区主要公共场所无线信号全覆盖。加快全市广电网整合提升和数字化、双向化高速宽带改造。

加快推进信息基础数据库建设。按照"集中采集、一数一源、多元校核"的要求，大力推进实有人口数据库和基础地理空间数据库部门接入和应用推广。加快推进法人数据库、宏观经济数据库、大型建筑物数据库等基础数据库建设，确保于 2017 年 3 月底前全部建成。完善部门间信息共享体制机制，以五大基础数据库为核心，搭建统一的信息交换共享平台，实现部门接入率 85% 以上。

统筹推进温州城市云计算中心建设。抓好全市云计算统筹布局，按照"全市一朵云"架构，统筹布局推进城市云计算中心建设。中心建成后，全市各政府部门新建信息化应用全部部署在城市云计算中心，除部分保留已具规模的数据中心外，不再审批单独、分散的数据中心项目建设。现有未列入保留类的部门(行业)数据中心逐步迁移、更新至城市云计算中心。

完善政务数据交换体系建设。进一步优化提升现有数据交换平台功能，为异构数据源进行数据交换提供支撑。加快信息资源目录和交换体系建设，建立温州市政府信息资源共享目录库，进一步规范政府信息资源交换与共享。力争信息资源规模达 10TB 以上。

2. 以信息惠民为动力，推进信息共享。建设信息惠民公共服务门户。以养老、医疗、教育、社保等民生事项为重点，逐步整合政府、企业和社会各类公共服务资源，依托政务服务网，构建统一的信息惠民公共服务门户，实现基础信息集中采集、多方利用，强化部门数据共享和业务协同。不断完善门户网站功能架构与资源体系，推进"互联网+"惠民服务应用开发，积极引入家政服务、配送服务等社会服务资源，搭建覆盖全面的公共服务信息网络，打造温州"网上公共服务中心"。

实施政府效能信息惠民工程。加快统一政务服务网建设，市级政务服务部门接入率达95%以上，建成集行政审批、便民服务、政务公开、在线互动等功能为一体的政务大厅，实现公共服务事项和社会信息服务的全人群覆盖、全天候受理和"一站式"办理。以市级网上审批系统为基础，以县行政服务中心为枢纽，实现四级联网审批和同步电子监察，至2017年四级联动网上审批系统覆盖率达98%以上，与市网上审批系统进行审批数据实时交换的部门达85%（包括中央、省垂直单位）。开展电子政务网络大提速行动，电子政务外网网络出口总带宽扩容升级，实现各县（市、区）电子政务外网统一接入，覆盖所有乡镇（街道），并积极推进向社区（行政村）延伸。

实施公共安全信息惠民工程。构建智能立体化视频监控网络，打造数量和应用效益全省领先、全国一流的"智慧安防"体系，至2017年累计建成视频监控45000个（含智能卡口3000个），城市安防监控视频（分级密度圈）市本级覆盖率达95%以上。深化"以卡管人、以卡管房、以卡管车"为主要内容的物联网治安管控平台应用，推进物联网传感技术在防火防盗领域的进一步应用，为社会治安持续好转提供有力支撑。推进视频资源共享与开放，构建跨区域公共安全视频图像信息处理平台，推进城市非涉密视频资源在交通、应急、卫生、安监等部门的共享与应用。

实施城市管理信息惠民工程。拓展升级"数字城管"系统，建立智慧城管平台，实现城市管理要素、城市管理过程、城市管理决策数字化和智能化，提高城市管理效率，至2017年新增25项城市管理信息服务功能。完善提升温州智慧城管便民服务手机应用软件（APP）服务功能，方便市民参与城市管理，2015 年底前实现机动车人行道违停网上自助处理。

强化公共信息资源开发。积极推进以医疗、教育、社保、公共交通、空间地理为重点的公共信息资源向社会开放。鼓励、引导、规范电信和广电运营企业、互联网企业、软件企业等市场主体，利用开放的公共信息资源，开展家政养老、健康管理、交通导航、教育文化等方面的增值开发和创新应用。

3. 以信息惠民为抓手，保障改善民生。实施养老服务信息惠民工程。依托市社会养老服务平台，加快引入社会资本建设集生活照料、家政服务、康复护理、医疗保健等"一站式"养老信息服务平台，全面提升居家养老、机构养老信息化水平。力争 2017 年底前信息化养老试点范围覆盖全市，受益人口达 55 万人以上，"一键通"手机等养老服务终端免费发放范围覆盖全市老龄人口 45% 以上。以全市人口信息基础数据库为依托，加快推进老年人口信息采集工作，养老信息数据覆盖老年人群比例达 50% 以上。

实施居民健康信息惠民工程。依托国家发改委"基层医疗卫生机构管理信息系统试点"和浙江省"双向转诊城市"试点工作，建设全市诊疗数据一级交换平台、市级双向转诊信息平台和市级区域医疗协同信息平台。至 2017 年，全市所有卫生单位接入市级双向转诊信息平台及市级区域医疗协同信息平台，实现诊疗数据共享、居民电子健康档案管理、预约诊疗、双向转诊、慢病管理、医疗协同。完善市级联合预约挂号平台建设，全市所有二级以上医院实现网络、电话、APP、微信、电视等多种方式预约。

实施优质教育信息惠民工程。实施"网络基础环境提升、教育云服务平台建设、教育教学应用推进"三大工程，打造覆盖全市范围的智慧教育平台，推动优质教育资源向基层、农村延伸。至 2017 年，实现全市中小学校无线网络全覆盖，创建 300 所数字化校园、700 个智慧教室，全市城区学校推广使用智慧教育卡，市本级学校覆盖面达80%，县域城区覆盖面达30%。进一步扩大骨干教师、名师"空中课堂"开课覆盖面，新增3000节以上在线课程，在线优质课程占全部课程比例达90%以上，名师开设在线课程比例达90%以上，不断提升优质教育资源的共享普惠水平。

实施社会保障信息惠民工程。以"社会保障·市民卡"为抓手，积极推进人力社保公共服务建设，拓展"社会保障·市民卡"在市民生活中的应用领域，支持公交和出租车刷卡乘坐、公共自行车租借、加油、购物、文化消费、图书购置、体育健康休闲活动等应用，支持政府其他部门公共服务、公用事业、小额支付、金融支付功能，实现"一卡多用、一卡通用"便民利民服务。至2017年底，全市"社会保障·市民卡"累计发放总量达800万张以上，市民卡充值、消费服务网点达2000个以上。

4. 以信息惠民为载体，提升公共服务。实施城市交通信息惠民工程。建设集交通政务、交通管控、交通指挥、交通服务、交通决策为一体的交通信息服务平台，提高交通综合信息服务能力。完善公共出行信息服务，建设市区道路交通运行指数系统、智能公交电子站牌系统（或掌上公交服务系统）、停车诱导系统等交通服务平台。至2017年，市区公交实时运行线路全部实现在线查询，市区主要交通主干道公交站牌电子化率达80%以上，市本级公共停车场停车诱导覆盖率达100%。

实施旅游服务信息惠民工程。依托国家智慧旅游试点和全省智慧城市建设专项试点，构建以智慧景区、智慧旅行社、智慧旅游酒店等为重点的智慧旅游体系，推进旅游行业信息化监管平台、旅游咨询服务信息平台、旅游电子商务平台等智慧旅游重点项目建设，形成以移动终端应用和信息主动推送为特色的智慧旅游服务体系。至2017年，全市85%以上的A级景区实现智能旅游服务。

推进信息惠民特色专项工程。积极推进智慧环保、智慧住建、智慧海洋等领域信息惠民专项工程建设，打造若干个具有温州特色的信息惠民应用案例。至 2017 年，整合优化各类环保数据，形成标准统一的环保数据中心，实现各类环保实时信息在线查询；加快建成智慧住建综合信息管理平台，全市基本实现"建筑工程全过程监管智能化、房屋全生命周期管理自动化、行业市场监管与诚信管理智慧化、决策支持科学化、公共服务便捷化"；加快推进海洋云中心、智慧海洋公众服务平台等一批海洋信息化项目建设，实现海洋船舶动态监管社会化，建成海洋船舶联合搜救指挥平台。

推进惠民信息产品研发与应用。鼓励推广和应用智能血压计、移动心电仪等面向养老、医疗等民生领域的智能终端产品，进一步提升民生领域信息化水平。鼓励可穿戴智能终端产品研发生产，积极引进和培育若干专注于可穿戴智能终端产品研发生产的创新型企业，开发适宜老年人、儿童、残疾人、重性精神障碍患者等特殊人群使用的功能性智能终端产品。大力支持面向生活领域的软件开发和消费型信息服务业发展，提高在教育、医疗、社保、环保和安全生产等领域的应用水平。

推进特色电子商务发展。借助"国家电子商务示范城市"创建契机，推进信息惠民工程与电子商务双向支撑发展，促进信息消费。依托数字电视、市民卡等终端和载体，积极发展身份识别、小额支付、购物消费、便民呼叫等信息消费服务。推进电子商务进社区，完善社区智能物流基础设施建设，支持社区、农村、学校等区域物流快递配送点建设，支持有条件的物业开展"智慧社区"等宽带应用的试点推广。推进电子商务进农村，开展地方特色农业网上交易平台建设，支持在主流电商网站建设"温州农产品特色馆"。

参考文献

财政部．政府采购货物和服务招标投标管理办法［EB/OL］．财政部门户网站 www. mof. gov. cn, 2004.

财政部．政府采购非招标采购方式管理办法［EB/OL］．财政部门户网站 www. mof. gov. cn, 2014.

明仲，王强．大数据助力智慧城市科学治理［J］．深圳大学学报：人文社会科学版，2013，30.

国家发展改革委．国家电子政务工程建设项目管理暂行办法［EB/OL］．国家发展和改革委员会门户网站 www. sdpc. gov. cn, 2007.

国家发展改革委．核准投资项目管理办法［EB/OL］．国家发展和改革委员会门户网站 www. sdpc. gov. cn, 2014.

国家发展改革委．中央预算内直接投资项目管理办法［EB/OL］．国家发展和改革委员会门户网站 www. sdpc. gov. cn, 2014.

国家发展改革委．中央预算内直接投资项目概算管理暂行办法［EB/OL］．国家发展和改革委员会门户网站 www. sdpc. gov. cn, 2015.

国家林业局．关于推进中国林业物联网发展的指导意见［EB/OL］．中国林业网 www. forestry. gov. cn, 2016.

国家林业局．关于推进全国林业电子商务发展的指导意见［EB/OL］．中国林业网 www. forestry. gov. cn, 2016.

国家林业局．关于加快中国林业大数据发展的指导意见［EB/OL］．中国林业网 www. forestry. gov. cn, 2016.

国家林业局．"互联网＋"林业行动计划——全国林业信息化"十三五"发展规划［EB/OL］．中国林业网 www. forestry. gov. cn, 2016.

国务院．促进大数据发展行动纲要［EB/OL］．中央政府门户网站 www. gov. cn, 2015.

国务院．关于促进云计算创新发展培育信息产业新业态的意见［EB/OL］．中央政府门户网站 www. gov. cn, 2015.

国务院．关于大力发展电子商务加快培育经济新动力的意见［EB/OL］．中央政府门户网站 www. gov. cn，2015.

国务院．关于积极推进"互联网＋"行动的指导意见［EB/OL］．中央政府门户网站 www. gov. cn，2015.

国务院．关于推进物联网有序健康发展的指导意见［EB/OL］．中央政府门户网站 www. gov. cn，2013.

何红锋．《招标投标法》的内容应当纳入《政府采购法》［J］．中国政府采购．2007(10)．

李世东．从"数字林业"到"智慧林业"［J］．中国信息化，2013.

李世东，樊宝敏，林震，等．现代林业与生态文明［M］．北京：科学出版社，2011.

李世东，林震，杨冰之．信息革命与生态文明［M］．北京：科学出版社，2013.

李世东．中国林业大数据：发展战略研究报告［M］．北京：中国林业出版社，2016.

李世东．中国林业网：智慧化与国际化之路［M］．北京：中国林业出版社，2015.

李世东．中国林业信息化标准规范［M］．北京：中国林业出版社，2014.

李世东．中国林业信息化顶层设计［M］．北京：中国林业出版社，2012.

李世东．中国林业信息化发展战略［M］．北京：中国林业出版社，2012.

李世东．中国林业信息化绩效评估［M］．北京：中国林业出版社，2014.

李世东．中国林业信息化建设成果［M］．北京：中国林业出版社，2012.

李世东．中国林业信息化决策部署［M］．北京：中国林业出版社，2012.

李世东．中国林业信息化示范案例［M］．北京：中国林业出版社，2012.

李世东．中国林业信息化示范建设［M］．北京：中国林业出版社，2014.

李世东．中国林业信息化政策解读［M］．北京：中国林业出版社，2014.

李世东．中国林业信息化政策研究［M］．北京：中国林业出版社，2014.

李世东．中国林业信息化政策制度［M］．北京：中国林业出版社，2012.

李世东．中国智慧林业：顶层设计与地方实践［M］．北京：中国林业出版社，2015.

江军学．推行电子招标投标的思考——在《电子招标投标办法》框架下的行业电子招标投标［J］．建筑市场与招标投标．2014(01)．

饶胜，张强，牟雪洁．划定生态红线 创新生态系统管理［J］．环境经济，2012，06：57-60.

石军南，唐小明．湖南数字林业浅论［J］．中南林业调查规划，2003，22(2)：21-23.

托夫勒．第三次浪潮［M］．中信出版社，2006.

王进．系统集成项目的风险管理应用［J］．中国科技信息．2010(03)．

王教育，李元科，全志杰．空间信息技术及其与林业信息化管理工程［J］．陕西林业科技，1997，04：47-48+55.

王景光. 信息资源组织与管理[M]. 北京：清华大学出版社，2002.

王静远. 以数据为中心的智慧城市研究综述[J]. 计算机研究与发展，2014，51.

维克托·迈尔-舍恩伯格. 大数据时代[M]. 浙江：浙江人民出版社，2013.

韦维，陈海林，蓝肖，等. 关于林业科技信息化应用的思考[J]. 广西林业科学，2008，37(3)：172-174.

巫莉莉，章潜才，张波，李涛. 试论云计算在林业信息化建设中的应用[J]. 热带林业，2011，02：10-13.

巫细波，杨再高. 智慧城市理念与未来城市发展[J]. 城市发展研究. 2010，11.

袁平鹏，刘谱，张文娅，等. 高可扩展的 RDF 数据存储系统[J]. 计算机研究与发展，2012，49(10)：2131-2141.

詹簪. 浅谈 IT 项目管理[J]. 科技信息. 2011(11)

张良. 华为 IT 系统运营外包项目进度计划与控制管理研究[D]. 东北大学. 2012.

张维迎. 中国电子政务发展报告[M]. 北京：北京大学出版社，2011.

张云霞，来勐，成建波. 智慧城市概念辨析[J]. 电信科学. 2011 年 12 期.

张新红. 中国信息社会测评报告[M]. 北京：经济管理出版社，2011.

中共中央办公厅，国务院办公厅. 国家信息化发展战略纲要[EB/OL]. 中央政府门户网站 www.gov.cn，2016.

中国工程院信息与电子工程学部. 中国信息化持续发展战略研究[M]. 北京：科学技术文献出版社，2005.

中国科学院信息领域战略研究组. 中国至 2050 年信息科技发展路线图[M]. 北京：科学出版社，2009.

中国可持续发展林业战略研究项目组. 中国可持续发展林业战略研究[M]. 北京：中国林业出版社，2003.

《中国林业信息化发展报告》编纂委员会. 2010 中国林业信息化发展报告[M]. 北京：中国林业出版社，2010.

《中国林业信息化发展报告》编纂委员会. 2011 中国林业信息化发展报告[M]. 北京：中国林业出版社，2011.

《中国林业信息化发展报告》编纂委员会. 2012 中国林业信息化发展报告[M]. 北京：中国林业出版社，2012.

《中国林业信息化发展报告》编纂委员会. 2013 中国林业信息化发展报告[M]. 北京：中国林业出版社，2013.

《中国林业信息化发展报告》编纂委员会. 2014 中国林业信息化发展报告[M]. 北京：

中国林业出版社，2014.

《中国林业信息化发展报告》编纂委员会 . 2015 中国林业信息化发展报告［M］. 北京：
中国林业出版社，2015.

《中国林业信息化发展报告》编纂委员会 . 2016 中国林业信息化发展报告［M］. 北京：
中国林业出版社，2016.

钟凯文，李岩，黄建明 . 省级"数字林业"系统模型研究［J］. 热带地理，2004，24（4）：
311 – 315.

周宏仁 . 中国信息化形势分析与预测［M］. 北京：社会科学文献出版社，2010.

周洪波 . 物联网技术、应用、标准和商业模式［M］. 北京：电子工业出版社，2011.

朱平儿 . 我国招标投标制度下存在的一些问题和展望［J］. 建筑市场与招标投标 . 2013
（06）.

朱近之 . 智慧的云计算［M］. 北京：电子工业出版社，2010.

朱志军，闫蕾 . 转型时代丛书：大数据·大价值、大机遇、大变革［M］. 北京：电子
工业出版社，2012.

Dai W，Chen Y，Xue G R，etal. Translated learning：Transfer learning across different
feature spaces// Proc of the Advances in Neural Infornation Processing Systems（NIPS）.
2008：353 – 360. doi：10. 1. 1. 145. 5832.

Dealing with data［J］. Science，2011，331（6018）：639 – 806.

JP. Dittrich. A Platform for Personal Dataspace Management. SIGIR PIM Workshop. Personal
Informat ion Management – A SIGIR 2006 Workshop. Seattle，CM. 2006：40 – 43.

L. Blunschi. JP. Dittrich，OR. Guard. The iMeMex personal data space management system.
Third Biennial Conference on Innovative Data Systems Research. Asilomar，ACM.
2007：114 – 119.